The Blue Book on the Adjustment of Industrial Structure in China (2016-2017)

2016-2017年
中国产业结构调整
蓝皮书

中国电子信息产业发展研究院　编著

主　编／王　鹏

副主编／李　燕

人民出版社

责任编辑：邵永忠　刘志江

封面设计：黄桂月

责任校对：吕　飞

图书在版编目（CIP）数据

2016－2017 年中国产业结构调整蓝皮书／王鹏 主编；

中国电子信息产业发展研究院 编著 . —北京：人民出版社，2017.8

ISBN 978－7－01－018017－5

Ⅰ.①2⋯　Ⅱ.①王⋯　②中⋯　Ⅲ.①产业结构调整—研究报告—中国—2016－2017　Ⅳ.①F121.3

中国版本图书馆 CIP 数据核字（2017）第 190547 号

2016－2017 年中国产业结构调整蓝皮书

2016－2017 NIAN ZHONGGUO CHANYE JIEGOU TIAOZHENG LANPISHU

中国电子信息产业发展研究院 编著

王　鹏 主编

人 民 出 版 社 出版发行

（100706　北京市东城区隆福寺街 99 号）

三河市钰丰印装有限公司印刷　新华书店经销

2017 年 8 月第 1 版　2017 年 8 月北京第 1 次印刷

开本：710 毫米×1000 毫米 1/16　印张：15

字数：240 千字

ISBN 978－7－01－018017－5　定价：75.00 元

邮购地址　100706　北京市东城区隆福寺街 99 号

人民东方图书销售中心　电话（010）65250042　65289539

前　言

2016 年是"十三五"的开局之年。国际经济和政治形势复杂多变，为全球经济的复苏带来诸多不确定因素。我国经济增速经历了近几年的下降后，主要经济指标在 2016 年呈现出缓中趋稳、稳中向好的发展势头。为了切实提高经济发展的质量和效益，增强可持续发展的能力，消除经济增速回落带来的风险，我国全面推进供给侧结构性改革，以"去产能、去库存、去杠杆、降成本、补短板"五大重点任务为抓手，扎实推动经济转型升级和发展方式转变。2016 年，围绕五大重点任务，以制造业为主体的产业结构调整取得重大进展，为全面完成"十三五"各项目标奠定了重要基础。

第一，坚决压减过剩产能，淘汰落后产能，重点行业的"去产能"成效显著。全年退出炼钢产能超过 6500 万吨，煤炭产能超过 2.9 亿吨，实现了钢铁和煤炭行业的供需基本平衡。此外，在火力发电、焦炭、电石、电解铝、铜、水泥、平板玻璃、造纸、制革、印染、铅蓄电池等行业，考核完成"十二五"淘汰落后产能目标，有效推动了工业节能减排。

第二，通过控制新增产能，拉动投资和促进消费，库存积压行业成功实现了"去库存"。加快建设"一带一路"，实施京津冀协同发展战略，高速铁路、高速公路、城市管网与轨道交通、电力输配和通信网络设备等重大基础设施投资规模稳中有增；房地产市场按照"因城施策"的调控原则，有序化解了大量库存，新开工住房面积由 2015 年的负增长转为正增长；在自主品牌轿车、新能源汽车强劲增长带动下，汽车产销较 2015 年增长 14% 左右。投资和消费需求增长，促使钢材、有色金属、化工原料和建材库存大幅下降，工业生产者价格指数由跌转升。

第三，以国企改革、兼并重组和资本市场建设为突破口，制造业企业"去杠杆"初见成效。在主营业务为制造业的中央企业当中，中粮与中纺、宝钢与武钢、五矿与中冶、中国建材与中材集团分别实施合并重组，部分央企集团探索转型为国有资本投资运营平台，明确各板块主体业务，压减管理层级，清理退出下属"僵尸企业"。在资本市场方面，监管力度显著增强，杠杆融资风险得到有效控制，主板市场融资和交易保持稳定。"新三板"挂牌企业总数突破万家，其中制造业企业占半数以上。一批中小型制造业企业成功挂牌，缓解了"融资难"的局面。

第四，通过降低生产要素成本、财务成本、税费及其他综合成本，有效降低制造业企业成本，确保制造业企业持续稳定发展。由于部分制造门类向中西部地区和海外转移，沿海地区工业用地和劳动力紧缺有所缓解，成本上升压力得到控制。金融市场长期、中短期利率稳中有降，"营改增"全面实施，各地各部门简化行政审批程序，企业负担进一步减轻。

第五，制造业自主研发创新能力进一步提高，"补短板"取得阶段性成果。在航空发动机、商用大飞机、深海潜航器、智能手机芯片、新型金属和非金属材料等关键领域，取得了重大技术突破或产业应用进展。通过加强国际合作，我国在智能制造、工业设计、质量控制、品牌建设等工业软实力环节，与发达国家差距进一步缩小。

2017年，围绕《中国制造2025》和建设制造强国、网络强国战略，我国将继续加快产业政策创新转型，进一步转变产业政策作用领域，优化产业政策作用方式，建立市场化、法治化工作机制，以淘汰落后、兼并重组推动化解产能过剩，以培育制造业单项冠军、引导管理创新促进企业做精做优，以引导长江经济带、京津冀产业转移持续优化产业布局，以发展服务型制造和生产性服务业加快制造、服务协同发展，从而实现产业政策精准发力，加快新旧发展动能转换，推动产业迈向中高端。

一是依法依规淘汰落后产能，多措并举优化产业结构。按照企业主体、政府推动、市场引导、依法处置的原则，按照《关于利用综合标准依法依规推动落后产能退出的指导意见》，构建多部门、多渠道、多标准协同工作格局。严格控制过剩行业新增产能，指导各地做好建设项目产能置换方案，加强监督检查。按照积极稳妥降低企业杠杆率工作联席会议制度的统一部署，配合牵头部门，积极组织推进制造业企业降杠杆工作。

二是推动产业重组升级，营造公平竞争环境。进一步发挥企业兼并重组部际协调机制作用，配合相关部门抓好税收、金融、职工安置等重点配套政策措施的贯彻落实和督促检查。认真组织工业和信息化领域反垄断审查工作，努力为行业发展营造公平竞争的市场环境。

三是引导产业有序转移，持续优化产业布局。加强产业政策同国家有关规划的衔接，持续推动京津冀产业转移和地区协同发展。研究制定长江经济带产业转移指南和产业发展市场准入负面清单，促进各省市形成产业特色鲜明、集聚效应显著、空间布局合理、产业链有机衔接的产业发展格局，推进产业转移合作示范园区建设，探索园区合作共建新模式。

四是发展服务型制造和生产性服务业，营造融合发展生态。充分发挥服务型制造联盟的作用，继续开展"服务型制造万里行"活动，召开首届中国服务型制造大会。开展服务型制造示范遴选和经验推广，遴选服务型制造示范企业30家、示范项目40个、示范平台30个左右。继续做好国家级工业设计中心认定和复核工作，新认定30余家，总数达100家左右。积极开展优秀工业设计作品展示，推动优秀工业设计成果实现产业化。利用"世界工业设计大会"影响加快工业设计领域国际交流合作，推进国家工业设计研究院筹建准备工作。开展发展生产性服务业相关课题研究，持续优化生产性服务业发展环境。

五是引导企业创新管理、提质增效，提升企业竞争能力。组织开展企业管理创新总结推广活动，总结提炼和选择一批示范成果通过多种形式予以推广。组织"向企业送管理"活动，联合有关中介组织、咨询机构、专家等，对企业现场指导和管理诊断。选择重点行业，研究建立企业提质增效评价指标体系，指导行业协会和地方组织对标专项行动。会同国资委指导中国企业联合会召开全国企业管理创新大会。

六是创新产业政策思路，落实深化改革要求。围绕"产业政策要准"的要求，组织开展新时期发挥产业政策作用课题研究。着力建立市场化、法治化工作机制，推动道路机动车辆生产管理条例立法等工作。研究跨领域政策组合问题，加强系统内外的协调沟通配合。研究建立产业政策执行情况监督、评估机制，推动产业政策改进和完善。组织开展政策文件公平竞争审查，有序开展存量政策文件清理。进一步发挥行业协会作用，完善政府委托协会工作机制，形成工业和信息化工作的重要支撑力量。

在我国产业结构调整的战略任务中，2017年是巩固已有成果、继续攻坚克难的关键一年，需要对前一阶段工作进行系统的总结回顾，并充分借鉴发达工业国家的成功做法，提炼我国各级政府部门在产业政策探索中的有益经验，提出下一阶段的新思路、新举措、新方式。《2016—2017 年中国产业结构调整蓝皮书》是本年度赛迪智库工业和信息化蓝皮书系列的重要组成部分。本书分别从优化产业组织结构、促进产业技术升级、化解产能过剩矛盾、淘汰落后产能、产业转移和优化布局等方面，以及相关重点产业领域的角度，详细分析了 2016 年我国产业结构调整的政策措施和工作成效，提出了相应的政策建议，并对 2017 年的工作进行展望和研判。希望本书的出版能够对各级政府部门贯彻落实国家产业政策、制定具体措施方案提供指导和帮助，对产业政策领域的学术研究、管理实践有所助益。

工业和信息化部产业政策司司长

许科敏

目　　录

综 述 篇

专 题 篇

展 望 篇

综述篇

第一章 2016 年全球产业结构调整变革的主要进展

近年来，全球产业格局的变化受到来自两方面的影响，一方面是以新能源、互联网经济为代表的新科技革命，正在推动全球产业向高端化转移，另一方面是受金融危机、政治格局变化的影响，各国开始回归制造业，这使得全球产业结构调整具有较大的不确定性。2016 年，受西方主要国家大选、欧洲面临恐怖主义威胁、英国脱欧等因素的影响，全球经济复苏仍然乏力，继续维持小幅温和增长的态势。根据国际货币基金组织的数据，2016 年全球经济增长速度相比 2015 年有所下降，全年增长率约为 2.8%，而且全球债务的总体水平呈现不断扩大的趋势。过去一年来，尽管全球经济增长速度有所放缓，但是全球产业转移和结构调整的步伐却有所加快。受美国、中国、欧洲等世界主要经济体经济状况持续分化、美国前总统奥巴马、现任总统特朗普都注重制造业回归以及新技术、新商业模式在全球经济领域的快速普及等因素的影响，全球产业转移、结构调整和布局调整的步伐有所加快，正在引发新一轮全球产业结构调整和国际分工的浪潮。

一、新兴产业快速发展

2016 年，随着新一轮科技革命的发展和产业化进程的加快，增材制造、智能制造、网络制造等新兴制造模式得到快速发展，移动支付、物联网、云计算、大数据等信息技术在教育、医疗、贸易等领域的普及不断催生新业态、新模式，新兴产业技术水平和产业规模得到快速发展，导致全球产业分工和产业布局面临重大调整。一是数字经济发展势头良好。美国、英国、德国等工业强国开始发挥其在制造领域的优势，力争推动经济结构转型，实现产业结构的调整和优化。2016 年，德国发布了《数字战略 2025》，提出了未来十年打造千兆光纤网络、开创新的创业时代、明晰政策框架、推进智能互联、加强软硬件信息安全、促进中小企业数字化转型、帮助德国企业实施工业4.0、增强研发能力、加强数字化方面的教育培训、成立联邦数字机构十大行动步骤，促进了德国乃至全世界数字经济的发展。二是智能制造产业进展迅速。为解决人口老龄化带来的劳动力供给不足等问题，美国、法国、日本等传统制造强国试图依托新技术革命培育以智能制造为代表的新兴产业，从而推动了产业结构的优化。2016年，日本安倍政府提出了"第四次产业革命"，即通过降低企业法人税、增强企业活力、加强国际竞争等措施，推动物联网、人工智能、大数据等智能制造技术的发展，实现了产业结构向知识密集、技术密集和资本密集的转变。三是服务经济规模增长迅速。随着实体经济的产能逐渐过剩，许多国际资本呈现出流向投资回报水平更高的服务经济领域的趋势，使得服务业在国民经济中的比重呈现不断上升的趋势。近几年来，为了提升制造业在国民经济中的比重和加快产业转型升级，印度先后制定了"印度制造""印度创业""印度崛起""营商便利化"等发展战略，在客观上改善了企业的营商环境，推动了服务业的快速发展。2016年上半年，进入印度的外资主要流向服务业等领域，非制造领域吸引了86%的外国直接投资，极大地促进了印度国内服务业的发展。由此可见，随着科学技术的进步和信息经济的发展，全球产业结构高端化趋势日益明显，推动了数字经济、智能制造、服务经济等新兴产业的快速发展，极大地推动了各国产业转型和结构调整。

二、转移区域继续分化

2016年，国际政治经济格局发生了重大变化，对全球制造业产业转移产生了深刻影响，导致各国产业发展与结构调整出现继续分化的趋势，全球产业转移呈现出以下三个方面的特征。一是产业转移目的地由发展中国家向发达国家转移。受美国制造业回归、智能制造技术的发展等要素的影响，全球产业转移的目的地由以劳动力资源丰富、物价便宜的东南亚、南亚等地区向工业经济发达的美国、日本等国家转移。一直以来，国际产业转移都是由发达国家向发展中国家转移，或者由相对较为发达的中国大陆向东南亚和南亚等地区转移，但是这一趋势在 2016 年实现了标志性逆转。随着中国制造业成本的上升、美国政府的财政补贴等因素，中国企业开始将生产环节转向美国，10 月 7 日，中国福耀玻璃在美国莫瑞恩投资 6 亿美元建设的汽车玻璃工厂正式竣工投产。二是工业投资目的地开始由欧洲向东亚地区转移。2015 年下半年以来，受到英国脱欧、欧洲恐怖主义、难民问题、朝鲜半岛局势等因素的影响，欧洲各国的政治经济环境受到很大影响，部分投资出于安全和风险的考虑，开始由经济和安全形势不确定性较强的欧盟、韩国等地向安全形势较好的美国、中国、日本等国家转移。三是国际产业合作正在深入推进。受中国"一带一路"倡议的影响，中国与"一带一路"沿线各国在基础设施、产业等方面的合作不断加深，带动了中国劳动密集型产业由国内向"一带一路"沿线国家和地区转移。2016 年，随着中国电建集团总承包的马来西亚马六甲皇京港深水补给码头的正式奠基和由中国投资建设的巴基斯坦瓜达尔港的正式开港，中国与"一带一路"沿线国家的产业合作也逐渐深化，大量劳动密集型、资源密集型产业开始向中亚、东南亚国家转移。由此可见，产业在国际间的转移是产业国际分工调整的主要途径，也是各国产业转型升级和比较优势转变的反映。随着国际政治经济局势的变化和科技水平的进步，各国产业转移和结构调整也出现了分化，产业转移出现了向发达国家回流、向政治经济局势稳定地区转移的趋势。

三、调整动力深刻变化

一直以来，技术创新都是各个国家和地区产业优化升级的主要动力，而商业模式、制造模式和融资模式的创新也逐渐在各国产业转型升级中扮演着重要角色，成为推动产业转移和结构调整的重要手段。但是，近年来，随着信息网络技术的进步和移动互联网的普及，尽管作为产业转型升级动力的技术创新本身并未发生质的变化，但技术创新的表现形势以及对产业发展的作用已经发生了深刻变化，各国产业政策的引导、产业分工模式的创新以及国际政治经济格局的变化在很大程度上对各国产业转型升级发挥着重要的作用，逐渐成为推动各国产业转移和结构调整的重要动力。一是国家产业政策的引导。一直以来，产业跨区域转移的动力主要以生产成本为主导，各国在劳动力、原料、物流以及配套产业等方面的综合比较优势成为产业转移的决定因素。但是近年来，产业政策的引导在全球产业转移中发挥着越来越重要的作用。以美国为例，奥巴马政府意识到制造业和实体经济的重要性，从税收、补贴等方面制定了一系列政策措施吸引制造业回流，对全球产业转移和结构调整的吸引力不断增强，推动了制造业的回流。如俄亥俄州政府给予福耀玻璃3000万美元的补贴，吸引了约6亿美元的总投资，建成了全世界最大的汽车玻璃单体工厂。二是产业分工模式的创新。近年来，全球智能制造技术及其应用得到了较快发展，过去需要在全世界范围内进行原材料和半成品运输与合作生产的产业分工模式逐渐被智能化、网络化制造模式所替代，从而促进了许多国家和地区产业结构由劳动力密集型向技术密集型的转变，在一定程度上推动了产业转移和结构调整。三是国际政治经济格局的变化。2016年，全球政治经济格局发生了重大变化，相继发生了法国恐怖袭击、德国难民危机、英国脱欧公投等事件以及巴西总统、英国首相、韩国总统等领导人被弹劾或辞职，这些变化都给世界政治经济稳定造成了巨大影响，使得一些产业开始从欧洲向东亚、东南亚、南亚等政治经济稳定的地区转移。由此可见，当前各国之间的产业转移和结构调整已不仅只受科学技术进步和比较优势转变的影响，各国的产业政策的推动、产业分工模式的创新以及国际政治经济格局的变化在很大程度上都会对各国的产业结构调整变革产生重大而深远的影响。

四、区域合作发生逆转

产业转移是以区域经济合作为基础，合作国家之间保持良好的政治关系和稳定的经济环境对区域产业合作和产业转移具有十分重要的作用。一直以来，全球各主要国家产业转移的来源地和承接地之间都存在良好的区域合作，但是特朗普的当选和英国的脱欧为全球区域经济合作和产业转移带来了很大的不确定性，这将使得TPP成员的产业发展存在较大的不确定性。一是美国退出TPP。特朗普在当选美国总统之后，提出将会在上任第一天发布总统行政令退出TPP，这使得美国与长期致力于发展TPP的日本、澳大利亚、马来西亚等美国传统盟友之间的贸易和经济联系将受到较大影响，这将会给美国及其盟友之间的区域经济合作带来很大的不确定性。二是重新构建与欧洲的关系。特朗普当选之后，就美国的政治、经济战略发表了一系列言论，使得美国与欧盟之间的关系存在着较大的不确定性。与此同时，特朗普还多次向普京"隔空示好"，提出要有条件支持解除针对俄罗斯的制裁，加强与俄罗斯的合作。由此可见，特朗普的当选，给美国与欧盟、美国与俄罗斯等世界主要经济体的区域合作带来了很大的不确定性，从而将会对全球贸易合作与产业转移产生重大影响。三是英国脱离欧盟。2016 年 6 月，英国以全民公投的方式表决通过"英国脱离欧盟"的决议，增加了欧盟成员国发起"脱欧公投"的可能性，欧盟的统一与团结将受到影响，给欧盟各国与英国之间的地缘政治和经济合作带来深远影响。与此同时，中国提出的"一带一路"倡议获得了越来越多国家的支持，东南亚的马来西亚、菲律宾等国成为海上丝绸之路的重要支撑，巴基斯坦、俄罗斯、中亚等国家成为丝绸之路经济带的重要支撑，这与美国、英国与其传统盟友间关系的疏远形成了鲜明对比。由此可见，特朗普的当选以及英国脱欧公投使得美国、英国与其传统盟友之间的区域合作发生了重大变数，区域合作发生了重大逆转，这使得全球产业转移和结构调整充满了不确定性。

五、竞争重点逐渐转变

近年来，随着科技的不断进步和产业的持续升级，各国产业发展层次得到不断提升，产业竞争的领域也在发生深刻转变。根据产业发展的一般规律，在产业发展初期，以低附加值、低技术含量的传统产业为主，产业竞争以价格竞争为主，主要体现在劳动力、资源、物流等方面。但是，随着经济总量的不断增长，高附加值、高技术含量的产业所占比重逐渐上升，资源利用的产业链将不断延伸，劳动密集型、资源密集型产业比重将逐渐下降，产业之间的竞争开始向技术研发、品牌培育、标准制定等环节延伸。2016 年，随着互联网技术的快速发展和广泛应用，全球产业竞争领域也发生了深刻变化，产业竞争的重点也开始更加注重产业生态体系、竞争平台和商业模式。一是注重产业生态体系。近年来，产业并购逐渐走出传统的产品和技术并购的思路，开始在全球范围内整合资源，打造产业生态体系。如乐视、小米等互联网企业已经开始在全球范围内进行资源整合，通过产业并购实现"平台＋内容＋终端＋应用"的垂直整合，逐步向体育、影视、新能源汽车等领域渗透，打造"产业生态体系"。二是注重竞争平台。随着信息网络技术的飞速发展和移动互联网的应用普及，百度、腾讯、淘宝、京东等越来越多的平台型企业迅速崛起，平台经济模式迅猛发展，成为推动经济发展的新引擎。据不完全统计，全球最大的100家企业中，有60家企业的大部分收入来自平台类业务，越来越多的企业开始注重竞争平台的建设。三是注重商业模式。近年来，随着产品市场需求的日益清晰以及资源整合能力的不断提升，越来越多的企业开始更加关注市场中与用户、供应商、其他合作伙伴的关系，尤其是彼此间的物流、信息流和资金流，从而使得产业竞争的重点由资源、品牌、技术等要素上升到商业模式的高度，这也是近几年中国经济保持持续快速增长的重要因素。由此可见，产业竞争已经从过去的产品和要素竞争转变为更加关注产业生态体系、更加关注竞争平台和更加关注商业模式，这也是当前产业结构升级和产业转移的重要趋势。

第二章 2016 年我国产业结构调整的主要进展

2016 年是"十三五"的开局之年，也是全面推进供给侧结构性改革"三去一降一补"五大重点任务的重要一年。虽然近年来我国经济下行压力增大，工业整体增速进一步放缓，但与 2015 年相比，2016 年工业企业效益呈现明显好转态势，在创新驱动战略、制造强国战略以及"一带一路"发展战略等国家宏观政策下，我国产业结构调整取得显著成效。高技术产业快速增长形成工业发展新动能，过剩行业"去产能"成为供给侧结构性改革工作的重要突破口，推动企业提质增效、增加高端供给，加快制造业升级，推动央企兼并重组成为国企改革和优化产业结构的重要抓手。区域发展战略的实施推动产业转移步伐进一步加快。同时，从整个工业经济运行状况来看，工业经济向好的基础尚不牢固，我国工业发展仍面临着"去"和"增"的双重挑战，仍需要继续深入推进供给侧结构性改革，调整存量、培育增量，进一步释放市场发展活力，实现新旧动力接续和转换。

一、2016 年我国产业结构调整取得的主要成就

（一）高技术产业快速增长形成工业发展新动能

随着高技术产业规模的不断扩大，其对产业结构调整的引领、带动作用不断增强，为产业结构优化升级提供了动力，经济增长新动能也快速形成。2016 年，高技术产业增加值呈现快速增长，比上年增长 10.8%，比规模以上工业快 4.8 个百分点，占规模以上工业比重为 12.4%，比上年提高 0.6 个百分点；高技术制造业利润增长 14.8%，增速加快 5.9 个百分点；装备制造业利润增长 8.4%，增速提高 4.4 个百分点[①]。2016 年，工业战略性新兴产业增

[①] 国家统计局数据。

加值同比增长 10.5%，增速比规模以上工业快 4.5 个百分点。

从工业主要门类看，2016 年 1—12 月份，规模以上工业增加值累计同比增长 6%，按照行业大类分，其中医药，仪器仪表，汽车，电气机械和器材；计算机、通信和其他电子设备等制造业累计增加值增速分别达到 10.8%、9.4%、15.5%、8.5% 和 10.0%，分别高出工业增加值增速 4.8、3.4、9.5、2.5 和 4.0 个百分点。

从工业主要产品看，2016 年 1—12 月，我国工业机器人生产达 72426 台/套，同比增长 34.3%；集成电路产量达 1329.2 亿块，同比增长 21.0%；锂离子电池生产达 784158.1 万只，同比增长 35.8%；光电子器件产量达亿只 9301.1 片（套），同比增长 38.7%；电工仪器仪表产量达 20411.7 万台，同比增长 18.5%。传统产业产品增速放缓明显，粗钢产品同比增长 1.2%，平板玻璃产品同比增长 5.8%，水泥同比增长 2.5%。新兴产业产品快速增长带动我国产业产品结构升级。

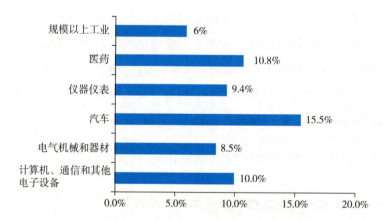

图 2-1　2016 年 1—12 月主要大类行业累计增加值增速

资料来源：国家统计局，2017 年 3 月。

从工业投资看，2016 年工业投资增速虽有所回落，但高技术产业投资保持快速增长。1—10 月份，工业高技术产业投资 18274 亿元，增长 12.7%，比工业投资高 9.7 个百分点；占全部工业投资的比重为 9.8%，比上年同期高 0.8 个百分点；2016 年全年高技术产业投资增长 15.8%，增速快于全部投资 7.7 个百分点。在高增长投资拉动下，高技术产业保持快速增长态势。随着制造强国战略加快推进，制造业创新中心建设、工业强基、智能制造、高端装备创新等重点工程的落实为高技术产业发展提供强大推动力，新型、智能化、自动化设备和高端信息电子产品等新兴工业产品逐渐释放增长潜力，智能制造成为领军创新驱动的新引擎。高技术产业的快速发展成为工业增长新动能，推动我国产业竞争优势重塑。

（二）过剩行业"去产能"成为供给侧结构性改革工作的重要突破口

我国在近几年来实施积极的化解过剩产能政策，但由于部分行业产能过剩矛盾突出，去产能是一项长期、复杂的工作，需解决长期积累的供需矛盾问题。2016 年 2 月，国务院先后发布《关于钢铁行业化解过剩产能实现脱困发展的意见》和《关于煤炭行业化解过剩产能实现脱困发展的意见》，文件明确提出，从 2016 年开始，用 5 年时间再压减粗钢产能 1 亿—1.5 亿吨；用 3—5 年时间，再退出煤炭产能 5 亿吨左右、减量重组煤炭产能 5 亿吨左右。2016 年的去产能工作取得初步成效。根据中国钢铁工业协会数据，2016 年 1—8 月份全国已累计压减钢铁产能 3468 万吨，完成全年任务量的 77%。宝钢、河钢、首钢、武钢等众多钢企纷纷减产，通过企业控制产能释放，1—8 月全国累计生产粗钢 6.17 亿吨，同比下降 0.1%，生产生铁 6.17 亿吨，同比下降 0.5%，生产钢材 6.17 亿吨，同比下降 0.5%，全国钢铁产量有所减少；钢铁价格也呈现触底反弹，到 9 月末钢材综合价格指数为 75.56，比年初上涨 34.04%，与上年同期相比上涨 23.48%，大部分企业实现盈利。虽然当前产能过剩行业整体效益有所好转，但市场仍处于供大于求状况，钢铁、煤炭等重点原材料价格仍处于低位，困难局面没有根本改变。2017 年，重点省份和

图 2-2　2015—2016 年国内钢材综合价格指数走势

资料来源：中国钢铁工业协会，2016 年 11 月。

地区继续积极采取行动，加紧落实去产能任务，例如钢铁大省河北提出，到2020年钢铁产能要压减到2亿吨以内，煤炭大省山西、内蒙古等六省份也已经公布了未来3—5年内的煤炭去产能目标，计划削减产能总量已经高达3.3亿吨。随着从中央到地方层面加大去产能工作力度，化解产能过剩工作将全面深入推进。

（三）推动企业提质增效、增加高端供给，促进制造业升级

当前，随着我国消费结构的不断升级，国内中高端消费供给短缺的问题较为突出，这导致"中国制造"发展后劲不足。在品牌咨询公司 Interbrand 公布的2015年"全球最佳品牌百强"排行榜中，只有华为（第88名）和联想（第100名）两个中国品牌，而美国拥有超过50%的品牌，我国企业在品牌设计、品牌建设和品牌维护方面的投入严重不足。国家监督抽查产品质量不合格率高达10%，出口商品长期处于国外通报召回问题产品数量首位。我国主导制定的国际标准占比不到0.5%，标准更新速度缓慢，"标龄"高出德、美、英、日等发达国家1倍以上。2016年，国务院办公厅先后发布了《关于开展消费品工业"三品"专项行动营造良好市场环境的若干意见》（国办发〔2016〕40号）、《发挥品牌引领作用推动供需结构升级的意见》（国办发〔2016〕44号）、《消费品标准和质量提升规划（2016—2020年）》（国办发〔2016〕68号）等文件，积极推进增品种、提品质、创品牌"三品"战略，加快质量安全标准与国际标准接轨，浙江、上海、山东、湖北等地区纷纷打出"品牌战略"，积极抢占品牌优势。2017年，我国将会加强消费需求集中的食品、家用电器、消费类电子、装饰装修、服装服饰、化妆品和日用化学品、文教体育休闲用品等一般消费品领域的产品质量提升和标准体系建设，加大汽车、飞机、高端装备及工业机器人等领域自主品牌的培育，着力缩小和国际品牌差距，加强知识产权保护和运用，助力创新、创业，提升我国自主品牌的内在价值，推动产品结构升级和"中国制造"形象的提升。

（四）推动央企兼并重组成为国企改革和优化产业结构的重要抓手

煤炭、钢铁、水泥、船舶等重点行业是供给侧结构性改革的重点部门，也是国有资产较为集中的行业领域，随着国企改革与结构性改革两大国家战略重叠面的增加，推进央企并购重组成为国企改革的一大主线，也是去产能、去杠杆、降成本、增效益的重要途径。自 2015 年年初至 2016 年 10 月底，我国发生了 10 起央企合并案例，其中 2015 年 6 起，2016 年 4 起，整合成为目前的 103 家，例如南北车与中车、中国远洋与中国海运、五矿与中冶、宝钢和武钢等央企合并，行业覆盖轨道交通、航运、建材、有色、核电等。2016 年 7 月公布的《国务院办公厅关于推动中央企业结构调整与重组的指导意见》首次提出"四个一批"概念，明确了央企兼并重组的目标及重点工作，再一次拔高了兼并重组在国企改革全盘工作中的重要地位。2017 年，产能过剩行业的央企进行并购重组还存在很大空间，这些行业领域的央企重组很可能是政策调控的重点。

（五）区域发展战略的实施推动产业转移步伐进一步加快

2016 年，"一带一路"、长江经济带建设和京津冀一体化三大发展战略取得显著成效，推动形成国内外区域协调发展的新格局。根据商务部数据，2016 年前三季度，中国与"一带一路"沿线国家的贸易额达到 6899 亿美元，在沿线国家建设了 50 多个境外的经贸合作区，累计投资 179 亿美元，签订的承包合同总额达 746 亿美元，中老铁路、土耳其东西高铁等一大批有影响力的标志性项目逐步落地，区域合作机制也迈出实质性的步伐。2016 年 3 月，国家发改委、科技部、工业和信息化部联合发布《长江经济带创新驱动产业转型升级方案》；9 月，《长江经济带发展规划纲要》正式印发，提出"一轴、两翼、三极、多点"发展格局，长江经济带沿线省市的产业聚集效应也在逐渐显现。京津冀协同发展已经进入"快车道"。2016 年 6 月，工业和信息化部会同北京市、天津市、河北省人民政府共同制定了《京津冀产业转移指南》，京津与石家庄、唐山、沧州、保定、张家口、承德等城市开始共建不同形式、不同类型的产业园区，发展"飞地"经济，建立起协同创新机制，形成中关村"一园多地"的发展布局，京津冀交通、能源、信息等重大基础设施互联互通取得实质进展，加快要素市场一体化建设。三大区域发展战略的实施加快推进我国产业在更大区域内实现转移，在转移中实现调整升级，引领我国未来若干年区域结构发展新格局。

二、需要关注的几个问题

（一）工业基础能力薄弱成为产业升级的关键制约

基础材料、基础零部件（元器件）、基础工艺和产业技术基础（以下简称"四基"）构成了整个工业的基础能力，这些基础环节的缺失造成我国工业长期依赖进口，工业基础能力的问题解决不好，导致整个制造业的提升受到制约。从基础材料方面，我国在高性能不锈钢和镍基合金两种材料领域的产量远远无法满足国内发展的需要，目前世界高性能不锈钢产量约为 30 万吨，而中国产量只有 1 万吨。长期以来，我国缺"核"少"芯"的问题一直存在。目前国内近八成的芯片依赖进口，其中高端芯片进口率超过九成，芯片也超过石油成为国内第一进口大户。在 2015 年银行卡"磁条卡换芯"工作中，仅荷兰恩智浦一家公司就占据我国超过 95% 的市场份额，剩余市场也被德国英飞凌与韩国三星等国际巨头瓜分。在软件方面的操作系统等基础软件基本上都由国外掌控，光纤光缆生产所需的四氯化硅等关键材料严重依赖欧洲和日本企业。其他基础零部件也是如此，例如滚动轴承的 40 多项国际标准没有一项是我国轴承行业主持或参与制定的。

（二）"去产能"工作存在较大困难和风险

本轮"去产能"要比以往面临更多的风险，但可用政策工具的实际调控能力相对却弱化，处置起来尤为困难。一是职工安置风险，能否妥善安置这些职工将成为"去产能"工作能否顺利进行的关键。虽然国家已经制定实施了内部安置、外部转岗、扶持创业、内退和公益性岗位"托底"等安置职工的政策，中央财政资金拿出 1000 亿元主要用于职工安置，但操作起来困难依然很大。钢铁等产能严重过剩行业职工长期以来存在职业惯性，一方面现有技能无法适应新的岗位，另一方面很多人年龄偏大力不从心，心理上无法接纳转岗，如处理不好，引发职工不满，就可能造成群体性事件，影响社会稳定。二是债务风险。钢铁、煤炭等产能严重过剩的行业都属于高负债率行业，不仅欠银行的债，还可能欠其他企业甚至是一些民间资本的债，特别是一些民营钢铁企业，由于获得银行贷款相对困难，很可能会大量向民间资本借债，并形成连环债，一旦某一个环节破裂，会引发金融系统的连锁反应。因此，银行及其他债权人一般不希望企业走破产清算的道路，地方政府部门也不敢轻易让企业破产清算，这些都给落后产能退出带来巨大阻力。

（三）地区工业经济增速两极分化进一步加剧

2016 年全国各省市区工业经济增长稳中趋缓，同时地区间两极分化的问题仍在加剧。从工业增速来看，1—12 月份，东部地区的天津、江苏、浙江、福建、山东、广东等省份的工业增加值增速高于全国 6% 的平均水平，分别达到 8.4%、7.7%、6.2%、7.6%、6.8% 和 6.7%；中西部地区的重庆市达到了 10.3% 的工业增加值增速，位列全国第二（西藏位列第一）；而东北地区增长缓慢，辽宁省呈现 -15.2% 的负增长，比上年同期的 -4.8% 的增速继续下调了 10.4 个百分点，黑龙江省增速 2.0%，低于全国水平 4.0 个百分点；山西省工业增加值增速为 1.1%，低于全国平均水平 4.9 个百分点。从数据看，产业结构合理、转型升级超前的地区，例如天津、江苏等，经济保持了持续健康发展，而以石油、煤炭、钢铁等重化工业为主要支柱产业的地区，如黑龙江、山西等，受传统原材料产业持续低迷的影响导致工业增长动力不足。虽然一个地区的产业结构在发展过程中存在一定惯性，但产业结构单一地区加快产业结构调整已经刻不容缓。

（四）中西部地区承接产业转移面临诸多不利因素

在"京津冀协同发展""长江经济带建设"等诸多国家战略深入推进的大背景下，我国区域产业转移的步伐也在逐步加快。但随着经济下行的压力加大，劳动力成本的持续上升，不少企业为维持利润空间和市场竞争力，采取裁员降薪等措施，中西部地区人才吸引力逐渐下降，劳动力市场收窄，抑制了部分产业向中西转移的动力。2016 年 1—10 月，黑龙江、山西、青海、宁夏等中西部省份的累计固定资产投资都是个位数增长，辽宁省固定资产投资累计增长甚至达到 -63.7% 的负增长，而在东部等其他地区大部分省份的固定资产投资都达到两位数的增速。中西部地区的物流成本、产业配套、基础设施条件以及法律法规和市场环境等因素尚待进一步完善，公共服务能力也有待进一步提升。在推动产业转移的政策执行方面，多采取建园区、搭平台等方式，区域特色优势及差异化发展战略不明晰，减缓了地区间产业转移的步伐。

（五）企业普遍经济效益下滑为转型升级带来压力

2016年度，工业亏损企业累计45008家，比上年同期增长0.2%，亏损数占到全部工业企业总数的15%左右。其中，国有工业企业亏损833家，比上年同期增长1.2%，占国有工业企业总数的三分之一以上。中国中小企业协会公布的2016年第四季度中国中小企业发展指数（SMEDI）为92.5，由降转升，比上季度上升0.2点，总体平稳趋强，但中小企业发展指数低位小幅波动的态势将持续。随着企业的利润空间收窄，企业降本增效的压力逐渐加大。2016年度，规模以上工业企业每百元主营业务收入中成本为85.5元，略低于上年同期的86.0元，但工业企业生产成本上升的总体趋势并没有得到根本转变。根据发改委公布的数据显示，中国中小企业融资成本长期居于高位；中国社会物流总费用与GDP的比率在16%以上，物流费用占企业主营业务收入的比重至今未低于8%，这些指标均高于同期的美国、日本等国。为企业减轻费用成本负担，深入推进服务企业发展工作，成为支持实体经济发展的重要举措。

专题篇

第三章　优化产业组织结构

产业组织结构一般指的是同一产业内部企业不同规模组合的基本格局，也就是在生产中大中小企业之间关系以及构成比例。企业兼并重组是优化产业组织结构的重要途径。2016年，我国出台一些企业兼并重组政策，不断对企业兼并重组政策体系进行完善，而政策主要聚焦于推进传统产能过剩行业、国企和僵尸企业的重组。在相关政策的指引下，我国企业兼并重组呈现出国内企业兼并重组保持活跃，海外并购迅速增长等态势。虽然我国企业兼并重组取得了一定成效，但仍面临着许多问题，如政策有待进一步深入落实，跨区域、跨所有制兼并重组仍然障碍重重等。

第一节　2016年促进企业兼并重组政策解析

近年来，为引导企业兼并重组，我国不断优化政策环境，已经出台了企业兼并重组相关的财税、金融、外汇、职工安置、土地、审批等政策，可以说基本上已经形成较为完善的企业兼并重组的政策体系。当前，我国企业兼并重组政策主要注重在原有政策基础上进行优化和进一步完善，以及促进重点行业的企业兼并重组。

一、推进企业兼并重组的政策情况

国务院发布了《国务院关于钢铁行业化解过剩产能实现脱困发展的意见》（国发〔2016〕6号），针对我国钢铁产业集中度不高的情况，提出鼓励有条件的钢铁企业实施跨行业、跨地区、跨所有制减量化兼并重组，重点是要推进钢铁产量较大的地区企业的兼并重组，通过重组退出部分过剩产能。

国务院发布了《国务院关于煤炭行业化解过剩产能实现脱困发展的意见》（国发〔2016〕7号），针对煤炭行业，从2016年开始，减量重组的产能为5亿吨。意见提出要推进企业改革重组，鼓励大型煤炭企业兼并重组中小型企业，培育一批大型煤炭企业集团。在政策措施方面，加大对重组企业的金融支持力度。

八部委发布了《关于金融支持工业稳增长调结构增效益的若干意见》（银发〔2016〕42号）。该意见共包括六大部分，加强货币信贷政策支持，营造良好的货币金融环境；加大资本市场、保险市场对工业企业的支持力度；推动工业企业融资机制创新；促进工业企业兼并重组；支持工业企业加快"走出去"；加强风险防范和协调配合。其中两大部分内容是针对企业兼并重组的，提出要优化工业企业兼并重组政策环境，拓宽工业企业融资渠道，完善工业企业"走出去"支持政策并加强融资支持。

表3-1　2016年企业兼并重组主要相关政策

序号	发布时间	发布单位	政策名称
1	2016年	国务院	《关于推动钢铁行业兼并重组处置僵尸企业的指导意见》（国发〔2016〕46号）
2	2016年2月	国务院	《国务院关于钢铁行业化解过剩产能实现脱困发展的意见》（国发〔2016〕6号）
3	2016年2月	国务院	《国务院关于煤炭行业化解过剩产能实现脱困发展的意见》（国发〔2016〕7号）
4	2016年2月	中国人民银行、发改委、工信部、财政部、商务部、银监会、证监会、保监会	《关于金融支持工业稳增长调结构增效益的若干意见》（银发〔2016〕42号）
5	2016年7月	国务院办公厅	《关于推动中央企业结构调整与重组的指导意见》（国办发〔2016〕56号）
6	2016年4月	广东省人民政府办公厅	《省属国企出清重组"僵尸企业"促进国资结构优化的实施方案》（粤府办〔2016〕25号）
7	2016年4月	湖北省	《湖北省推动产业重组处置僵尸企业专项行动方案》
8	2016年9月	证监会	《关于修改〈上市公司重大资产重组管理办法〉的决定》（中国证券监督管理委员会令第127号）

续表

序号	发布时间	发布单位	政策名称
9	2016 年 9 月	证监会	《关于加强上市公司重大资产重组相关股票异常交易监管的暂行规定》（证监会公告〔2016〕16 号）
10	2016 年 9 月	甘肃省人民政府	《甘肃省人民政府关于国有企业发展混合所有制经济的实施意见》（甘政发〔2016〕78 号）
11	2016 年 12 月	河北省人民政府	《河北省人民政府关于处置"僵尸企业"的指导意见》（冀政字〔2016〕66 号）

资料来源：赛迪智库整理，2017 年 1 月。

国务院发布的《推动钢铁行业重组处置"僵尸企业"工作方案》（国发〔2016〕46 号），提出的总体目标是到 2025 年，我国钢铁产业的前 10 家左右的企业占总产能的 60%—70%，其中 8000 万吨级的企业达到 3 家到 4 家，4000 万吨级的钢铁企业达到 6 家到 8 家，形成一些不锈钢等专业化钢铁集团。钢铁行业的重组将分为三个阶段，第一阶段是到 2018 年，主要为去产能；第二阶段是 2018 年到 2020 年，进一步完善企业兼并重组政策；第三阶段是 2020 年到 2025 年，大规模推进钢铁产业兼并重组①。

国务院办公厅发布的《关于推动中央企业结构调整与重组的指导意见》（国办发〔2016〕56 号），旨在促进央企的调整与重组，发挥协同作用。该意见提出对不同领域的央企制定不同的政策，重点任务包括巩固加强一批、创新发展一批、重组整合一批、清理退出一批。对于重组，强调要推进强强联合，推动专业化整合，加快推进企业内部资源整合，积极稳妥开展并购重组。

证监会发布的《关于修改〈上市公司重大资产重组管理办法〉的决定》（中国证券监督管理委员会令第 127 号），对《关于规范上市公司重大资产重组若干问题的规定》第四条进行修改，修改为"上市公司拟实施重大资产重组的，董事会应当就本次重组是否符合下列规定作出审慎判断，并记载于董事会决议记录中"等；明确了借壳的期限为 60 个月。

证监会发布的《关于加强上市公司重大资产重组相关股票异常交易监管的暂行规定》（证监会公告〔2016〕16 号），规定上市公司披露重组预案或草

---

① http://finance.china.com.cn/roll/20160921/3912854.shtml.

案后 1 个月内不再筹划重大资产重组，入股若存在内幕交易，12 个月不再进行重大资产重组。

甘肃省发布的《甘肃省人民政府关于国有企业发展混合所有制经济的实施意见》（甘政发〔2016〕78 号）提出，促进集团公司层面推进混合所有制改革；在资源开发、有色冶金、装备制造、建筑施工等国际产能合作重点方向和领域，鼓励外资参与国有企业改制重组；鼓励国有企业"走出去"参与国际产业重组推动混合所有制改革。

河北省发布的《河北省人民政府关于处置僵尸企业的指导意见》（冀政字〔2016〕66 号）提出，对工艺技术较为先进、有品牌、有市场，但经营暂时陷入困境的企业，特别是产业集中度不高、同质化竞争严重行业中的困难企业，积极引入战略投资者通过市场方式实施兼并重组。对资不抵债濒临破产，但市场前景较好，有挽救价值和重生希望的企业，鼓励债权人、股东依法进行业务重组和债务调整，优化内部管理和股权结构，帮助企业走出困境、恢复活力。

广东省发布的《省属国企出清重组"僵尸企业"促进国资结构优化的实施方案》（粤府办〔2016〕25 号）提出，如果关停企业拥有有价值的资产，可以通过实施兼并重组等方式盘活这些企业的有效资产；对于规模小、负担重的特困企业，如果有品牌、有市场，可以通过增资减债、同类同质企业兼并重组、产权多元化改革等方式，促进企业的转型升级。鼓励社会资本优化重组省属"僵尸企业"。

二、重点政策分析

从目前我国出台的企业兼并重组政策来看，主要聚焦于促进钢铁、煤炭等产能过剩行业企业的兼并重组、中央企业的兼并重组以及"僵尸企业"兼并重组。

（一）促进传统产能过剩行业企业的兼并重组

近年来，我国传统行业，如钢铁、煤炭等行业产能严重过剩，扭曲了资源配置。通过兼并重组尤其是减量化重组可以有效去除部分过剩产能。

针对钢铁行业，我国出台了《关于推进钢铁产业兼并重组处置僵尸企业的指导意见》（国发〔2016〕46 号）、《国务院关于钢铁行业化解过剩产能实现脱困发展的意见》（国发〔2016〕6 号）等，鼓励有条件的钢铁企业实施跨行业、跨地区、跨所有制减量化兼并重组，重点推进钢铁产量大的区域的企业兼并重组，促进部分过剩产能退出。对重组"僵尸企业"、实施减量化重组的企业办理生产许可证时，优化程序，简化办理。设立工业企业结构调整专项奖补资金，按规定统筹对地方化解过剩产能中的人员分流安置给予奖补，引导地方综合运用兼并重组、债务重组和破产清算等方式，加快对"僵尸企业"处置，实现市场出清。6 月底，宝钢和武钢的重组正式开启，这是落实这些文件的一项重要举措。针对煤炭行业，《国务院关于煤炭行业化解过剩产能实现脱困发展的意见》（国发〔2016〕7 号），鼓励减量化重组，鼓励大型煤炭企业兼并重组中小型企业，培育一批大型煤炭企业集团，支持社会资本参与企业并购重组，拓展并购资金来源，鼓励保险资金等长期资金创新产品和投资方式，参与企业并购重组。

（二）为企业并购重组提供资金支持

当前，企业融资难问题依然较为严重。八部委联合发布的《关于金融支持工业稳增长调结构增效益的若干意见》（银发〔2016〕42 号），明确金融机构应加强对工业企业兼并重组和"走出去"的支持力度。该意见提出通过取消或简化兼并重组行政审批或许可，优化审核流程，充分发挥市场的决定性作用等手段来优化兼并重组政策环境。提出拓展兼并重组融资渠道，增强并购贷款、债券、股票等对企业兼并重组的支持力度，支持债务重组。对于工业企业"走出去"，该意见提出进一步提高"两优"贷款支持力度，支持生产型海外项目建设。企业可以采取政府和社会资本合作（PPP）方式进行境外项目合作。工业企业应用好"外保内贷"政策，"走出去"企业可以用境外资产和股权、矿权等权益为抵押获得贷款。

《国务院关于钢铁行业化解过剩产能实现脱困发展的意见》提出，在遵循风险可控、商业可持续的原则下，加大对化解过剩产能、进行兼并重组以及前景好、有效益的钢铁企业的信贷支持力度，支持各类社会资本参与钢铁企业并购重组。《国务院关于煤炭行业化解过剩产能实现脱困发展的意见》拓展并购资金来源，支持社会资本参与企业并购重组，鼓励保险资金等长期资金创新产品和投资方式，参与企业并购重组。

（三） 央企、僵尸企业成为重点重组对象

中央企业通过兼并重组，推进混合所有制改革，促进企业做优、做强。国务院办公厅发布的《关于推动中央企业结构调整与重组的指导意见》（国办发〔2016〕56号），重点任务主要包括巩固加强一批、创新发展一批、重组整合一批、清理退出一批。意见提出要搭建重组平台，建立或改革国有资本投资、运营公司，优化国有资本布局，促进国有资本合理流动，对于企业中低效无效资产以及数量较多、规模较小、产业集中度低、产能严重过剩行业中的中央企业，集中于国有资本投资、运营公司处理。对于重组整合，主要是推进强强联合，推进装备制造、建筑工程、电力、钢铁、有色金属、航运、建材、旅游和航空服务等领域企业重组；推动专业化整合，鼓励通信、电力、汽车、新材料、新能源、油气管道、海工装备、航空货运等领域的企业整合；加快推进企业内部资源整合；开展并购重组时，应以获取关键技术、核心资源、知名品牌、市场渠道等为主要目的。

《推动钢铁行业重组处置"僵尸企业"工作方案》（国发〔2016〕46号）明确钢铁行业的"僵尸企业"的处理办法。浙江省发布的2016年促进企业兼并重组工作要点提出要大力推进"僵尸企业"的兼并重组。河北省提出对工艺技术较为先进、有品牌、有市场，但暂时陷入困境的企业，特别是产业集中度不高、同质化竞争严重行业中的困难企业，积极引入战略投资者通过市场方式实施兼并重组。对资不抵债濒临破产，但市场前景较好，有维持价值和再生希望的企业，鼓励债权人、股东依法进行业务重组和债务调整，优化内部管理和股权结构，帮助企业走出困境、恢复活力。

第二节　2016年企业兼并重组基本情况

近年来，在相关政策的引导下，我国企业兼并重组一直保持活跃态势，并购数量和并购金额保持平稳增长，兼并重组不断朝多元化方向发展，海外并购快速增长，中央企业的重组不断深入推进，对于推动我国工业转型升级

起到积极作用。

一、企业兼并重组保持活跃态势

从企业兼并重组的数量和金额上来看，2016 年虽然较 2015 年有所回落，但我国国内企业兼并重组依然保持活跃态势。2016 年，我国境内企业兼并重组数量为 2087 起，并购金额达 12017 亿元。

图 3 - 1　2012—2016 年我国企业兼并重组数量和金额

资料来源：wind 数据库。

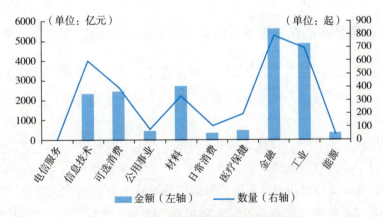

图 3 - 2　2016 年兼并重组的行业分布情况

资料来源：wind 数据库。

从地域分布来看，企业兼并重组情况存在显著地域差异，在全国六个区域中，华北和东南地区并购数量和金额分别位居第一、第二位，这两个区域的并购数量分别为 110 起和 58 起，并购金额分别为 655.5 亿元和 690.7 亿元。

从行业分布来看，各行业的企业兼并重组存在显著差异。其中，2016年，工业领域的兼并重组数量为698起，并购金额为4912.3亿元。在工业领域中，机械领域的兼并重组数量和金额位居第一，并购数量和金额分别达到175起和1781.5亿元。

二、促进过剩产能行业压减过剩产能

当前，我国钢铁、煤炭等传统行业产能过剩情况严重，企业经营困难。兼并重组不仅是化解过剩产能的有效手段，还可以创新企业运营模式，提升企业竞争力。产能过剩行业的企业兼并重组主要是以结构调整为主线，紧紧围绕去产能，推进供给侧结构性改革。

以钢铁行业为例，一直以来，我国钢铁企业"散小乱弱"等问题日益突显，目前及未来的一段时期内，钢铁行业发展的主导方向由盲目扩张转变为兼并重组。我国已经出台大量文件促进钢铁行业的兼并重组，促进僵尸企业的出清。如，当前较为典型的重组是宝钢和武钢，成立中国宝武钢铁集团有限公司，武钢作为全资子公司整体无偿划入，这两家企业联合之后，将成为全球第二、我国第一的钢铁企业，大大压减了过剩产能。

三、海外并购快速增长

随着"一带一路""走出去"战略的稳步推进，跨境并购的利好政策不断出台，政策和环境不断完善，此外，我国企业竞争力不断提升，推动了海外并购的发展。

2016年，我国境内投资者全年共对全球164个国家和地区的7961家境外企业进行了非金融类直接投资，其中海外并购的地位和作用不断增强，整体上较为理性，支持结构调整和转型升级的领域成为并购的重点领域。2016年全年，我国企业共实施对外投资并购项目742起，实际交易金额1072亿美元，远远高于2015年的544亿美元，并购涉及73个国家和地区，涉及18个行业大类。可见，我国海外并购范围持续扩大，并购行业趋于多元化。其中对制造业，信息传输、软件和信息技术服务业分别实施并购项目197起和109

起，占并购总数的 26.6% 和 14.7%。① 目前，有更多的民营企业参与海外并购。

海外并购项目不断涌现，对促进我国产业转型升级、参与全球价值链布局起到积极作用。如，海尔集团以逾 55 亿美元收购美国通用电气的家电业务，且双方将在工业互联网、医疗等方面建立长期合作伙伴关系。天海投资以 400 亿元收购全球最大的 IT 分销商英迈公司，使其成为天海投资的子公司。我国民营企业艾派克科技股份有限公司，联合太盟投资以及君联资本收购国际著名品牌打印机及软件商利盟国际有限公司 100% 的股权，利盟是全球最早从事打印领域研发的企业之一，拥有大量核心专利。

四、央企重组不断深入推进

我国提出要大力推进国企改革，积极推动中央企业结构调整和重组。央企在兼并重组中，不断探索企业重组整合的有效模式和有效做法，积极探索专业化重组，积极探索企业内部资源整合。

2016 年，国企改革不断深入落实，国资委积极推动了中储粮总公司与中储棉总公司、中粮集团与中纺集团、宝钢与武钢、中国建材与中材集团、港中旅集团与国旅集团 5 对 10 家中央企业重组整合，至此，国资委监管的企业数量已减少至 102 家。这些企业的重组具有如下特点：既有产业链纵向整合，也有产业链横向整合；既有新设合并，也有吸收合并；上市企业中，既有换股吸收合并，也有资产置换。

央企重组的思路可以归纳为三个。一是以一流的企业为标杆。适应新常态，加快培育一批具有国际竞争力的大企业。如，中国远洋海运重组前，中国远洋和中国海运在行业中分别排名世界第 6 和第 8，重组后的中国远洋海运在综合运力、干散货、油轮和杂货特种船队运力规模方面均排名世界第 1。二是推动产业转型。中央企业间产业重组整合可促进结构调整转型升级，有利于促进优势互补、突破瓶颈制约，扩大有效供给，推动行业转型升级。三是注重协同效应的发挥，提升效率。产品结构较为相似的中央企业之间进行整

---

① 数据来源：商务部。

合，可以减少重复投入，降低成本。如，中国建材与中材集团在水泥、玻璃纤维等领域的业务是重合的，这两家企业的强强联合可以减少恶性竞争，还可以实现建材产业链的优势互补。宝武集团成立后，可以减少投资约 400 亿元，减少新建钢铁产能约 1000 万吨。

第三节　面临的问题与挑战

随着我国企业兼并重组步伐不断加快，促进了产业集中度的提高，产业结构调整取得巨大成效。但随着我国经济发展进入新常态，经济下行压力依然很大，企业在兼并重组过程中仍面临着许多问题。

一、部分兼并重组政策有待进一步深入落实

企业兼并重组政策的出台和完善可以缓解企业兼并重组面临的问题，但是由于部分政策未得到真正的落实，政策的效应尚未能充分显现。一是虽然当前的企业兼并重组政策体系较为完善，但许多企业对于很多政策并不了解，在兼并重组中并未享受到政策所带来的便利。二是企业对相关政策的理解不够、运用不足。很多企业对政策缺乏敏感性，认识不透彻，未能恰当运用，不会通过相应部门解决兼并重组过程中遇到的问题。或者有些企业在兼并重组中对有些政策运用不当。

二、跨区域、跨所有制兼并重组仍存在障碍

跨地区兼并重组的障碍并未完全消除。跨地区企业兼并重组由于涉及地方的利益、就业等问题而面临协调难题。利益分配矛盾成了影响并干扰企业并购的主要障碍，如果被重组企业是地方政府财政收入的主要依靠或主要就业来源，当地政府往往对并购行为不支持。跨所有制的兼并重组体制机制性障碍依然存在。在不同领域、不同行业，企业准入可能存在一定标准，民营资本介入存在着政策、法律等限制，民营资本通过兼并重组进入国有经济垄断的行业和领域，仍存在一定的障碍。国企的历史遗留问题，如企业的历史

欠账外债、拖欠职工的内债、账外资产、承担的供水供电职能等问题，成为阻碍企业兼并重组的桎梏。

三、高端领域海外并购阻力重重

很长一段时期以来，我国企业海外并购领域主要集中于资源、能源、基础设施等领域，近来，我国对外投资方式不断向多元化、高端化方向发展，通过获得高端生产要素，提高在全球价值链中的地位。高端制造业逐步成为我国企业海外并购的热点领域，收购成功的案例屡见不鲜，如艾派克科技牵头投资资本收购美国利盟国际。但与此同时，许多并购被叫停，如福建宏芯被迫放弃对德国爱思强的收购，很多项目在反垄断审查、安全审查等过程中即被中止。

第四章　促进产业技术升级

2015 年，党的十八届五中全会提出"创新"等五大发展理念，随后，国家将"创新"理念写入"十三五"规划纲要，位列五大发展理念之首；2016 年，中央财经领导小组会议在"供给侧结构性改革"方案中提出要实施创新驱动战略，开辟供给空间。随之，国家出台《国家创新驱动发展战略纲要》《"十三五"国家科技创新规划》等系列指导性文件。由此可见，创新发展已经上升至国家战略高度，成为国民经济发展的关键之举，成为新时期经济发展的重要引擎。与此同时，创新是制造业发展的原动力和主引擎，产业技术升级是实现创新驱动发展战略的前提条件，没有先进的产业技术做支撑，形成良性的技术更替循环，创新驱动将成为无源之水。因此，推动产业技术不断升级是贯彻中央实施创新驱动发展战略的重要手段，是推动我国产业结构优化升级、提升国际竞争力的重要途径。

第一节　2016 年产业技术升级促进政策解析

一、推进产业技术升级的政策情况

（一）国家层面

2016 年，围绕贯彻落实《中国制造 2025》《国务院关于深化制造业与互联网融合发展的指导意见》《产业技术创新能力发展规划（2016—2020 年）》（工信部规〔2016〕344 号）、《制造业创新中心建设工程实施指南（2016—2020 年）》《关于完善制造业创新体系，推进制造业创新中心建设的指导意见》（工信部科〔2016〕273 号），我国产业技术升级政策重点集中发力。围绕重点产业，从解决产业创新能力不强，关键核心技术受制于人、产业共性技术供给不足、创新成果产业化不畅等问题的角度出发，进一步制定出台了一系列配套政策，为产业创新及技术升级提供了强有力的支撑。

表4-1　2016年中央政府部门推动产业技术升级的主要政策

序号	发布时间	发布单位	政策名称
1	2017年1月	国务院	《"十三五"国家知识产权保护和运用规划》（国发〔2016〕86号）
2	2015年5月	国务院	《中国制造2025》（国发〔2015〕28号）
3	2016年5月	国务院	《国务院关于深化制造业与互联网融合发展的指导意见》
4	2016年5月	财政部、科技部	《财政部　科技部关于印发〈中央引导地方科技发展专项资金管理办法〉的通知》（财教〔2016〕81号）
5	2016年7月	国务院	《国务院办公厅印发〈国务院关于新形势下加快知识产权强国建设的若干意见〉重点任务分工方案的通知》（国办函〔2016〕66号）
6	2016年8月	工业和信息化部、发展改革委、科技部、财政部	《工业和信息化部　发展改革委　科技部　财政部关于印发制造业创新中心等5大工程实施指南的通知》
7	2016年8月	质检总局、国家标准委工业和信息化部	《〈装备制造业标准化和质量提升规划〉的通知》（国质检标联〔2016〕396号）
8	2016年8月	工业和信息化部	《制造业创新中心建设工程实施指南（2016—2020年）》
9	2016年8月	工业和信息化部	《关于完善制造业创新体系，推进制造业创新中心建设的指导意见》（工信部科〔2016〕273号）
10	2015年9月	国务院	《关于印发贯彻实施〈深化标准化工作改革方案〉行动计划（2015—2016年）》（国办发〔2015〕67号）
11	2016年10月	工业和信息化部	《产业技术创新能力发展规划（2016—2020年）》（工信部规〔2016〕344号）
12	2016年12月	工业和信息化部	《工业企业技术改造升级投资指南（2016年版）》
13	2016年12月	国家知识产权局、工业和信息化部	《国家知识产权局　工业和信息化部印发〈关于全面组织实施中小企业知识产权战略推进工程的指导意见〉的通知》（国知发管字〔2016〕101号）

资料来源：赛迪智库整理，2017年3月。

（二）地方层面

2016年，各省市地方产业政策呈现出"遍地开花"的现象，为落实国家出台《国家创新驱动发展战略纲要》《"十三五"国家科技创新规划》《产业技术创新能力发展规划（2016—2020年)》等文件，纷纷出台省市"十三五"科技创新规划、强省战略规划、创新行动计划、科技发展和创新驱动专项规划等，并且进一步加大对产业转型升级中技术创新、重大科研项目的资金支持力度，试图通过提升自主创新能力、培育壮大创新主体地位、打造创新公共服务平台和载体、培育创新环境和氛围等举措来苦练内功，驱动经济发展与转型。

表4-2 2016年地方政府部门推动产业技术升级的主要政策

序号	发布时间	发布部门	文件名称
1	2017年1月	山东省人民政府	《山东省人民政府办公厅关于加快推进工业创新发展转型升级提质增效的实施意见》（鲁政办发〔2017〕1号)
2	2016年1月	重庆市人民政府	《重庆市促进企业技术创新办法》（重庆市人民政府令第300号)
3	2017年1月	四川省人民政府	《关于印发四川省"十三五"科技创新规划的通知》（川办函〔2017〕4号)
4	2016年4月	福建省人民政府	《福建省人民政府办公厅关于印发福建省"十三五"科技发展和创新驱动专项规划的通知》（闽政办〔2016〕53号)
5	2014年5月	北京市人民政府	《北京技术创新行动计划（2014—2017年)》
6	2016年6月	上海市经信委	《2016年上海市产业转型升级发展专项资金项目》
7	2016年8月	江苏省人民政府	《关于加快推进产业科技创新中心和创新型省份建设的若干政策措施》（苏政发〔2016〕107号)
8	2016年9月	广州市工信委	《广州市人民政府关于加快先进制造业创新发展的实施意见》（穗府〔2016〕15号)
9	2016年9月	江西省人民政府	《江西省"十三五"科技创新升级规划》
10	2016年12月	湖南省人民政府	《关于贯彻落实创新驱动发展战略建设科技强省的实施意见》
11	2016年12月	山西省人民政府	《山西省人民政府关于印发山西省"十三五"科技创新规划的通知》

资料来源：赛迪智库整理，2017年3月。

二、重点政策分析

（一）依托制造业创新中心建设，加大共性技术创新

2016 年 8 月，工业和信息化部等四部委印发制造业创新中心等 5 大工程实施指南，分别为制造业创新中心建设、工业强基、智能制造、绿色制造和高端装备创新 5 大工程实施指南，目的在于通过政府引导，形成行业共识，汇聚社会资源，突破制造业发展的瓶颈和短板，抢占未来竞争制高点。其中，制造业创新中心建设工程主要是为了完善制造业创新体系，提升制造业创新能力，以制造业转型升级、培育发展新动力的重大需求为导向，以集成优化创新资源配置为核心，以建立健全产学研用协同机制为手段，汇聚整合企业、科研院所、高校等的资源及优势，突出协同配合，加强国际合作，打造贯穿创新链、产业链的制造业创新生态系统为主要载体展开攻关，突出我国关键共性技术的创新。

一是建设国家级制造业创新中心，逐行业解决关键共性技术需求。目前来看，中国制造业存在核心技术和共性技术竞争能力有限等为问题，另外还存在人才培养不足，缺少商业模式创新等短板。二是建设省级制造业创新中心，加强区域协同创新能力。按照《中国制造 2025 分省市指南》布局要求，重点产业集聚的省市可选择优势领域建设省级制造业创新中心，打造区域制造业创新平台。省级制造业创新中心应汇聚区域创新资源，探索多种产学研协同组建模式，围绕区域性重大技术需求，探索实现多元化投资、多样化模式和市场化运作，打造新型研发机构。

专栏 4-1　国家制造业创新中心建设工程

国家制造业创新中心是国家级创新平台的一种形式，是由企业、科研院所、高校等各类创新主体自愿组合、自结合，以企业为主体，以独立法人形式建立的新型创新载体；是面向制造业创新发展的重大需求，突出协同创新取向，以重点领域前沿技术和共性关键技术的研发供给、转移扩散和首次商业化为重点，充分利用现有创新资源和载体，完成技术开发到转移扩散到首次商业化应用的创新链条各环节的活动，打造跨界协同的创新生态系统。

> **第一个阶段**：2016—2020 年
>
> 到 2020 年，国家制造业创新体系核心初具规模。在部分重点领域建成创新中心，掌握一批重点领域前沿技术和共性关键技术，行业共性关键技术供给机制初步形成，部分战略必争领域实现与发达国家同步发展，优势领域竞争力进一步增强，为我国基本实现工业化，进一步巩固制造业大国地位提供有力支撑。
>
> **第二个阶段**：2021—2025 年
>
> 到 2025 年，进一步完善国家制造业创新体系。在《中国制造 2025》确定的新一代信息技术、高档数控机床和机器人、航空航天装备、海洋工程装备及高技术船舶、先进轨道交通装备、节能与新能源汽车、电力装备、农机装备、新材料、生物医药及高性能医疗器械等十大重点领域，形成一批创新中心。在创新中心支撑下，制造业整体素质大幅提升，创新能力显著增强，劳动生产率明显提高，形成一批具有较强国际竞争力的跨国公司和产业集群，在全球产业分工和价值链中的地位明显提升。

资料来源：工业和信息化部《制造业创新中心建设工程实施指南》。

（二）依托产业技术创新发展规划，强化企业技术改造

2016 年 10 月，工业和信息化部印发《产业技术创新能力发展规划（2016—2020 年）》（工信部规〔2016〕344 号），旨在加快推进产业技术创新能力发展。其中，规划提出虽然"十二五"时期，我国工业和信息化领域产业技术创新取得了显著成果，产业技术创新能力有了较大提升。但是我国产业技术创新能力发展仍存在一些亟待解决的问题，主要表现在：技术创新能力与发达国家相比依然存在较大差距，部分关键核心技术及装备依赖进口；成果转化机制不灵活，科技对产业的贡献率较低，许多研发成果停留在实验室阶段或中试阶段；企业技术创新投入较低，组织机制尚不完善；协同创新模式较为单一，缺乏能够长久合作的机制；国家层面的创新支撑服务体系尚不完善，产业各方对产业共性关键技术的研发积极性不足，各类创新平台对于技术创新的支撑服务作用尚不明显。一是以建设制造业创新中心和公共服务平台建设为抓手着力完善产业创新体系。二是以强化企业技术创新主体地位为抓手逐步健全企业主导产业技术研发的体制机制。三是以协同创新和产业重大技术需求为抓手加大共性关键技术开发力度。四是逐步完善综合标准化体系，进一步提升企业知识产权运用能力。五是依托国家重大战略和《中

国制造 2025 分省市指南》培育区域创新能力。

（三）依托国家知识产权类系列规划，加强知识产权和标准化体系建设

2016 年 12 月，国家知识产权局、工业和信息化部联合制定《关于全面组织实施中小企业知识产权战略推进工程的指导意见》（国知发管字〔2016〕101 号），其旨在深入贯彻《国务院关于新形势下加快知识产权强国建设的若干意见》（国发〔2015〕71 号）、《国务院关于扶持小型微型企业健康发展的意见》（国发〔2014〕52 号），落实国家实施创新驱动发展战略和知识产权战略的部署，加快形成适应经济发展新常态的知识产权体制机制和发展方式，提高中小企业知识产权创造、运用、保护和管理能力。2016 年 12 月，国务院印发《"十三五"国家知识产权保护和运用规划》（国发〔2016〕86 号），其旨在深入实施《国务院关于新形势下加快知识产权强国建设的若干意见》（国发〔2015〕71 号），全面提升我国知识产权保护和运用水平，其中，规划一是明确知识产权保护和运用的目标。以改善知识产权保护环境、充分显现知识产权运用效益及大幅提升知识产权综合能力三点为主线，以建成一批知识产权强省、强市，建设知识产权强国为最终目标，以多维度细化的指标（如 PCT 量、计算机软件著作权登记数、万人有效发明专利数、知识产权使用费出口额等）为依据进行全方位多层次加快知识产权强国建设。二是以九大工程为抓手分解主要任务。分别通过实施知识产权法律完善工程、知识产权保护工程、专利质量提升工程、知识产权强企工程、知识产权评议工程、知识产权海外维权工程、知识产权投融资服务工程、知识产权信息公共服务平台建设工程及知识产权文化建设工程九大工程来实现主要任务及发展路径。

（四）依托促进科技成果转化法，加速转移转化科技成果

为加快实施创新驱动发展战略，落实《中华人民共和国促进科技成果转化法》，2016 年 2 月，国务院印发《关于实施〈中华人民共和国促进科技成果转化法〉若干规定的通知》（国发〔2016〕16 号），分别围绕促进研究开发机构、高等院校技术转移，促进研究开发机构、高等院校技术转移，营造科技成果转移转化良好环境三大主要任务来细化措施，推进产业技术升级和经济提质增效升级。一是技术转移方面，国家鼓励研究开发机构、高等院校通过转让、许可或者作价投资等方式，向企业或者其他组织转移科技成果；研究开发机构、高等院校应当建立健全技术转移工作体系和机制，完善科技成果转移转化的管理制度等。二是激励科技人员创新创业方面，明确了国家鼓励企业建立健全科技成果转化的激励分配机制，充分利用股权出售、股权奖励、股票期权、项目收益分红、岗位分红等方式激励科技人员开展科技成果转化；国家设立的研究开发机构、高等院校科技人员在履行岗位职责、完成本职工作的前提下，经征得单位同意，可以兼职到企业等从事科技成果转化活动，或者离岗创业等。三是营造环境方面，主要涉及加大对科技成果转化绩效突出的研究开发机构、高等院校及人员的支持力度；做好国家自主创新示范区税收试点政策向全国推广工作，落实好现有促进科技成果转化的税收政策等。

第二节　2016 年产业技术升级的基本情况

一、总体情况

2016 年，随着支持企业创新和促进产业技术改造升级的一系列政策的颁布落实，企业技术创新能力进一步提升，技术装备水平稳步提高，研发投入和创新成果继续保持增长态势。取得的进展主要围绕五个方面，一是制造业技术创新体系不断完善；二是企业技术改造专项工作进一步加强；三是重点领域技术创新取得突破性成果；四是制造业与互联网加速融合；五是进一步激发全社会创新创业活力。

二、取得的进展

（一）制造业技术创新体系不断完善

2016 年，工信部牵头多方发力实施《中国制造 2025》。《中国制造 2025》文件中的“1＋X”规划体系编制完成，制造业创新中心、工业强基、绿色制造、智能制造和高端装备创新等五大工程率先启动实施，一批重大标志性项目取得突破性进展。

从具体措施及成效来看，一是首家国家制造业创新中心——动力电池创新中心挂牌成立，其中，国家增材制造创新中心进入创建阶段，19家省级制造业创新中心开始培育建设；二是工业强基工程重点支持了84个示范项目，确定了19家产业技术基础公共服务平台，"核高基"等国家科技重大专项取得新突破，航空发动机及燃气轮机重大专项启动实施；三是新认定69家国家技术创新示范企业、28家部重点实验室，完成3052项强制性标准的整合精简，50项标准提案成为国际标准；四是实施绿色制造工程，启动83个重大项目建设，出台工业节能管理办法，对20个省区市开展节能监察专项督查。

专栏4-2　国家动力电池创新中心

　　5月25日，发布《工业和信息化部关于同意组建国家动力电池创新中心的批复》，同意由国联组建国家动力电池创新中心，这是我国第一个国家制造业创新中心。

　　国家动力电池创新中心将以国联研究院为核心、中国汽车动力电池产业创新联盟为外延，围绕研发设计、测试验证、中试孵化和行业服务能力开展建设工作，搭建协同攻关、开放共享的动力电池创新平台，将以"创新、协调、绿色、开放、共享"五大发展理念为指导，以加快实现动力电池技术革命性突破为使命，聚焦关键材料、动力电池及系统等共性关键技术的研究开发，广泛开展国际合作，积极推动科技成果产业化，为推动动力电池和新能源汽车产业健康可持续发展，促进我国从汽车大国迈向汽车强国贡献力量。

（二）企业技术改造专项工作进一步加强

一是编制完成2016年版工业企业技术改造升级投资指南。指南由中国国际工程咨询公司联合中国机械工业联合会、中国钢铁工业协会、中国石油和化学工业联合会、中国轻工业联合会、中国纺织工业联合会、中国建筑材料联合会、中国有色金属工业协会、中国医药企业管理协会、中国船舶工业行业协会、中国汽车工业协会和中国电子信息行业联合会共同编制完成。共分创新平台建设、智能制造、工业强基、绿色制造、高端装备、产品质量提升、服务型制造和安全生产8个部分；每个部分以重点产品、技术和工艺的形式，针对电子信息（含软件与信息技术服务）、机械、汽车、船舶、民用航空航天、钢铁、有色金属、建材、石化与化工、医药、轻工、纺织等12个行业领域，提出了"十三五"时期投资的重点和方向。

二是企业技术改造投资力度进一步加大。从整体来看，2016年，工信部着力稳定有效投资，通过技改项目带动总投资超过1.6万亿元。同时，推动设立了工业转型升级（"中国制造2025"）专项资金和先进制造业产业投资基金。其中，地方技术改造力度进一步加大，比如2016年1—6月，四川省累计完成工业投资3958亿元，同比增长10.3%，增速比全国工业投资高6.1个百分点；工业技术改造投资2505亿元，占工业投资比重63.3%，同比增长13.9%。

（三）重点领域技术创新取得突破性成果

2016年，工业和信息化部深入贯彻创新驱动发展战略，推动制造业高端化发展，推动制造业与互联网加速融合，重点领域技术创新取得突破性成果。一是在高端装备制造领域，2016年，工信部重大技术装备发展取得系列重要突破，比如"高档数控机床与基础制造装备""大飞机""两机""核高基"等科技重大专项、重大项目的实施。具体为：2016年6月，首架国产支线客机ARJ21正式进入航线运营；2016年7月，AG600大型灭火救援水陆两栖飞机总装下线；2016年8月，"海斗"号无人潜水器完成最大下潜深度10767米；2016年9月，我国自主研制的、世界上规模最大的长江三峡升船机试通航取得成功。二是在信息技术领域，工信部加快实施核心信息技术攻坚战略，推动高性能计算、移动通信、核心芯片等重大关键技术研发和应用取得重要突破。比如，我国智能手机芯片市场占有率已超过20%，存储器、先进逻辑工艺等一批重大项目陆续启动，7条12英寸集成电路生产线相继开工建设。另外，2016年7月，中国高端芯片联盟正式成立，"架构—芯片—软件—整机—系统—信息服务"的产业生态体系正在逐步形成。

专栏4-3　2016年工业转型升级（"中国制造2025"）资金重点项目

序号	重点任务	企业名称	项目名称
1	制造业创新能力建设	国联汽车动力电池研究院有限责任公司	动力电池创新能力建设项目
2	制造业创新能力建设	西安增材制造国家研究院有限公司	增材制造创新能力建设项目

资料来源：工业和信息化部。

（四） 制造业与互联网加速融合

一是发布指导意见明确目标。2016 年 5 月，国务院发布《关于深化制造业与互联网融合发展的指导意见》（国发〔2016〕28 号），明确了未来目标，争取到 2018 年年底，制造业重点行业骨干企业互联网双创平台普及率达到 80%，相比 2015 年年底，工业云企业用户翻一番，新产品研发周期缩短 12%，库存周转率提高 25%，能源利用率提高 5%。制造业互联网双创平台成为促进制造业转型升级的新动能来源，形成一批示范引领效应较强的制造新模式。二是围绕七大主要任务推动制造业与互联网融合发展。主要包括七个方面：一是打造制造企业互联网双创平台；二是推动互联网企业构建制造业双创服务体系；三是支持制造企业与互联网企业跨界融合；四是培育制造业与互联网融合新模式；五是强化融合发展基础支撑；六是提升融合发展系统解决方案能力；七是提高工业信息系统安全水平。

（五） 进一步激发全社会创新创业活力

一是新型创新机构不断增加。众创空间数量超过 4200 家，与 3000 多家科技企业孵化器、400 多家加速器形成创业孵化服务链条，服务创业企业和团队超过 40 万家，培育上市挂牌企业近 1000 家，提供 180 万个就业岗位。二是创新创业投入不断增大。国家科技成果转化引导基金设立 9 只创业投资子基金，总规模达 173 亿元；各级科技管理部门、国家自创区和高新区设立的科技创业投资公司（基金）已达 550 多家，资本规模超 2300 亿元。另外，成功举办 2016 年全国科技活动周，组织各类科普活动 2 万余项，超过 2 亿人次参与[①]。

第三节　面临的问题与挑战

我国产业技术创新能力发展仍存在一些亟待解决的问题，主要表现在以下几个方面：一是产业技术创新能力仍然不强；二是科技成果转化机制尚不成熟；三是原始创新能力需进一步提高；四是知识产权和标准运用有待提高。

---

① 科技部网站，2017 年全国科技工作会议。

一、产业技术创新能力仍然不强

一是研发投入强度不高。2016 年全社会研发投入达到 15440 亿元，全国技术合同成交额达 11407 亿元，科技进步贡献率增至 56.2%，但是 2016 年我国研发经费投入强度（研发经费与 GDP 之比）约为 2.1%，比 2012 年提高 0.17 个百分点，已达到中等发达国家水平，居发展中国家前列，但是研发投入强度依旧不高，成为制约我国原始技术创新的重要因素。

二是关键共性技术需进一步突破。在构建现代产业技术体系、加快转变发展方式、培育和发展战略性新兴产业、促进产业结构优化升级、增强自主创新能力和核心竞争力等关键环节中，产业关键共性技术具有应用基础性、关联性、系统性、开放性等特点，因其研究难度大、周期长，已成为制约我国产业健康持续发展和提升产业核心竞争力的瓶颈问题，加强关键共性技术研发是加快提升产业技术最有效的途径之一。国家层面的创新支撑服务体系尚不完善，产业各方对于产业共性关键技术的研发积极性不足，各类创新平台对于技术创新的支撑服务作用尚不明显[1]。

二、科技成果转化机制尚不成熟

成果转化机制不灵活，科技对产业的贡献率较低，许多研发成果停留在实验室阶段或中试阶段。一是从实验室产品到实现产业化的成功率较低。我国很多技术创新成果往往停留在实验室、学术论文中，科技成果转化率还不到 10%，远远落后于发达国家 40%—50% 的水平。二是科研机构与产业化机构协同能力较差。我国创新资源重复分散，创新载体分散重复建设，资金、设备等创新资源配置的重复浪费现象严重，产学研用协同创新能力仍然不足。三是科技成果转化率比较低。目前我国国际科技论文和发明专利稳居世界前列，但很多论文没有转化为技术专利，技术专利也没有转化为产品，经济和科技两张皮的问题仍然比较突出，其中，据文献调研表明，我国高校被转让、许可的专利占比仅为 2.03%。

---

[1] 《产业技术创新能力发展规划（2016—2020 年）》（工信部规〔2016〕344 号）。

三、原始创新能力需进一步提高

从整体上来看，过去，我们在创新上重集成创新、引进消化吸收再创新，轻原始创新，导致原始创新能力弱，原始创新成果少，造成我国在一系列核心关键技术上受制于人。创新体系技术创新能力与发达国家相比依然存在较大差距，部分关键核心技术及装备主要依赖进口。我国大中型工业企业研发投入占主营业务收入比重不到1%，与主要发达国家2.5%以上的水平相去甚远。我国核心技术对外依存度较高，产业发展必需的高端装备、关键设备和关键元器件严重依赖进口。据统计，目前我国对外技术依存度高达50%，而美国、日本仅为5%；我国95%的高档数控系统、85%的集成电路依赖进口，高端传感器、工业应用软件基本被国外垄断，芯片已经超过原油成为我国第一大进口商品。以电子信息产业为例，我国80%的高端芯片、90%的高世代面板生产线基础装备、90%的基础软件都依靠进口，80%的通用协议和标准采用国外标准。原始创新能力弱的根源在于基础研究薄弱。我国在基础研究上一直投入不足，2014年基础研究在R&D中占比仅为4.71%，而发达国家这一比例基本都在15%以上，瑞士甚至高达30.4%。

四、知识产权和标准运用有待提高

一是国内发明专利拥有总量高，但优质专利不多，存在大而不强问题。2016年，我国共受理发明专利申请133.9万件，同比增长21.5%，连续6年位居世界首位，是世界上第三个国内发明专利拥有量超过百万件的国家。其中，2016年共受理PCT国际专利申请4.5万件，同比增长47.3%，但是专利多而不优、大而不强的问题仍然存在，有些关键领域的专利数量不占优势，需要重点加强。二是知识产权数量与质量不协调、国家之间专利发展不平衡问题依然突出。根据国家知识产权局公布的数据，从有效发明专利的平均维持年限看，国内专利为6年，国外来华专利为9.4年；从有效发明专利的说明书页数和权利要求项数看，国内专利平均为7.3页和7.8项，国外来华专利平均为18.5页和17.4项；从维持10年以上的有效发明专利来看，国外在华专利拥有量是国内的2.2倍①。

---

① 秦朔：《中国全面超越美国之辩（之三）》。

第五章 化解产能过剩矛盾

近年来，产能过剩矛盾一度成为我国经济发展的主要制约因素。钢铁、煤炭、水泥、电解铝、船舶等行业出现不同程度的产能过剩问题，特别是钢铁与煤炭行业，2015年面临着全行业亏损的困局。2016年作为"十三五"开局之年，国务院针对钢铁、煤炭等行业连续发力，陆续发布"十三五"发展规划及化解过剩产能实现脱困发展的意见政策。坚持推进供给侧结构性改革，以去产能为首要任务，通过淘汰落后产能、完善产能置换机制、处理僵尸企业等多种措施，积极稳妥化解产能过剩矛盾，重点行业提前超额完成去产能目标任务。2016年，化解产能过剩矛盾的政策主要集中在三个方面：重点行业化解产能过剩实现行业脱困发展的指导意见，完善职工安置、债务清算、金融支持、财政鼓励等配套政策，重点行业调结构促转型增效益的相关规划。随着化解产能过剩矛盾工作进一步推进，全国去产能方面取得良好成效，重点行业化解产能过剩效果明显。不过，在近年来化解产能过剩矛盾工作取得一定成效的基础上，继续开展去产能工作进入攻坚克难的阶段。企业兼并重组在工作落实过程中面临诸多困难，刚性的去产能政策与灵活的需求波动矛盾愈发明显，过分依赖行政手段通过短期减产量实现去产能的政策难以维系。

第一节 2016年化解产能过剩矛盾政策解析

2016年作为推进供给侧结构性改革的攻坚之年，去产能作为五大重点任务之一，国家发改委、工业和信息化部、人力资源和社会保障部、财政部、环保部、国土部、国资委、人民银行、银监会、国家能源局等多部门协同合作，不断细化和完善化解产能过剩矛盾的政策措施，基本构建化解产能过剩矛盾的政策体系，过剩产能退出机制雏形初现。

一、化解产能过剩矛盾的主要政策情况

面对严峻的产能过剩问题，自 2010 年起我国便陆续发布与完善化解产能过剩矛盾的重要政策，诸如《国务院关于进一步加强淘汰落后产能工作的通知》（国发〔2010〕7 号）、《国务院关于化解产能严重过剩矛盾的指导意见》（国发〔2013〕41 号）、《国家发展改革委工业和信息化部关于坚决遏制产能严重过剩行业盲目扩张的通知》（发改产业〔2013〕892 号）等政策，协调各部门积极开展化解产能过剩矛盾工作。2016 年，国家发改委、工业和信息化部、财政部等多部门化解产能过剩矛盾的政策主要集中在三个方面：发布重点行业化解产能过剩实现行业脱困发展的指导意见，不断完善职工安置、债务清算、金融支持、财政鼓励等配套政策，出台重点行业调结构促转型增效益的相关规划。

（一）重点行业化解产能过剩实现脱困发展的政策情况

根据《工业和信息化部国家能源局联合公告 2015 年各地区淘汰落后和过剩产能目标任务完成情况》（公告 2016 年第 50 号）资料显示，我国在电力、炼铁、炼钢、煤炭、水泥、有色金属、平板玻璃等 16 个行业开展淘汰落后和过剩产能工作，各省（区、市）及新疆生产建设兵团均完成了 2015 年淘汰落后和过剩产能的目标任务。2015 年 12 月，中央经济工作会议将"去产能"作为 2016 年推进供给侧结构性改革的首要任务，去产能工作主要围绕开展淘汰落后、违法违规建设项目清理和联合执法三个专项行动展开；落实去产能的公示公告工作，严防落后产能死灰复燃；严控新增产能，防止边减边增。

2016 年 2 月，国务院连续印发《关于钢铁行业化解过剩产能实现脱困发展的意见》（国发〔2016〕6 号）、《关于煤炭行业化解过剩产能实现脱困发展的意见》（国发〔2016〕7 号）两项政策文件，对钢铁和煤炭两大产能严重过剩行业突破发展困局及实现去产能工作目标做出具体要求。2016 年 3 月，工业和信息化部与国家发改委联合发布《关于认定山西等六省区水泥在建项目的通知》（工信部联原函〔2016〕65 号）、《符合要求的水泥、平板玻璃建成项目名单》（中华人民共和国工业和信息化部、中华人民共和国国家发展和改革委员会公告 2016 年第 8 号）等文件，坚决落实在建项目不得新增产能的相

关工作。2016 年 8 月与 10 月，工业和信息化部针对水泥行业化解过剩产能发布《关于同意吉林省开展压减水泥过剩产能加快行业脱困转型发展试点的批复》（工信部原函〔2016〕306 号）与《关于进一步做好水泥错峰生产的通知》（工信部联原〔2016〕351 号）两项政策文件。2016 年 12 月，国家发改委、工业和信息化部、国家质量监督检验检疫总局、国家能源局、国家煤矿安全监察局五部门联合发布《关于坚决遏制钢铁煤炭违规新增产能打击"地条钢"规范建设生产经营秩序的通知》（发改运行〔2016〕2547 号），严格控制钢铁煤炭等违规新增产能，淘汰落后产能，真正意义上解决劣币驱逐良币的问题。

（二）支持化解过剩产能的职工安置、转型转产等配套政策情况

坚决落实去产能相关工作，特别是在处置"僵尸企业"的过程中，人员安置与分流、企业债务、财政支持、金融扶持等方面的配套政策亟待完善与落实。2016 年 3 月，国土资源部发布《关于支持钢铁煤炭行业化解过剩产能实现脱困发展的意见》（国土资规〔2016〕3 号）文件，着重发挥国土资源在严格控制新增产能、支持过剩产能企业退出、转产和兼并重组方面的作用。2016 年 4 月，人力资源和社会保障部、发改委、工业和信息化部、财政部、民政部、国资委、全国总工会七部门联合发布《关于在化解钢铁煤炭行业过剩产能实现脱困发展过程中做好职工安置工作的意见》（人社部发〔2016〕32 号），主要解决钢铁煤炭严重产能过剩行业在去产能过程中人员安置与分流的问题。2016 年 7 月，工业和信息化部发布《关于印发工业绿色发展规划（2016—2020 年）的通知》（工信部规〔2016〕225 号）；8 月工业和信息化部与环境保护部联合发布《关于印发〈水污染防治重点行业清洁生产技术推行方案〉的通知》（工信部联节〔2016〕275 号），通过设定环保标准的手段完善淘汰落后产能退出机制。2016 年底，中国银监会、发改委、工业和信息化部联合发布《关于钢铁煤炭行业化解过剩产能金融债权债务问题的若干意见》（银监发〔2016〕51 号），着重解决钢铁煤炭行业去产能过程中面临的金融债权债务问题。至此，化解产能过剩工作的政策体系已初步形成。

（三）重点行业调结构促转型增效益的政策情况

除了以钢铁、煤炭两大重点行业为重点，专门发布行业化解过剩产能实现脱困发展的意见政策外，针对其他产能过剩行业，如有色金属、石化、建材、船舶、纺织、化纤等行业，中央层面着重行业调结构、促转型、增效益，陆续发布诸多行业调整升级规划。2016年3月与2017年1月，工业和信息化部发布《关于印发〈船舶配套产业能力提升行动计划（2016—2020年）〉的通知》（工信部装〔2015〕486号）与《六部门关于印发〈船舶工业"深化"结构调整加快转型升级行动计划（2016—2020年）〉的通知》（工信部联装〔2016〕447号），着重推进船舶行业转型升级，化解过剩产能。2016年5月，国务院发布《关于促进建材工业稳增长调结构增效益的指导意见》（国办发〔2016〕34号）。2016年10月至11月，工业和信息化部连续发布《关于印发建材工业发展规划（2016—2020年）的通知》（工信部规〔2016〕315号）、《关于印发有色金属工业发展规划（2016—2020年）的通知》（工信部规〔2016〕316号）、《关于印发石化和化学工业发展规划（2016—2020年）的通知》（工信部规〔2016〕318号）、《关于印发钢铁工业调整升级规划（2016—2020年）的通知》（工信部规〔2016〕358号）等政策，旨在促进建材、有色金属、石化和化工、钢铁等行业调结构、促转型、增效益的长远发展。2016年12月，国家发改委与国家能源局联合发布《关于印发煤炭工业发展"十三五"规划的通知》（发改能源〔2016〕2714号），工业和信息化部与国家发改委联合发布《关于印发〈化纤工业"十三五"发展指导意见〉的通知》（工信部联消费〔2016〕386号），为煤炭与化纤行业淘汰落后和过剩产能，引导行业加快转型升级奠定了政策基础。

表5-1　2016年以来中央层面发布的化解产能过剩相关政策文件

序号	发布时间	发布部门	文件名称
1	2016年1月	国家发改委、工业和信息化部	《关于水泥企业用电实行阶梯电价政策有关问题的通知》（发改价格〔2016〕75号）
2	2016年2月	国务院	《关于钢铁行业化解过剩产能实现脱困发展的意见》（国发〔2016〕6号）
3	2016年2月	国务院	《关于煤炭行业化解过剩产能实现脱困发展的意见》（国发〔2016〕7号）
4	2016年3月	国土资源部	《关于支持钢铁煤炭行业化解过剩产能实现脱困发展的意见》（国土资规〔2016〕3号）
5	2016年3月	工业和信息化部	《符合铝、铜、铅锌规范条件企业名单（第三批）》（中华人民共和国工业和信息化部公告2016年第7号）

续表

序号	发布时间	发布部门	文件名称
6	2016 年 3 月	工业和信息化部	《关于印发〈船舶配套产业能力提升行动计划（2016—2020 年）〉的通知》（工信部装〔2015〕486 号）
7	2016 年 3 月	工业和信息化部、国家发改委	《关于认定山西等六省区水泥在建项目的通知》（工信部联原函〔2016〕65 号）
8	2016 年 3 月	工业和信息化部、国家发改委	《符合要求的水泥、平板玻璃建成项目名单》（中华人民共和国工业和信息化部、中华人民共和国国家发展和改革委员会公告 2016 年第 8 号）
9	2016 年 3 月	工业和信息化部	《关于印发〈2016 年工业节能监察重点工作计划〉的通知》（工信部节函〔2016〕89 号）
10	2016 年 3 月	工业和信息化部	《高耗能落后机电设备（产品）淘汰目录（第四批）》（中华人民共和国工业和信息化部公告 2016 年第 13 号）
11	2016 年 4 月	人力资源和社会保障部、国家发改委、工业和信息化部、财政部、民政部、国资委、全国总工会	《关于在化解钢铁煤炭行业过剩产能实现脱困发展过程中做好职工安置工作的意见》（人社部发〔2016〕32 号）
12	2016 年 5 月	国务院	《关于促进建材工业稳增长调结构增效益的指导意见》（国办发〔2016〕34 号）
13	2016 年 6 月	工业和信息化部、国家发改委	《关于开展钢铁行业能耗专项检查的通知》（工信厅联节函〔2016〕386 号）
14	2016 年 6 月	国务院	《关于营造良好市场环境促进有色金属工业调结构促转型增效益的指导意见》（国办发〔2016〕42 号）
15	2016 年 6 月	工业和信息化部	《工业和信息化部办公厅关于进一步加强铁合金、电解金属锰生产企业公告管理工作的通知》（工信厅产业函〔2016〕413 号）
16	2016 年 7 月	工业和信息化部	《关于印发工业绿色发展规划（2016—2020 年）的通知》（工信部规〔2016〕225 号）
17	2016 年 7 月	工业和信息化部	《关于印发高效节能环保工业锅炉产业化实施方案的通知》（工信厅节函〔2016〕492 号）
18	2016 年 7 月	国务院	《关于石化产业调结构促转型增效益的指导意见》（国办发〔2016〕57 号）
19	2016 年 8 月	工业和信息化部	《关于同意吉林省开展压减水泥过剩产能加快行业脱困转型发展试点的批复》（工信部原函〔2016〕306 号）

续表

序号	发布时间	发布部门	文件名称
20	2016 年 8 月	工业和信息化部、环境保护部	《关于印发〈水污染防治重点行业清洁生产技术推行方案〉的通知》（工信部联节〔2016〕275 号）
21	2016 年 9 月	工业和信息化部	《工业和信息化部办公厅关于印发工业领域电力需求侧管理专项行动计划（2016—2020 年）的通知》（工信厅运行函〔2016〕560 号）
22	2016 年 9 月	工业和信息化部	《关于印发纺织工业发展规划（2016—2020 年）的通知》（工信部规〔2016〕305 号）
23	2016 年 9 月	工业和信息化部、国家发改委	《关于印发水泥企业电耗核算办法的通知》（工信厅联节〔2016〕139 号）
24	2016 年 10 月	工业和信息化部、国家能源局	《两部门联合公告 2015 年各地区淘汰落后和过剩产能目标任务完成情况》（公告 2016 年第 50 号）
25	2016 年 10 月	工业和信息化部	《关于印发建材工业发展规划（2016—2020 年）的通知》（工信部规〔2016〕315 号）
26	2016 年 10 月	工业和信息化部	《关于印发石化和化学工业发展规划（2016—2020 年）的通知》（工信部规〔2016〕318 号）
27	2016 年 10 月	工业和信息化部	《关于印发有色金属工业发展规划（2016—2020 年）的通知》（工信部规〔2016〕316 号）
28	2016 年 10 月	工业和信息化部、环境保护部	《关于进一步做好水泥错峰生产的通知》（工信部联原〔2016〕351 号）
29	2016 年 11 月	工业和信息化部	《关于印发钢铁工业调整升级规划（2016—2020 年）的通知》（工信部规〔2016〕358 号）
30	2016 年 12 月	国家发改委、国家能源局	《关于印发煤炭工业发展"十三五"规划的通知》（发改能源〔2016〕2714 号）
31	2016 年 12 月	工业和信息化部、国家发改委	《关于印发〈化纤工业"十三五"发展指导意见〉的通知》（工信部联消费〔2016〕386 号）
32	2016 年 12 月	国家发改委、工业和信息化部、国家能源局	《三部门关于完善用电政策促进有色金属工业调结构促转型增效益有关工作的通知》（发改能源〔2016〕2462 号）
33	2016 年 12 月	工业和信息化部	《符合〈再生化学纤维（涤纶）行业规范条件〉生产企业名单（第一批）》（中华人民共和国工业和信息化部公告 2016 年第 69 号）

续表

序号	发布时间	发布部门	文件名称
34	2016 年 12 月	国家发改委、工业和信息化部、国家质量监督检验检疫总局、国家能源局、国家煤矿安全监察局	《关于坚决遏制钢铁煤炭违规新增产能打击"地条钢"规范建设生产经营秩序的通知》（发改运行〔2016〕2547 号）
35	2016 年 12 月	中国银监会、发展改革委、工业和信息化部	《关于钢铁煤炭行业化解过剩产能金融债权债务问题的若干意见》（银监发〔2016〕51 号）
36	2017 年 1 月	工业和信息化部、国家发改委	《两部委关于印发〈产业用纺织品行业"十三五"发展指导意见〉的通知》（工信部联消费〔2016〕448 号）
37	2017 年 1 月	工业和信息化部、发展改革委、财政部、人民银行、银监会、国防科工局	《六部门关于印发〈船舶工业深化结构调整加快转型升级行动计划（2016—2020 年）〉的通知》（工信部联装〔2016〕447 号）
38	2017 年 1 月	工业和信息化部	《符合、变更与撤销焦化行业准入公告名称的企业名单公告》（中华人民共和国工业和信息化部公告2016 年第 68 号）
39	2017 年 1 月	国家发改委、工业和信息化部	《两部委关于运用价格手段促进钢铁行业供给侧结构性改革有关事项的通知》（发改价格〔2016〕2803 号）
40	2017 年 2 月	工业和信息化部、国家发改委、科技部、财政部	《四部委关于印发〈促进汽车动力电池产业发展行动方案〉的通知》（工信部联装〔2017〕29 号）
41	2017 年 2 月	工业和信息化部	《符合〈铅蓄电池行业规范条件（2015 年本）〉企业信息变更名单》（中华人民共和国工业和信息化部公告 2017 年第 6 号）
42	2017 年 2 月	工业和信息化部	《工业和信息化部关于同意河北省沙河市开展玻璃产业压减产能提质增效转型发展试点的批复》（工信部原函〔2017〕35 号）

资料来源：赛迪智库整理，2017 年 3 月。

二、重点政策分析

根据《国务院关于化解产能严重过剩矛盾的指导意见》（国发〔2013〕41 号）提出的"尊重规律、分业施策、多管齐下、标本兼治"原则和"四个一批"（即消化一批、转移一批、整合一批、淘汰一批）途径，2016 年我国主要从坚决遏制产能盲目扩张、清理整顿建成违规产能、淘汰和退出落后产能、调整优化产业结构等方面化解产能过剩矛盾。国家发改委秘书长李朴民在 2016 年年初的新闻发布会中提到，坚决落实淘汰落后和过剩产能将从五个方面采取措施，一是继续贯彻落实《国务院关于化解产能严重过剩矛盾的指导意见》，加强宏观调控和市场监督，严禁建设产能严重过剩行业新增产能项目。二是要更加注重运用市场机制、经济手段、法治办法来化解产能过剩，严格执行环境保护、节约资源、产品质量、安全生产等相关法律法规。三是要加大政策力度引导产能主动退出。四是营造良好的市场氛围。五是以钢铁、煤炭等行业为重点，力争通过一段时间的努力，在化解产能过剩方面取得突破，同时中央将设立专项资金，对地方和企业化解产能过剩进行奖补，奖补资金主要用于人员安置与分流。①

以钢铁行业为例，2016 年 2 月国务院发布《关于钢铁行业化解过剩产能实现脱困发展的意见》（国发〔2016〕6 号）文件，以推动钢铁行业供给侧结构性改革为主线，坚持市场倒逼、企业主体，地方组织、中央支持，突出重点、依法依规，综合运用市场机制、经济手段和法治办法，因地制宜、分类施策、标本兼治，积极稳妥化解过剩产能，建立市场化调节产能的长效机制，促进钢铁行业结构优化、脱困升级、提质增效。② 值得注意的是，在化解过剩产能方面，主要依托依法依规退出、引导主动退出、拆除相应设备三个途径。其中，依法依规退出过剩产能，主要依托环保、能耗、质量、安全、技术等方面，按照《产业结构调整指导目录（2011 年本）（修正）》、《钢铁工业水污染物排放标准》、《钢铁烧结、球团工业大气污染物排放标准》、《炼铁工业

---

① 《国家发改委五大措施化解产能过剩矛盾》，人民网，2016 年 1 月 12 日。
② 《国务院关于钢铁行业化解过剩产能实现脱困发展的意见》（国发〔2016〕6 号），2016 年 2 月。

大气污染物排放标准》、《炼钢工业大气污染物排放标准》、《轧钢工业大气污染物排放标准》《炼铁安全规程》等要求，淘汰落后和过剩产能，促进产业结构加快转型。

2016年3月，国土资源部发布《关于支持钢铁煤炭行业化解过剩产能实现脱困发展的意见》（国土资规〔2016〕3号）文件，旨在通过进一步落实产能过剩行业项目目录、严把土地供应关口、严格矿业权审批、严格国土资源执法监管四个环节实现严格控制新增产能用地用矿。2016年4月，人力资源和社会保障部、国家发改委、工业和信息化部、财政部、民政部、国资委、全国总工会联合发布《关于在化解钢铁煤炭行业过剩产能实现脱困发展过程中做好职工安置工作的意见》（人社部发〔2016〕32号）文件，旨在通过支持企业内部分流、促进转岗就业创业、符合条件人员可实行内部退养、运用公益性岗位托底帮扶等渠道分流安置职工，为推进钢铁行业供给侧结构性改革及化解过剩产能实现脱困发展做好职工安置工作的保障。2016年11月，工业和信息化部发布《关于印发钢铁工业调整升级规划（2016—2020年）的通知》（工信部规〔2016〕358号）政策，促进钢铁工业结构调整转型升级。2016年12月，中国银监会、发改委、工业和信息化部联合发布《关于钢铁煤炭行业化解过剩产能金融债权债务问题的若干意见》（银监发〔2016〕51号）文件，主要提出支持钢铁煤炭企业合理资金需求、加大对兼并重组钢铁煤炭企业的金融支持力度、鼓励银行业金融机构对主动去产能的钢铁煤炭困难企业进行贷款重组、严控违规新增钢铁煤炭产能的信贷投放、坚决停止对落后产能和"僵尸企业"的金融支持等诸多方式来妥善处置化解过剩产能过程中的有关金融债权债务问题。同期，国家发改委、工业和信息化部、国家质量监督检验检疫总局、国家能源局、国家煤矿安全监察局联合发布《关于坚决遏制钢铁煤炭违规新增产能打击"地条钢"规范建设生产经营秩序的通知》（发改运行〔2016〕2547号）文件，提出将通过严禁新增产能、迅速开展违规新建项目核查、严防已关闭退出产能死灰复燃、加快淘汰落后产能、加强动态监管和联合惩戒五大途径加快钢铁行业转型升级，促进钢铁建设生产秩序的进一步规范好转。

第二节　2016 年化解过剩产能的基本情况

2016 年，在国务院的统一领导下，工业和信息化部、国家发展和改革委员会、国家能源局、人力资源和社会保障部等相关部门积极配合，继续完善和细化配套政策，坚持市场倒逼、企业主体，地方组织、中央支持，通过严控新增产能、坚决淘汰落后产能、有序退出过剩产能的方式，缓解了多个重点行业的产能过剩问题，基本实现全年淘汰落后和过剩产能的目标任务。

根据《国务院关于化解产能严重过剩矛盾的指导意见》（国发〔2013〕41 号）的指示要求，2016 年 2 月国务院连续发布《关于钢铁行业化解过剩产能实现脱困发展的意见》（国发〔2016〕6 号）、《关于煤炭行业化解过剩产能实现脱困发展的意见》（国发〔2016〕7 号）等文件，化解产能过剩矛盾工作进一步推进，全国去产能方面取得良好成效，重点行业化解产能过剩效果明显。以钢铁、煤炭行业为例，两大产能严重过剩的行业均提前超额完成全年化解过剩产能的任务目标，2016 年炼钢产能退出 6500 万吨，煤炭产能退出超过 2.9 亿吨。

钢铁、煤炭作为产能严重过剩的重点行业，2016 年终于实现扭亏为盈，打破了 2014 年以来全行业亏损的困局。2016 年，国内钢材价格在连续多年下降后止跌回升。钢材综合价格指数由年初的 56.37 点上涨到 99.51 点，上涨 43.14 点，涨幅 76.5%。从品种上看，板材涨幅大于长材，其中板材价格指数由 56.79 升至 104.60 点，涨幅 84.2%；长材价格指数由 56.92 升至 97.60 点，涨幅 71.5%。2016 年，随着钢铁去产能工作的不断推进，市场需求逐步回升，钢材价格上涨，钢铁行业实现扭亏为盈。重点统计钢铁企业实现销售收入 2.8 万亿元，同比下降 1.8%；累计盈利 303.78 亿元，上年同期为亏损 779.38 亿元，利润增长超过 1000 亿元[①]。

同期，建材行业运行情况良好。2016 年，建材工业主营业务收入 7.6 万

---

① 《2016 年钢铁行业运行情况和 2017 年展望》，工业和信息化部原材料司，2017 年 3 月 1 日。

亿元，同比增长 5.3%，增速较上年同期提高 2 个百分点，实现利润 4906.9
亿元，同比增长 9.1%。其中，平板玻璃行业完成主营业务收入 682 亿元，同
比增长 16%；实现利润 57.9 亿元，同比增长 283%；水泥行业完成主营业务
收入 8764 亿元，同比增长 1.2%，实现利润 517.5 亿元，同比增长 56%，均
扭转近两年连续下滑局面。行业效益改善主要得益于大力推进去产能、调结
构、增效益工作，业内联合重组加快，无序竞争有所遏制，区域市场供求关
系得到阶段性改善①。

此外，产能过剩行业固定资产投资增速下降，投资热度趋减。根据工业
和信息化部原材料司公布的数据来看，钢铁行业固定资产投资持续下降。
2016 年，我国钢铁行业固定资产投资 5139 亿元，同比下降 8.6%。其中黑色
金属冶炼及压延业投资 4161 亿元，同比下降 93.6 亿元，下降 2.2%；黑色金
属矿采选业投资 978 亿元，下降 28.4%。钢铁行业投资处于萎缩阶段，自
2014 年以来已经连续 3 年下降。

第三节　面临的问题与挑战

2017 年，是推进供给侧结构性改革的深化之年，去产能仍将作为促进产
业结构转型升级的重要任务之一。然而，通过几年化解产能过剩矛盾工作的
努力，继续开展去产能工作进入攻坚克难的阶段。企业兼并重组在工作落实
过程中面临诸多困难，刚性的去产能政策与灵活的需求波动矛盾愈发明显，
过分依赖行政手段通过短期减产量实现去产能的政策难以维系。

一、通过企业兼并重组去产能存在诸多困难

2017 年，工业和信息化部等相关部门仍将"僵尸企业"的处置工作和防
止边去边建、严控新增产能作为重点。企业兼并重组是优化产业组织结构，
压减过剩产能的有效途径，2017 年推进企业兼并重组的步伐需要不断加快。

---

① 《2016 年建材工业运行情况》，工业和信息化部原材料司，2017 年 2 月 28 日。

目前推进兼并重组工作面临困难重重。一是部分低效率企业兼并重组主动性不强，地方保护情况较为严重，企业兼并重组影响到地方财政等多方面因素，行业转型升级面临困难较大；二是资金压力制约企业兼并重组的步伐，近年来大多数产能过剩行业处于低盈利甚至亏损状态，企业兼并重组的资金压力较大；三是兼并重组手续烦琐，过程较为漫长；四是金融机构推进企业兼并重组积极性不足，企业负债、债权债务问题限制金融资本的参与；五是企业兼并重组风险较高，特别是部分地区低效率企业财务并不透明，地方政府干预程度较高，兼并重组风险大①。

二、去产能政策精准度有待提高

随着化解产能过剩矛盾工作的不断推进，去产能政策的刚性要求与市场需求波动的灵活性矛盾突显。在化解产能过剩的相关政策制定过程中，政策制定部门较多的依据其自身以及行业中部分企业对市场需求的判断，制定相应行业的控制产能及去产能目标和措施。实际上，在这个过程中，对市场需求与变化的判断并非精准，故此制定出来的去产能政策的刚性要求便与真实市场需求的灵活波动形成矛盾，难以真正达到去产能的效果，更使得市场协调机制难以发挥其应有的作用。换言之，去产能政策的约束要求，可导致阶段性、局部性供给不足，去产能政策精准度欠缺。以 2016 年煤炭行业运行情况为例，鉴于煤炭作为化解产能过剩的重点行业，严格执行控制新增产能，违法违规新增产能停产，坚决落实淘汰落后产能，进入供暖季以来，煤炭行业出现局部地区供应不足，特别是东三省供暖问题较为突出。此外，由于煤炭行业的减产量、去产能、去库存的同期进行，电力、钢铁等下游行业也深受影响，去产能政策需要综合协调考虑。

三、过分依赖行政手段的去产能政策难以长期维系

2016 年国务院连续出台《关于钢铁行业化解过剩产能实现脱困发展的意

---

① 李平、江飞涛、王宏伟等：《中国的经济结构调整与化解过剩产能》，第四章"产能过剩治理政策的反思与重构"，经济管理出版社 2016 年版。

见》（国发〔2016〕6 号）、《关于煤炭行业化解过剩产能实现脱困发展的意见》（国发〔2016〕7 号），将钢铁、煤炭两大产能严重过剩行业作为试点，在一定时间内通过行政手段影响，意在化解产能过剩方面取得短期突破。根据 2016 年钢铁、煤炭行业运行情况的数据来看，钢铁、煤炭行业打破了全行业亏损的困局，实现回暖盈利。在一定意义上讲，国务院 6 号文和 7 号文的效果明显。然而，"计划模式"的行政手段针对短期内产能过剩行业去产量起到一定作用，但是并不能从根本上解决产能严重过剩矛盾，化解产能过剩的相关政策应理清楚去产量与去产能的关系，不应盲目将行业减产、回暖盈利，误认为是去产能达到的效果。从长期来看，要真正通过市场化、法治化的手段，特别是通过市场经济的优胜劣汰机制促进落后和低端产能退出。

第六章　淘汰落后产能

淘汰落后产能是推动供给侧结构性改革、促进产业结构调整和节能减排的重要举措。为进一步淘汰落后产能，需要实现由主要依靠行政手段向综合运用法律法规、经济手段和必要的行政手段，主要依靠装备规模向能耗、环保、质量、安全、技术等综合标准界定落后标准转变。2016 年，中央层面更注重进一步完善落后产能退出协调机制，加强各个部门之间协调配合，加大环保、安全、能耗等执法力度，进一步加快推进淘汰落后产能工作。严控行业准入申报、新增产能审批、规范行业生产秩序等行政手段是短期内快速实现淘汰落后产能的主要方式之一。各地区、有关部门采取了一系列强有力的政策措施，综合运用法律、经济、技术及必要的行政手段，大力推动落后产能淘汰工作，落后产能退出机制逐步建立和完善，圆满完成了"十二五"规划确定的淘汰落后和过剩产能的目标任务。2017 年是推进供给侧结构性改革的深化之年，淘汰落后产能工作面临更多的挑战和压力，需要不断完善落后产能退出协调机制，综合环保、安全、技术、质量、能耗等多项指标，进一步完善落后产能界定标准，加快淘汰落后产能工作的步伐。

第一节　2016 年淘汰落后产能政策解析

近年来，中央和地方层面针对淘汰落后和过剩产能不断推出具体政策措施，逐步建立和完善淘汰落后产能的政策体系，落后产能退出机制得到进一步完善。2016 年是"十三五"的开局之年，亦是推进供给侧结构性改革的攻坚之年。全面深化推进淘汰落后产能工作是"去产能"工作的主要内容。为进一步淘汰落后产能，需要实现由主要依靠行政手段向综合运用法律法规、经济手段和必要的行政手段，主要依靠装备规模向能耗、环保、质量、安全、技术等综合标准界定落后产能标准转变。

一、结合环保、能耗、技术等政策要求淘汰落后产能

近年来，中央和地方政府层面不断推出淘汰落后和过剩产能的相关政策，各个部门采取一系列强有力的措施，通过经济、法律、行政等手段，贯彻落实《国务院关于进一步加强淘汰落后产能工作的通知》（国发〔2010〕7 号）、《国务院关于化解产能严重过剩矛盾的指导意见》（国发〔2013〕41 号）等政策，淘汰落后和过剩产能退出政策体系逐步建立与完善。2016 年，中央层面更注重进一步完善落后产能退出协调机制，加强各个部门之间协调配合，加大环保、安全、能耗等执法力度，进一步加快推进淘汰落后产能工作。在能耗方面，2016 年 3 月工业和信息化部发布《关于印发〈2016 年工业节能监察重点工作计划〉的通知》（工信部节函〔2016〕89 号）和《高耗能落后机电设备（产品）淘汰目录（第四批）》（中华人民共和国工业和信息化部公告 2016 年第 13 号）》两文件，6 月工业和信息化部、国家发改委联合发布《关于开展钢铁行业能耗专项检查的通知》（工信厅联节函〔2016〕386 号）文件；在环保方面，2016 年 7 月，工业和信息化部发布《关于印发工业绿色发展规划（2016—2020 年）的通知》（工信部规〔2016〕225 号）、《关于印发高效节能环保工业锅炉产业化实施方案的通知》（工信厅节函〔2016〕492 号）》两文件，着重推进绿色制造；在技术方面，2016 年 8 月，工业和信息化部、环境保护部联合发布《关于印发〈水污染防治重点行业清洁生产技术推行方案〉的通知》（工信部联节〔2016〕275 号）文件；在全面推进淘汰落后和过剩产能方面，10 月工业和信息化部、国家能源局联合发布《两部门联合公告 2015 年各地区淘汰落后和过剩产能目标任务完成情况》（公告 2016 年第 50 号），统计和公开 2015 年淘汰落后和过剩产能具体工作目标任务完成情况，各省（区、市）及新疆生产建设兵团均完成了 2015 年淘汰落后和过剩产能目标任务。

2017 年 2 月，工业和信息化部、国家发展改革委员会、财政部、人力资源和社会保障部、国土资源部、环境保护部、农业部、商务部、中国人民银行、国家能源局、国务院国有资产监督管理委员会、国家税务总局、国家工

商行政管理总局、国家质量监督检验检疫总局、国家安全生产监督管理总局、中国银行业监督管理委员会等十六部门联合发布《关于利用综合标准依法依规推动落后产能退出的指导意见》（工信部联产业〔2017〕30号），旨在通过实现工作方式由主要依靠行政手段，向综合运用法律法规、经济手段和必要的行政手段转变；实现界定标准由主要依靠装备规模、工艺技术标准，向能耗、环保、质量、安全、技术等综合标准转变；建立市场化、法制化、常态化的工作推进机制，促进淘汰落后产能工作。

二、规范重点行业生产，加快重点行业压减产能

严控行业准入申报、新增产能审批、规范行业生产秩序等行政手段是短期内快速实现淘汰落后产能的主要方式之一。2016年年初，工业和信息化部陆续发布《〈铅蓄电池行业规范条件（2015年本）〉企业名单（第一批）》（中华人民共和国工业和信息化部公告2016年第5号）、《关于做好焦化行业准入公告企业监督检查和第十一批准入公告申报工作的通知》（工产业函〔2016〕52号）、《符合铝、铜、铅锌规范条件企业名单（第三批）》（中华人民共和国工业和信息化部公告2016年第7号）等文件，均是通过规范行业生产秩序，提高行业准入门槛，加快淘汰落后技术、设备及产能。2016年3月，工业和信息化部、发改委联合发布《关于认定山西等六省区水泥在建项目的通知》（工信部联原函〔2016〕65号）、《符合要求的水泥、平板玻璃建成项目名单》（中华人民共和国工业和信息化部、中华人民共和国国家发展和改革委员会公告2016年第8号）两文件；8月工业和信息化部发布《关于同意吉林省开展压减水泥过剩产能加快行业脱困转型发展试点的批复》（工信部原函〔2016〕306号）文件；2017年2月工业和信息化部发布《工业和信息化部关于同意河北省沙河市开展玻璃产业压减产能提质增效转型发展试点的批复》（工信部原函〔2017〕35号）政策，通过行政审批等必要的行政手段，严控新增产能，提高生产规范标准，加快淘汰落后产能。

表6-1 2016年以来中央层面及部分地方发布的淘汰落后产能相关政策文件

序号	发布时间	发布部门	政策名称
1	2016年1月	工业和信息化部	《〈铅蓄电池行业规范条件（2015年本）〉企业名单（第一批)》（中华人民共和国工业和信息化部公告2016年第5号)
2	2016年2月	工业和信息化部	《关于做好焦化行业准入公告企业监督检查和第十一批准入公告申报工作的通知》 （工产业函〔2016〕52号)
3	2016年3月	工业和信息化部	《符合铝、铜、铅锌规范条件企业名单（第三批)》（中华人民共和国工业和信息化部公告2016年第7号)
4	2016年3月	工业和信息化部、国家发改委	《关于认定山西等六省区水泥在建项目的通知》（工信部联原函〔2016〕65号)
5	2016年3月	工业和信息化部、国家发改委	《符合要求的水泥、平板玻璃建成项目名单》 （中华人民共和国工业和信息化部、中华人民共和国国家发展和改革委员会公告2016年第8号)
6	2016年3月	工业和信息化部	《关于印发〈2016年工业节能监察重点工作计划〉的通知》（工信部节函〔2016〕89号)
7	2016年3月	工业和信息化部	《高耗能落后机电设备（产品）淘汰目录（第四批)》（中华人民共和国工业和信息化部公告2016年第13号)
8	2016年6月	工业和信息化部、国家发改委	《关于开展钢铁行业能耗专项检查的通知》（工信厅联节函〔2016〕386号)
9	2016年6月	工业和信息化部	《工业和信息化部办公厅关于进一步加强铁合金、电解金属锰生产企业公告管理工作的通知》（工信厅产业函〔2016〕413号)
10	2016年7月	工业和信息化部	《关于印发工业绿色发展规划（2016—2020年）的通知》（工信部规〔2016〕225号)
11	2016年7月	工业和信息化部	《关于印发高效节能环保工业锅炉产业化实施方案的通知》（工信厅节函〔2016〕492号)
12	2016年7月	工业和信息化部	《〈关于开展已认定铸造用生铁企业复核工作的通知〉结果》（中华人民共和国工业和信息化部公告2016年第35号)
13	2016年8月	工业和信息化部	《关于同意吉林省开展压减水泥过剩产能加快行业脱困转型发展试点的批复》（工信部原函〔2016〕306号)

序号	发布时间	发布部门	政策名称
14	2016 年 8 月	工业和信息化部、环境保护部	《关于印发〈水污染防治重点行业清洁生产技术推行方案〉的通知》（工信部联节〔2016〕275 号）
15	2016 年 10 月	工业和信息化部、国家能源局	《两部门联合公告 2015 年各地区淘汰落后和过剩产能目标任务完成情况》（公告 2016 年第 50 号）
16	2016 年 12 月	工业和信息化部	《符合〈再生化学纤维（涤纶）行业规范条件〉生产企业名单（第一批）》（中华人民共和国工业和信息化部公告 2016 年第 69 号）
17	2016 年 12 月	工业和信息化部	《再生铅行业规范条件》（中华人民共和国工业和信息化部公告 2016 年第 60 号）
19	2017 年 2 月	工业和信息化部、国家发改委、财政部等十六个部门	《十六部门关于利用综合标准依法依规推动落后产能退出的指导意见》（工信部联产业〔2017〕30 号）
20	2017 年 2 月	工业和信息化部	《工业和信息化部关于同意河北省沙河市开展玻璃产业压减产能提质增效转型发展试点的批复》（工信部原函〔2017〕35 号）

资料来源：赛迪智库整理，2017 年 3 月。

第二节　2016 年淘汰落后产能的基本情况

根据《工业和信息化部国家能源局联合公告 2015 年各地区淘汰落后和过剩产能目标任务完成情况》（公告 2016 年第 50 号），淘汰落后产能工作部际协调小组对各省（区、市）及新疆生产建设兵团 2015 年淘汰落后和过剩产能工作进行了考核，各省（区、市）及新疆生产建设兵团均完成了 2015 年淘汰落后和过剩产能目标任务。经考核，电力、煤炭、炼铁、炼钢等 16 个行业均完成了 2015 年淘汰落后和过剩产能目标任务。全国共淘汰电力生产能力527.2 万千瓦、煤炭 10167 万吨、炼铁 1378 万吨、炼钢 1706 万吨、焦炭 948万吨、铁合金 127 万吨、电石 10 万吨、电解铝 36.2 万吨、铜冶炼 7.9 万吨、铅冶炼 49.3 万吨、水泥（熟料及粉磨能力）4974 万吨、平板玻璃 1429 万重量箱、造纸 167 万吨、制革 260 万标张、印染 12.1 亿米、铅蓄电池（极板及组装）791 万千伏安时。

根据 2016 年考核结果，在淘汰落后和过剩产能，促进产业结构调整升级方面，各地均完成了国家下达的 2015 年度目标任务，"十二五"期间累计淘汰炼铁产能 9089 万吨、炼钢 9486 万吨、电解铝 205 万吨、水泥（熟料及粉磨能力）6.57 亿吨、平板玻璃 1.69 亿重量箱，分别超额完成"十二五"目标的 44%、51%、128%、40% 和 54%，为各地发展先进产能腾出了宝贵的资源、市场空间和环境容量。研究形成"十三五"淘汰落后产能工作思路举措并报国务院。会同国家发改委等部门印发了《钢铁煤炭行业淘汰落后产能专项行动实施方案》，共排查出炼铁落后产能约 700 万吨、炼钢约 1100 万吨。指导地方做好产能置换工作，部署各地开展监督检查。

表 6-2　2015 年全国部分地区分行业淘汰落后和过剩产能情况

行业 地区	炼铁 （万吨）	炼钢 （万吨）	焦炭 （万吨）	水泥 （熟料及磨机） （万吨）	印染 （万米）	铅蓄电池 （极板及组装） （万千伏安时）	电力 （万千瓦）	煤炭 （万吨）
河北	609	751	270	625			75.2	90
山西				60			2.4	
内蒙古	110	110	20	144		68	24.1	
江苏	110	150		370			52.7	
浙江		36.9		205	105902			
安徽				1024.6				76
福建				155.6		358	25	302
江西		50		157				171
山东	119.4	365	40		9400	335	116.9	938
四川	180	170		87	5560	30	4.7	260
贵州	8	18	26	22			1.5	2274
云南	117	25	50	365				

资料来源：《2015 年分地区分行业淘汰落后和过剩产能情况》，《工业和信息化部国家能源局联合公告 2015 年各地区淘汰落后和过剩产能目标任务完成情况》（公告 2016 年第 50 号），2016 年 10 月。

第三节　面临的问题与挑战

近年来，我国着重推进淘汰落后和化解产能过剩矛盾工作，落后产能退出机制基本成型。但是，各个相关部门间协调合作仍需进一步完善，环境、财政、质量和安全等部门仍需贯彻落实相关政策，不断完善落后产能标准，加快推进淘汰落后产能，实现产业转型升级。

一、落后产能退出协调配合机制有待加强

首先应明确一点，淘汰落后产能工作需要各个相关职能部门的紧密配合，特别是环境、质量和安全等方面执法力度仍需加强，才能共同营造有利于落后产能退出的法律环境，促进市场机制发挥作用。此外，环境、技术、质量、安全、工商等执法部门的执法力度在促进落后产能退出上尤为重要。能够发挥市场机制协调作用的前提主要在于社会成本是否被有效地内化到企业的生产成本中，只有将高污染、高排放、高物耗、高能耗等社会成本内化到企业生产成本后，企业在市场竞争中便不再具有综合成本优势，企业也将自动淘汰落后的生产设备和工艺，选用先进的工艺技术和装备，进行技术高端化升级。因此，在法律和法规逐步健全的前提下，环境、质量、安全和工商的执法力度是落后产能自发退出的必要保障。

二、落后产能标准仍需进一步完善

针对落后产能的鉴定标准，不仅应侧重于工艺装备和规模大小，需要进一步完善，更多地考虑利用能耗、技术、质量、环保、安全等指标来界定。综合考虑能耗、物耗和环保指标的落后产能鉴定标准更加有助于促进节能减排、推动转型升级，落实好"十三五"发展规划。进一步完善落后产能标准的界定，现有标准较难全面精准地界定落后产能，难以满足"十三五"期间进一步开展淘汰落后产能工作的需要。随着政府近年来的大力推进淘汰落后产能工作，对落后产能标准的进一步界定，淘汰标准亟须调整，继续推进工作难度不断加大。单一依据工艺装备和规模大小的标准，已经难以准确地区分先进和落后产能，也难以适应个别发达省份动态淘汰相对落后产能的需要。

第七章　产业转移和优化布局

供给侧结构性改革是一项系统性工程，其中产业结构调整和区域结构调整是关键点，而区域产业转移与优化布局都起到重要的纽带和推动作用。2016 年，国家部委、各省、直辖市和自治区不断深化落实"一带一路"倡议、京津冀协同发展、长江经济带发展等战略，继续推动东、中、西、东北地区"四大板块"协调发展，以支撑产业转移为重点，在产业布局、区域协作、园区建设、建设规划、金融服务等方面出台了不少相关配套政策。我国东部、中部、西部和东北四大板块地区更加重视和强调区域经济协同发展。西部地区强调基础设施建设，加快引进东部地区产业转移，同时在"一带一路"倡议实施下，为进一步面向中亚及西部其他国家开放创造良好的发展条件。中部地区具有独特的地理位置优势，连接东西南北四方面，既方便融入长江经济带发展战略，又可以促进长江中下游发达地区的产业衔接与协同；东部地区主要是创新发展、转型发展，具有引领我国经济发展的作用；东北老工业基地依然要通过深化改革、转型升级来增加活力。未来产业转移方面还应注意以下问题：加大力度推进沟通协调与落实工作、产业同质化布局重于区域协调联动、工业粗放式发展问题突出、创新资源不足制约引进产业档次和水平。

第一节　2016 年产业转移和优化布局政策解析

在 2016 年国家部委、各省、直辖市和自治区不断深化落实"一带一路"倡议、京津冀协同发展、长江经济带发展等战略，继续推动东、中、西、东北地区"四大板块"协调发展，以支撑产业转移为重点，在产业布局、区域协作、园区建设、建设规划、金融服务等方面出台了不少相关配套政策。这些政策具有以下特征：（1）2016 年出台的相关政策进一步得到深化，有着更加具体化和细化的特征，为后期逐步落实打下了基础；（2）和往年相比国家部委及各级政府单独针对产业转移和优化布局的政策相对来说较少，其内容都体现在其他具体的政策文件中；（3）从今年的相关政策中，针对产业转移及优化布局的具有代表性的内容进行了分析及整理，并对国家侧重的城市区域发展和东北老工业基地振兴相关政策进行梳理；根据 2016 年发布的政策特征把城市区域发展政策的内容分为城市群、地方区域规划和泛珠三角地区三部分；（4）国家部委及各地方政府出台的关于产业转移和优化布局的政策都相互交叉的特点，在当前我国面临的国内外经济发展形势下，做好产业转移和优化布局工作更为重要。

一、"一带一路"建设相关政策

在"一带一路"倡议不断推进背景下，2016 年 1 月，国务院发布《国务院关于促进加工贸易创新发展的若干意见》（以下简称《意见》），强调推动劳动密集型产业优先向内陆沿边地区梯度转移，实现一体化集群发展。从产业转移的角度可以分：（1）按照国家重点产业布局，支持内陆沿边地区加快承接劳动密集型产业和加工组装产能的转移。鼓励内陆沿边地区基于环境容量和承载能力，因地制宜发展加工贸易。稳妥推进国内外企业将整机生产、零部件、原材料配套和研发结算环节向内陆沿边地区转移，形成产业集群。要求相关地区积极建立加工贸易产业转移合作机制。推动建立省际加工贸易产业转移协调机制，重点协调解决信息不对称、配套服务不完善、人才不充裕等问题，加快推动项目落地。鼓励沿海地区与内陆沿边地区共建产业合作园区，按照优势互补、共同出资、联合开发、利益共享原则，开展产业对接、人才交流培训等方面合作。（2）支持梯度转移重点承接地发展。加大对加工贸易梯度转移重点承接地的支持力度，重点加强承接地的公共服务平台建设、员工技能培训、招商引资、就业促进等相关工作。有条件的地区可设立承接转移专项资金，用于促进相关工作。培育和建设一批加工贸易梯度转移重点承接地和示范地。研究制定差异化的支持梯度转移政策。在严禁污染产业和落后产能转入的前提下，结合国家重点产业布局，研究制定支持内陆沿边地区承接加工贸易梯度转移的政策措施。

在《意见》影响下，部分省份相继出台配套文件，促进产业转移。2016年8月，在湖北省《关于促进加工贸易创新发展加快承接产业转移的实施意见》中指出要制定湖北省承接加工贸易转移项目指导目录和负面清单，明确发展方向和区域布局重点；要大力发展电子信息、移动通信、汽车及零部件、集成电路、海洋装备等先进制造业加工贸易；湖北各地要规划一批高起点特色鲜明的加工贸易产业集群（聚集区），引导湖北省汽车、电子信息、生物医药等支柱产业，重点进口关键零部件和原材料，扩大加工贸易出口。2016年9月，安徽省出台《关于促进外贸回稳向好的实施意见》，强调在加工贸易方面，抢抓国家鼓励加工贸易向中西部转移的政策机遇，综合运用财政、土地、金融等支持政策，主动承接加工贸易产业转移；鼓励转移到安徽省的加工贸易企业参与电力直接交易；鼓励金融机构为加工贸易梯度转移项目提供金融支持；国家级加工贸易梯度转移重点承接地要加快研究出台承接加工贸易产业转移的专项政策措施。

2016年8月，国家发改委发布《关于贯彻落实区域发展战略促进区域协调发展的指导意见》，指出促进产业有序转移与承接。本指导意见的出台是结合国家三大战略的推进与实施，充分发挥中西部和东北地区比较优势，落实和完善相关支持政策，加强对重点地区产业转移的政策引导，支持承接产业转移示范区建设，进一步优化产业空间布局，引导产业集聚发展。坚持市场导向，完善产业协作体系，尊重企业在产业转移中的主体地位，充分利用信息化手段推动区域产业结构优化调整，探索建立区域产业转移引导制度和区域产业链条上下游联动机制。充分发挥高新技术产业开发区在产业转移升级中的作用，积极推进产业技术协同创新，鼓励新业态新模式，发现和培育新的经济增长点。要严把产业承接准入门槛，加强重点用能企业节能监管，加大污染防治和环境保护力度，发展循环经济，推动产业转移、经济发展与资源环境相协调。

2016年9月，国家发改委就《中西部地区外商投资优势产业目录》修订稿征求意见，明确提出这一产业目录的主要原则是支持中西部地区承接产业转移，发展外向型产业集群。随着湖北、重庆、四川和陕西等第三批七个自贸区的设立，西部口岸逐步加大开放后，产品可以直接出口到国际市场，将明显节省成本，促进产业向西部地区转移。

2016 年 12 月，广东省发布《促进粤东西北地区产业园区提质增效的若干政策措施》，强调省内产业转移，建立产业转移倒逼机制：建立用地倒逼机制，建立环保倒逼机制，建立产业转移项目库；强化产业转移政策支撑：引导加工贸易企业转移。鼓励珠三角产业转出市明确加工贸易项目转移原则及标准，省加大资金支持力度，培育和扶持一批加工贸易转移示范企业；加大产业转移帮扶力度，积极探索灵活多样的合作共建模式，支持双方本着互利共赢的原则签订合作协议，明确责任义务。

表 7-1　2016 年各级政府部门推动"一带一路"建设的主要政策

发布时间	发布部门	政策名称
2016 年 1 月	国务院	《国务院关于促进加工贸易创新发展的若干意见》
2016 年 8 月	湖北省	《关于促进加工贸易创新发展加快承接产业转移的实施意见》
2016 年 8 月	国家发改委	《关于贯彻落实区域发展战略促进区域协调发展的指导意见》
2016 年 9 月	安徽省	《关于促进外贸回稳向好的实施意见》
2016 年 9 月	国家发改委	《中西部地区外商投资优势产业目录》修订稿
2016 年 12 月	广东省	《广东省促进粤东西北地区产业园区提质增效的若干政策措施》

资料来源：赛迪智库整理，2017 年 2 月。

二、京津冀协同发展相关政策

2016 年 2 月，《"十三五"时期京津冀国民经济和社会发展规划》印发，是全国第一个跨省市的区域"十三五"规划，使京津冀地区未来五年的发展目标更加明确，把京津冀作为一个区域整体统筹规划，在城市群发展、产业转型升级、交通设施建设、社会民生改善等方面一体化布局，努力形成京津冀目标同向、措施一体、优势互补、互利共赢的发展新格局。

2016 年 6 月，工信部和北京、天津、河北三地发布《京津冀产业转移指南》，坚持产业转移与产业转型升级、创新能力提升相结合，与培育产业集群竞争力、适应资源环境承载力相结合，不断调整优化区域产业布局，构建"一个中心、五区五带五链、若干特色基地"（简称"1555N"）的产业发展格局。推进财政和税收体制改革，建立产业转移项目投资共担和收益共享机制，落实《京津冀协同发展产业转移对接企业税收收入分享办法》，进一步简化纳税人跨省（市）迁移手续。建立京津冀产业转移对接平台，开展不同层次、不同行业、不同规模的产业转移对接活动，为政产学研用各方创建交流沟通平台。鼓励三省市共同出资，与社会资本合作成立产业投资基金，支持产业转移承接平台和承载园区建设。鼓励跨省市共建产业转移合作园区，创新合作体制机制，促进要素汇集、资源共享，实现互利共赢。建好产业园区。京津冀三地产业园区要依托现有产业基础，合理确定主导产业和发展方向，做好园区发展规划，同时开展规划环境评价工作，引导相关产业向园区转移，形成与资源环境承载力相适应的产业空间布局。

表 7 - 2　2016 年各级政府部门推动京津冀协同发展的主要政策

发布时间	发布部门	政策名称
2016 年 2 月	北京市、天津市、河北省	《"十三五"时期京津冀国民经济和社会发展规划》
2016 年 6 月	工信部、北京市、天津市、河北省	《京津冀产业转移指南》
2016 年 11 月	国家发改委	《国家发改委关于京津冀地区城际铁路网规划的批复》

资料来源：赛迪智库整理，2017 年 2 月。

三、长江经济带相关政策

2016 年 3 月，国家发改委发布《长江经济带创新驱动产业转型升级方案》，根据长江沿线各个城市地方产业特征，从产业转移和优化布局的角度提出：（1）以产业链为整体，加强上中下游产业互动，推进区域协同发展。结合重大生产力布局规划、主体功能区定位，坚持政府引导和市场机制相结合、产业转移与升级相结合、优势互补与互利共赢相结合、资源开发与生态保护相结合，创新园区合作管理模式和运作机制。推进安徽皖江城市带、江西赣南、湖北荆州、湖南湘南、重庆沿江、四川广安等国家级承接产业转移示范区建设。搭建区域间产业转移促进服务平台，推动区域间的园区跨省市合作共建，引导长江经济带地区间产业合作和有序转移。（2）综合运用产业政策、土地政策、环境容量和资源配置等手段，加强产业转移的政策引导和宏观调控。在长江上游地区，坚持要素成本优势与市场优势双轮驱动，高起点、有针对性地承接下游产业转移，重点推动与中下游省市园区合作，形成长江上游地区与中下游地区互动型发展模式；在中游地区，鼓励中游地区产业积极承接下游地区产业转移，支持湖北荆州、湖南湘南、江西赣南、皖江城市带等国家级承接产业转移示范区建设；长江下游地区，围绕产业高端化、服务化、知识化、低碳化发展的要求，加强与中上游地区合作，鼓励高能耗、高污染行业向外转移。

四、振兴东北老工业基地相关政策

东北地区一直以来是我国工业的摇篮和重要的农业基地，是全国经济的重要增长极，当前阶段，东北地区空间结构优化明显依赖于区域内工业城市的建设和发展。在"一带一路"倡议、京津冀协同发展战略背景下，"十三五"时期是推进东北老工业基地全面振兴的时期，为适应把握引领经济发展新常态，贯彻落实发展新理念，努力克服东北地区经济下行压力增大、体制机制问题进一步显现、经济增长新动力不足和旧动力减弱的结构性矛盾突出等问题，2016 年，中共中央、国家部委及东北地方政府相继出台促进东北振兴发展的政策。

中共中央、国务院于 2016 年 4 月，出台《关于全面振兴东北地区等老工业基地的若干意见》。到 2020 年末，东北地区产业转移及优化布局可以从以下几方面取得突破：（1）与周边国家和地区积极扩大合作，支持企业"走出去"。扩大与俄罗斯、蒙古、朝鲜、韩国、日本等周边国家的边境贸易，创新边贸方式，实现边境贸易与东北腹地优势产业发展的互动，促进东北进出口贸易水平不断提高；支持有实力的龙头和优势产业、骨干产品"走出去"，重点推进国际产能和装备制造合作，培育开放型经济新优势。加快推动东北地区通关一体化。（2）积极主动对接京津冀等经济区构建区域合作新格局。与京津冀地区融合发展，在创新合作、基础设施联通、产业转移承接、生态环境联合保护治理等重点领域取得突破，加强在科技研发和成果转化、能源保障、统一市场建设等领域务实合作，建立若干产业合作与创新转化平台。支持辽宁西部地区加快发展，打造对接京津冀协同发展战略的先行区。（3）全方位区域合作。加强与山东、河北环渤海地区的经济联系，积极推进东北地区与山东半岛经济区互动合作；支持东北地区与长江经济带、港澳台地区加强经贸投资合作；深化东北地区内部合作，完善区域合作与协同发展机制，支持省（区）毗邻地区探索合作新模式，规划建设产业合作园区。

2016 年 10 月，辽宁省发布《加快推进辽宁老工业基地新一轮振兴发展三年滚动计划（2016—2018 年）（修订稿）》，推动辽宁与京津冀地区在科技研发和成果转化、产业转移承接等重点领域开展合作，打造若干合作平台。建设面向京津冀地区清洁能源输出基地。积极推动辽宁西部地区打造对接京津冀协同发展战略先行区并开展务实合作。

表 7 - 3　2016 年各级政府部门推进东北地区振兴发展相关政策

发布时间	发布部门	政策名称
2016 年 4 月	国务院	《关于全面振兴东北地区等老工业基地的若干意见》
2016 年 8 月	国家发改委	《推进东北地区等老工业基地振兴三年滚动实施方案（2016—2018 年)》
2016 年 10 月	辽宁省	《加快推进辽宁老工业基地新一轮振兴发展三年滚动计划（2016—2018 年)》
2016 年 11 月	国务院	《关于深入推进实施新一轮东北振兴战略加快推动东北地区经济企稳向好若干重要举措的意见》

资料来源：赛迪智库整理，2017 年 2 月。

五、城市发展等区域相关政策

（1）国家发改委出台系列城市群发展规划

发展城市群可在更大范围内实现资源的优化配置，增强辐射带动作用，同时促进城市群内部各城市自身的发展。2016 年国家发改委发布系列城市群发展规划，促进产业转移，优化产业布局，促进区域协调发展。

2016 年 3 月发布《哈长城市群发展规划》，要求进一步增强哈尔滨、长春的集聚和辐射能力，促进两市分工协作、互动发展，提升服务和开放功能，引领带动周边地区产业转移和要素流动，促进区域协同发展。

2016 年 4 月发布《成渝城市群发展规划》，以成都和重庆为发展中心：加快推进新型工业化进程，培育壮大新动能，加快发展新经济，实施"互联网＋"行动计划，创新承接产业转移，发展壮大先进制造业和现代服务业，打造全国重要的先进制造业和战略性新兴产业基地。在长江经济带发展战略机遇下，该规划在进一步协调成渝地区发展、承接产业转移和优化产业布局方面起到巨大的推动作用，特别提出加强长江中下游地区合作，使成渝地区成为中西部地区的重要经济增长极。

（2）加强与长江中游和长三角城市群的合作

依托长江黄金水道为主的综合立体交通走廊，加强与中下游港口协作，优化沿江经济产业布局，扩大沿江物流、人流、信息流和资金流流动，有效承接产业转移和人口回流。各地方政府之间积极主动消除行政壁垒，建立共同市场。将江津、永川、泸州地区定位于承接重庆主城区产业转移，共建基础设施和产业园区，加强电子政务、电子商务合作，推进信息资源共享，推进公共服务和社会管理合作。在铜梁、潼南、资阳地区，以打通"断头路"为重点，加快规划衔接和基础设施一体化建设，共同打造承接产业转移集中区。在荣昌、内江、泸州之间合作共建川渝合作高新技术产业园，积极承接产业转移，重点布局装备制造、生物医药、新材料、电子信息等产业。

（3）有序承接产业转移，积极构建地方承接产业转移平台

依托长江黄金水道和渝新欧、蓉欧国际大通道，支持交通区位条件好的工业园区承接产业转移，建设沿海加工贸易转移的重点承接地。创新工业园区管理模式，建立以"一站式服务"为核心的政府公共服务平台，缩减审批流程。加快工业园区基础设施建设，完善产业配套服务体系，优化投资环境。深入推进重庆沿江承接产业转移示范区和四川广安承接产业转移示范区建设。强化承接产业转移管理。着眼于共同建设长江上游生态屏障，根据各地区主体功能定位，按照耕地总量控制、能耗强度控制、主要污染物排放总量控制、禁止开发空间控制的原则，加强对产业发展的规划管理，强化产业转移项目环境影响评价和节能评估审查，严格禁止承接高耗能、高污染项目。按照集群化、链条化、循环化的模式，依托现有特色优势产业，引进协作配套产业，打造新的产业集群。建立产业转移跨区域合作机制，鼓励以连锁经营、委托管理、投资合作等多种形式与东部沿海地区合作共建产业园区，实现优势互补、互利共赢。

2016年6月发布《长江三角洲城市群发展规划》，在合肥、南通、扬州、泰州、宁波、绍兴、台州、芜湖、马鞍山、滁州、宣城等城市，要积极发展特色产业，有效承接产业转移，合理布局产业空间，促进产城融合，提升公

共产品和公共服务水平，营造宜居环境，提高人口吸引集聚能力。

2016 年 12 月发布《中原城市群发展规划》，强调高水平承接产业转移，建立国家级承接产业转移示范区，以郑州为中心积极推动国际服务业产业转移。（1）要求推进有条件的地区有力有序承接符合环保标准和市场需求的国内外先进产业转移，探索产业承接发展新模式、新路径，促进产业转型升级和产城融合发展，强化节能减排和环境保护，着力优化产业发展环境，培育新的经济增长点。建立健全产业转移推进对接机制，重点依托省级以上开发区、产业集聚区、海关特殊监管区域等载体，建设一批沿海产业转移的重点承接地，办好高水平的产业转移系列对接活动。创新承接产业转移方式，推行园区整体开发的集群引进模式。支持有条件的地区创建国家级承接产业转移示范区。（2）加快推进郑州中国服务外包示范城市建设，引进国内外知名企业，承接国际服务业产业转移。积极承办国际性会议（展），共建中原城市群联合招商和商贸合作平台。提高河南国际投资贸易洽谈会、中国国际徽商大会、郑州产业转移系列对接活动等既有大型活动知名度。

表 7-4   2016 年国家发改委推动"一带一路"建设的主要政策

发布时间	发布部门	政策名称
2016 年 3 月	国家发改委	《哈长城市群发展规划》
2016 年 4 月	国家发改委	《成渝城市群发展规划》
2016 年 6 月	国家发改委	《长江三角洲城市群发展规划》
2016 年 12 月	国家发改委	《中原城市群发展规划》

资料来源：赛迪智库整理，2017 年 2 月。

（2）国家发改委出台系列地方区域规划

2016 年 8 月发布《川陕革命老区振兴发展规划》，指出在革命老区要积极扩大向西开放，强化向东开放，支持在老区创建国家内陆开放合作示范城市，完善内陆开放新机制；以区域性中心城市为依托，以开发区和产业聚集区为平台，积极探索承接产业转移新路径，联合打造老区对外开放合作平台；同时也提出推动加工贸易转型升级，提升老区出口产品质量、档次和创新要素比重，支持发展跨境电子商务、市场采购贸易等新型贸易方式，加快培育以技术、品牌、质量、服务为核心的外贸竞争新优势。

2016 年 12 月发布《西部大开发"十三五"规划》，指出依托优势资源，促进农产品精深加工、农村服务业及劳动密集型产业发展，积极探索承接产业转移新模式，融入区域性产业链和生产网络。有序承接产业转移，加快发展现代农业和先进制造业，支持能源产业转型发展，建设一批战略性新兴产业和高技术产业基地，设立一批国家级产业转移示范区，培育一批产业集群。

2016 年 11 月发布《东北振兴"十三五"规划》，指出做优做强县域经济。完善县域产业园区布局，提升承接城市功能转移和辐射带动乡村发展能力，积极探索承接产业转移新模式，融入区域性产业链和生产网络，大力推进"一县一业"示范工程建设。有序承接京津产业转移。建立产业合作与创新转化平台，推动各地依据自身特点和基础与京津冀地区开展产业对接合作，避免市场分割、产业趋同、无序竞争、重复建设、污染转移等问题。

2016 年 12 月发布《促进中部地区崛起"十三五"规划》，强调深入推进承接产业转移示范区建设，进一步提升安徽皖江、湖南湘南、湖北荆州、晋陕豫黄河金三角、江西赣南承接产业转移示范区发展水平，积极探索承接产业转移新模式。完善产业转移指导目录，建设产业转移信息服务平台。要求积极推进皖江城市带建设，加快融入长三角城市群，进一步承接产业转移，建设产业实力雄厚、资源利用集约、生态环境优美、人民生活富裕、全面协调可持续发展的示范区；对接京津冀协同发展战略，支持山西、河南省在产业转移承接、能源生产供应、生态环境联合保护治理、创新合作、基础设施连通等重点领域取得突破；深化与泛珠三角区域合作，大力推进赣粤产业合作园、赣闽产业合作园、湘粤（港澳）开放合作试验区建设，在符合环保标准和市场需求的前提下进一步推动加工贸易、IT 等东南沿海地区产业及国内外知名企业生产基地向中部地区有序转移，共同培育先进产业集群。

表 7 – 5　2016 年国家发改委推动"一带一路"建设的主要政策

发布时间	发布部门	政策名称
2016 年 7 月	国家发改委	《川陕革命老区振兴发展规划》
2016 年 12 月	国家发改委	《西部大开发"十三五"规划》
2016 年 11 月	国家发改委	《东北振兴"十三五"规划》
2016 年 12 月	国家发改委	《促进中部地区崛起"十三五"规划》

资料来源：赛迪智库整理，2017 年 2 月。

（3）泛珠三角区域合作得到深化

泛珠三角区域包括福建、江西、湖南、广东、广西、海南、四川、贵州、云南等九省区和中国香港、中国澳门特别行政区，拥有全国约五分之一的国土面积、三分之一的人口和三分之一以上的经济总量，是我国经济最具活力和发展潜力的地区之一，在国家区域发展总体格局中具有重要地位。

2016 年 3 月国务院发布《关于深化泛珠三角区域合作的指导意见》，指出引导产业有序转移承接。以国家级、省级开发区为主要载体，建设承接产业转移示范区；加大对加工贸易梯度转移承接地的培育支持力度；建立产业转移跨区域合作机制，制定产业转移指导目录，明确产业承接发展重点；积极支持东部沿海地区产业及国内外知名企业生产基地向中西部地区有序转移，促进产业组团式承接和集群式发展。

李克强在 2017 年的《政府工作报告》中强调，"要推动内地与港澳深化合作，研究制定粤港澳大湾区城市群发展规划，发挥港澳独特优势，提升在国家经济发展和对外开放中的地位与功能"。香港、澳门和珠三角 9 市（广州、珠海、中山、佛山、江门、肇庆、深圳、东莞、惠州），2016 年 GDP 总量超过 1.3 万亿美元，港口集装箱年吞吐量超过 6500 万标箱，机场旅客年吞吐量达 1.75 亿人次，是亚太地区经济最具活力、最具发展潜力的地区之一[①]。在"一带一路"背景下，粤港澳大湾区城市群建设和泛珠三角区域协调发展将具有巨大的发展潜力。为配合国务院《关于深化泛珠三角区域合作的指导意见》的实施，琼、滇、湘、赣、闽、桂、贵、川等省份纷纷出台实施意见。

---

① 《〈政府工作报告〉里有个"湾区"，是个啥概念？》，中国政府网，2017 年 3 月 9 日，见 http：//www. gov. cn/xinwen/2017 – 03/10/content_ 5176060. htm#1 。

表7-6　各省份深化泛珠三角区域主要配套政策

发布时间	发布部门	政策名称
2016 年 3 月	国务院	《关于深化泛珠三角区域合作的指导意见》
2016 年 6 月	海南省	《深化泛珠三角区域合作重点工作分工方案》
2016 年 10 月	云南省	《关于贯彻落实国务院深化泛珠三角区域合作文件的实施意见》
2016 年 10 月	湖南省	《深化泛珠三角区域合作实施方案》
2016 年 10 月	江西省	《深化泛珠三角区域合作实施方案》
2016 年 11 月	福建省	《关于深化泛珠三角区域合作的实施意见》
2016 年 11 月	广西壮族自治区	《深化泛珠三角区域合作实施方案》
2017 年 1 月	四川省	《深化泛珠三角区域合作重点工作分工方案》
2017 年 1 月	广东省	《广东省深化泛珠三角区域合作实施意见》

资料来源：赛迪智库整理，2017 年 2 月。

第二节　2016 年产业转移的基本情况

近年来我国区域发展战略日趋明显，分为东部、中部、西部和东北四大板块地区。在国家"一带一路"倡议、"京津冀协同发展"、长江经济带等战略统筹布局下，各地区更加重视和强调区域协同发展。西部地区强调基础设施建设，加快引进东部地区产业转移，同时在"一带一路"倡议推进，为进一步面向中亚及西部其他国家开放创造良好的发展条件。中部地区具有独特的地理位置优势，连接东西南北四方面，既方便融入长江经济带发展战略，又可以促进长江中下游发达地区的产业衔接与协同；东部地区主要是创新发展、转型发展，在我国具有引领发展的作用；东北老工业基地依然要通过深化改革、转型升级来增加活力。

一、"一带一路"建设进展情况

（1）"一带一路"沿线省市及国家合作协同逐步加强

2016 年《中欧班列建设发展规划（2016—2020 年）》发布，伴随着各省市中欧班列持续开通，不但加快我国西进战略的推进，也同时加强了国内

"一带一路"相关地区的合作与交流。2016 年，中国铁路总公司充分发挥铁路运输优势，全力打造中欧班列国际物流品牌，开行中欧班列 1702 列、同比增长 109%，其中返程班列 572 列，同比增长 116%；大力发展国际联运和口岸运输，铁路口岸运量完成 4200 万吨，同比增长 12%[①]。

2016 年中国与"一带一路"沿线国家的各类双边、多边产能合作基金规模超过 1000 亿美元。中国已与法国、德国、韩国、英国、西班牙等国就共同开拓"一带一路"沿线第三方市场达成重要共识；与俄罗斯、哈萨克斯坦、巴基斯坦、伊朗、英国等国开展核电合作，推动中国自主三代核电技术"华龙一号"走出国门；中国—白俄罗斯工业园建设进展顺利。中国成功就"一带一路"倡议同欧盟"容克投资计划"、蒙古"草原之路"、柬埔寨"四角战略"、老挝"变陆锁国为陆联国"战略等对接达成共识，推动"一带一路"倡议同捷克、波兰、乌兹别克斯坦、文莱等国以及欧亚经济联盟的发展战略对接。

2016 年我国对"一带一路"沿线的 53 个国家直接投资 145.3 亿美元，占同期总额的 8.5%。自"一带一路"合作倡议提出以来，我国企业对相关的 61 个国家新签合同额达 1260.3 亿美元，占同期我国对外承包工程新签合同额的 51.6%；完成营业额 759.7 亿美元，占同期总额的 47.7%[②]。目前巴基斯坦喀喇昆仑公路二期、卡拉奇高速公路、中老铁路（云南玉溪市至老挝首都万象）已开工，土耳其东西高铁、匈塞铁路（匈牙利至塞尔维亚）等项目正在顺利推进，为改善沿线国家基础设施条件、带动当地经济社会发展发挥了积极作用。我国与"一带一路"沿线国家和地区的服务贸易空间在迅速增大，特别是跨境电商、服务外包、文化旅游等领域的合作也在不断加强。

（2）自贸试验区"1 + 3 + 7"建设格局初显

中国把自贸区建设作为"一带一路"的重要内容，已完成与东盟的自贸区升级谈判、与格鲁吉亚的自贸区谈判，正积极推进区域全面经济伙伴关系（RCEP）谈判，推进与马尔代夫自贸区谈判，启动与海合会、以色列等自贸

---

① 《铁路总公司：2016 年开行中欧班列 1702 列，同比增长 109%》，人民网，2017 年 1 月 3 日，见 http：//society. people. com. cn/n1/2017/0103/c1008 – 28995323. html。

② 《2016 年我国对"一带一路"53 个国家直接投资 145.3 亿美元》，证券时报网，2017 年 2 月 9 日，见 http：//kuaixun. stcn. com/2017/0209/13042242. shtml。

区谈判，努力构建高标准自贸区网络。2016 年的"1 + 3"个自贸实验区新设企业近 14 万家，其中外商投资企业近 1 万家，实际使用外资同比增长 80% 以上；自贸试验区用两万分之一的国土面积吸引全国十分之一的外资，取得的 114 项试点经验均已复制推广到全国①。

2016 年 8 月，党中央、国务院决定在辽宁省、浙江省、河南省、湖北省、重庆市、四川省、陕西省新设立 7 个自贸试验区。新设的 7 个自贸试验区中，辽宁省主要是落实中央关于加快市场取向体制机制改革、推动结构调整的要求，着力打造提升东北老工业基地发展整体竞争力和对外开放水平的新引擎；湖北省主要是落实中央关于中部地区有序承接产业转移、建设一批战略性新兴产业和高技术产业基地的要求，发挥其在实施中部崛起战略和推进长江经济带建设中的示范作用；四川省主要是落实中央关于加大西部地区门户城市开放力度及建设内陆开放战略支撑带的要求，打造内陆开放型经济高地，实现与沿海沿边沿江协同开放；陕西省主要是落实中央关于更好发挥"一带一路"建设对西部大开发带动作用、加大西部地区门户城市开放力度的要求，打造内陆型改革开放新高地，探索内陆与"一带一路"沿线国家经济合作和人文交流新模式。

（3）基础设施建设合作快速推进

2016 年，作为"一带一路"建设的旗舰项目，中巴经济走廊建设已有不少项目取得重大进展。巴基斯坦喀喇昆仑公路二期、卡拉奇高速公路开工建设，拉合尔轨道交通橙线等一批重点项目完成融资。中国—中亚—西亚经济走廊建设全面推进，中吉乌铁路"安格连—帕普"铁路隧道项目竣工通车，塔吉克斯坦"瓦赫达特—亚湾"桥隧项目一号隧道贯通。中国—中南半岛经济走廊加快建设，雅万高铁启动先导段建设，中老铁路建设进展顺利。此外，中塔公路二期、中亚天然气管道 D 线等项目正在加快推进，莫斯科至喀山高铁、中泰铁路、中缅皎漂港、土耳其东西高铁、匈塞铁路等项目建设有序推进②。

① 《自贸试验区构建"1 + 3 + 7"格局》，北京晨报网，2017 年 2 月 22 日，见 http：// bjcb. morningpost. com. cn/html/2017 - 02/22/content_ 432504. htm。

② 《2016 年"一带一路"建设成果丰硕》，国建在线，2017 年 1 月 16 日，见 http：// www. cbmeic. com/cnt_ 1781. html。

二、京津冀产业对接进展情况

（1）交通基础设施建设取得重大进展

2016 年，廊涿城际开工，京唐城际、城际铁路联络线 S6 号线获批，京张铁路、唐曹铁路、京沈客专、京霸城际建设提速。河北正在推进白沟支线、京衡客专项目。随着城际铁路网的日益完善，京、津、石家庄中心城区与周边城镇将实现 0.5 到 1 小时通勤，京、津、保定将建成 0.5 到 1 小时交通圈。另外，2016 年，北京"七环"开通，京台高速北京段、京秦高速天津段开通，新机场高速已经开工。11 月，京津冀地区城际铁路网规划获得批复，以京津、京保石、京唐秦三大通道为主轴，到 2030 年基本形成"四纵四横一环"城际铁路网。

（2）北京非首都功能得到有序疏解

2016 年 5 月 27 日，习近平总书记主持召开中共中央政治局会议时指出："规划建设北京城市副中心，疏解北京非首都功能、推动京津冀协同发展是历史性工程。"2016 年北京市政府工作报告中提出，制定实施产业、市场、公共服务、行政事业单位四类非首都功能疏解方案，完成 300 家一般制造和污染企业退出任务，同时推动部分市属高校和医院疏解。天津市政府强调，要推动产业升级转移，积极吸纳北京创新资源和优势产业，主动向河北延伸产业链条。河北主要致力于承接京津产业转移。河北省 2016 年谋划建设集中承载地和微中心，加快推进北京新机场临空经济区、曹妃甸协同发展示范区、渤海新区、正定新区等省级重点平台建设，支持各地因地制宜打造不同层次、各具特色的协同发展基地和产业园区①。

北京市向天津和河北的产业转移加速推进，加强与天津、河北地区的发展对接，形成以北京科技创新发展为中心，天津高新技术产业发展和河北省转型升级为重点的区域协调发展模式。北京市会同津冀两地协同办共同研究制定加强产业转移重点承接平台建设的指导意见，推动 4＋N 功能承接平台加快建设。以曹妃甸区、新机场临空经济区、张承生态功能区、滨海新区 4 个

---

① 《河北提出 2016 年京津冀协同发展多项重点任务》，河北新闻网，2016 年 1 月 9 日，见 http: //hebei. hebnews. cn/2016－01/09/content_ 5275434. htm。

战略合作功能区为主体，以天津滨海—中关村科技园、宁河京津合作示范区等一批特色园区为支撑，加强政府引导和支持，充分发挥市场机制作用，形成集聚和示范作用，推动区域内相关产业升级转移。

2016 年北京在东城、西城城市功能核心区，推动制造业生产制造环节疏解转移，力争 2017 年年底前，东、西城生产制造业企业全部退出；在朝阳、海淀、丰台、石景山城市功能拓展区，推动制造业企业向郊区及津冀地区疏解。截至 10 月末，北京市共清理淘汰一般性制造业企业 335 家；1 月至 11 月，全市完成调整疏解商品交易市场 117 个，提前超额完成全年 90 个的任务，共计调整疏解建筑面积 160 万平方米，商户 2.8 万户，从业人员 8.8 万人①。随着北京的功能疏解，产业跨区域合作不断推进，一批北京企业在天津、河北布局。1—10 月份，北京企业对天津、河北投资的认缴出资额分别为 735 亿元和 900 亿元，同比增长 46% 和 81%。

（3）京津冀三地加速推进产业园区共建

河北省主动承接非首都功能疏解和产业转移，一批合作共建产业园区落户河北。2016 年 4 月，河北省委、省政府出台《关于加快开发区改革发展的意见》提出，将开发区打造为定向精准承接京津产业和创新资源转移的平台，与京津共建一批产业园区、科技园区、科技成果孵化转化基地，形成"京津研发 + 河北转化"的协作模式，把开发区建设成为京津冀协同发展的增长点。

与北京合作共建的唐山曹妃甸协同发展示范区，得到诸多京企和驻京央企的青睐；北京市有关方面与沧州临港经开区共建北京生物医药产业园，总投资 100 多亿元，已有数十家生物医药企业集群入驻。北京现代汽车第四工厂在沧州经开区设立汽车产业园，带动了汽车配套产业加速聚集。北京经开区与河北永清经开区合作共建北京亦庄·永清高新区，规划再造一个"新亦庄"；北京中关村海淀园在秦皇岛经开区设立秦皇岛分园；中关村丰台园保定满城分园自 2015 年 7 月份正式挂牌以来，与北京对接合作项目已有数十个。河北市县还与北京相关区县合作共建产业园。如邢台市与北京市区合作，积极推进建设邢台开发区·通州产业园、威县·顺义产业园、沙河·房山产业

---

① 《2016 年前 10 月北京淘汰一般性制造企业 335 家》，中国财经网，2016 年 12 月 9 日，见 http://finance.china.com.cn/roll/20161209/4018581.shtml。

园、广宗·良乡产业园、巨鹿·昌平产业园等5个合作共建园区建设；衡水的故城经开区正在建设北京综合产业园，冀州开发区拟打造"大兴—通州专区"。2016年，河北从京津引进项目4100个、资金3825亿元。京津冀协同发展战略实施三年来，河北累计签约引进北京商户23140户，入驻5440户①。河北与京津共建各类科技园区55个、创新基地62个、创新平台157个，吸引1350多家京津高新技术产业落户河北。

三、长江经济带建设进展情况

长江经济带沿线各省市协同发展快速推进。2016年，长江经济带沿江11省市通过加强产业发展承载平台、培育自主创新能力、加强政策扶持引导等方式，鼓励引导产业转移和转型升级，积极启动长江经济带现代产业走廊建设，通过各省市努力，产业转型升级开始起步，新兴产业渐露态势②。2016年1月，经推动长江经济带发展领导小组批准同意，领导小组办公室会同沿江11省市建立了覆盖全流域的长江经济带省际协商合作机制。同时，长江下游上海、江苏、浙江、安徽四省市已建立"三级运作、统分结合、务实高效"的合作协调机制。

2016年12月1日，推动长江经济带发展领导小组办公室会议暨省际协商合作机制第一次会议在北京召开。长江上游重庆、四川、云南、贵州四省市签署《关于建立长江上游地区省际协商合作机制的协议》，明确建立上游地区省际协商合作联席会机制，加强长江上游地区统筹协调，协同破解发展难题，推进生态联防联控、基础设施互联互通、产业创新协同发展、市场一体化发展、公共服务共建共享，推动上游地区一体化发展，合力打造重要经济增长极；中游湖北、江西、湖南三省签署《关于建立长江中游地区省际协商合作机制的协议》，并签署《长江中游湖泊保护与生态修复联合宣言》，明确构建决策、协调、执行三级架构，实行会商决策、协调推动、执行落实三级运作，

---

① 《河北引进京津高新技术企业1350家》，腾讯大燕网，2017年2月14日，见http://tj.jjj.qq.com/a/20170214/015377.htm.

② 《发改委：推进长江经济带发展总体进展顺利》，中征网，2016年5月9日，见http://www.cs.com.cn/xwzx/hg/201605/t20160509_4964635.html.

协同优化区域经济社会发展格局，推动生态环境联防联控，加强基础设施互联互通，深化市场一体化体系建设，推动产业和科技创新协调发展，强化公共服务共建共享，标志着长江经济带省际协商合作机制全面建立。

四川省和重庆市加深传统合作，签订《关于加强两省市合作共筑成渝城市群工作备忘录》，梳理提出 2016 年川渝合作重点工作任务清单。浙江和四川省也签订《深化浙川合作框架协议》，推进一批重大合作事项和项目落地。上海市着眼于推动长三角区域市场一体化，发挥长江下游中心城市经济协作平台作用，成立长江经济带园区合作联盟、产业合作交流平台、长江经济带大数据库研究中心等，做好与长江经济带中、上游地区产业对接。

随着长江沿线交通、要素、市场的互联互通，给民营企业带来"黄金效应"，民营企业要将具有成本优势的资源加工型、劳动密集型产业和具有市场需求的资本、技术密集型产业向中上游地区转移，实现生产要素在长江经济带区域内自由、合理地流动，形成中东西协同发展的格局。

第三节　面临的困难与挑战

一、加大力度推进沟通协调与落实工作

产业转移过程中，我国中部地区面临着与西部其他省区的激烈竞争，西部地区在区位优势、国际贸易与对外开放条件、公共交通等基础设施、公共服务及产业配套等方面仍处于劣势，地方政府之间竞争压力相对较大，使得西部地区在承接产业转移时面临的选择性小，虽然逐渐出台国家或地方统一规划和产业转移指导目录等文件，但存在宏观引导不足，协调与落实工作困难，部分地区没有考虑上下游全产业链有效衔接、产业互补与协调发展、产业园区（基地）和集群形成等问题；部分地区存在产业技术发展相对落后、基础设施配套等不健全，不具备承接产业转移条件，导致承接的产业发展后劲不足，后期转型升级困难。

二、产业同质化布局重于区域协同联动

作为产业转移的承接地——中西部地区，以承接第二产业为主。为促进当地经济发展、提升产业结构、增加就业，纷纷出台各种优惠政策，通过税收、土地利用等优惠政策来积极争夺东部地区转移过来的产业，因此出现各地政府间的互相争抢投资项目现象，区域协调机制不够完善，不能够完全根据本地优势承接产业。由于中西部不少省区资源禀赋特征较为接近，产业结构相同，同质化现象明显。地方政府出于各自的利益考虑，容易出现区域封锁和贸易壁垒等地方保护主义，导致企业惰于和延迟创新，最终造成各地区间的重复建设，既浪费中西部地区的宝贵资源，又不能有效地促进本地区产业结构的优化升级。

三、工业粗放式发展问题突出

随着东部沿海地区的产业加快向中西部转移，有些地区尚存在追求短期经济增长效益的情况，盲目引进东部地区的一些高耗能、高污染、低附加值的企业；在承接产业转移的同时出现污染转移、圈地造园、招商恶性竞争等现象，为地区环境污染留下隐患，明显增加中西部地区的环境压力。从当前各区域的污染物排放情况来看，中西部地区明显高于东部地区，说明中西部地区的工业增长方式还没有从高投入、高消耗、低产出的粗放模式中走出来，造成资源消耗和环境污染双层压力。

四、创新资源不足制约引进产业档次和水平

科技与创新投入不足是制约地区自主创新能力建设的瓶颈。研究和试验经费支出只有北京、上海、天津、江苏、广东、浙江、山东等省市达到或超过全国平均水平，中西部地区大部分省份的 R&D 投入总量和强度不足，科技支撑力度不强。西部地区高科技人才缺乏，企业创新能力薄弱，对高科技产业的吸引力不强，承接转移过去的产业往往是技术含量低、产业带动和升级动力不足的产业。目前西部地区还是以产业价值链低端的企业为主，集中于劳动密集型产业的承接。

产 业 篇

第八章　钢铁产业结构调整

钢铁产业是我国国民经济的重要基础，为我国经济建设提供必要的原材料保障，推动了我国工业化进程的发展。受国际经济复苏缓慢、国内经济增速放缓等因素的影响，近年来，我国钢铁产业的钢供需矛盾突出，产能过剩严重，企业生产经营困难重重。2016年，围绕钢铁产业结构调整，我国国家和地方政府出台了许多政策，产业政策不断加强，化解产能过剩是改革的重点领域。钢铁产业的结构调整取得一定进展，超额完成化解产能过剩任务，整个产业的经营实现了扭亏为盈，国际产能合作取得一定成果，实现了"十三五"的良好开局。但是仍存在着产能过剩依然突出、产业布局不合理、产品出口摩擦不断等主要问题，困扰着钢铁产业的发展。

第一节　2016年钢铁产业结构调整的主要政策

近年来，国际经济低速发展，国内经济下行压力较大，钢材的需求量下滑，钢铁产业发展过程中的矛盾不断凸显，其中最为突出的是产能过剩问题，并由此引发钢铁企业经济效益不佳、经营困难等问题。为促进钢铁产业结构调整，国家和地方政府出台了一系列的政策，这些政策主要聚焦于去产能。

一、政策基本情况

2016年，围绕促进钢铁产业结构调整，国家和地方政府出台了诸多文件。

（一）多手段化解过剩产能

围绕钢铁产业产能过剩问题，国家、各地方政府纷纷出台文件，明确了去产能的目标、时间表和路线图。

2016年2月，国务院发布了《国务院关于钢铁行业化解过剩产能实现脱困发展的意见》（国发〔2016〕6号）。为进一步强化政策的引导作用，财政部、国家税务总局、中国人民银行、国土资源部、人力资源和社会保障部等部门相继发布了职工安置、环保、安全等8个配套文件，如《关于支持钢铁煤炭行业化解过剩产能实现脱困发展的意见》（安监总管四〔2016〕38号）、《关于在化解钢铁煤炭行业过剩产能实现脱困发展过程中做好职工安置工作的意见》（人社部发〔2016〕32号）等。此外，经国务院批准同意，建立了化解钢铁煤炭过剩产能和脱困发展工作部际联席会议制度，由25个成员单位组成。六部门联合发布的《关于坚决遏制钢铁煤炭违规新增产能打击"地条钢"规范建设生产经营秩序的通知》（发改办运行〔2016〕2790号），明确不能新增任何钢铁产能，拆除工频炉、中频炉设，禁止"地条钢"的非法生产。

地方陆续出台钢铁行业化解过剩产能实现脱困发展实施方案，明确化解过剩产能目标，如贵州省2016年的目标是压减钢铁粗钢产能220万吨。

（二）强化环保约束

国家发改委印发《关于切实做好全国碳排放权交易市场启动重点工作的通知》（发改办气候〔2016〕57号），要求建立和完善工作机制，行业协会和央企应发挥带头作用；将钢铁产业列为我国碳排放权交易市场第一阶段的重点行业。该通知提出要明确企业的名单，确定的标准为在2013年至2015年中任意一年综合能源消费总量达到1万吨标准煤以上（含）的企业法人单位或独立核算企业单位；对这些企业的历史碳排放进行核查。

国务院印发的《关于印发"十三五"控制温室气体排放工作方案的通知》（国发〔2016〕61号），2020年单位工业增加值二氧化碳排放量比2015年下降22%，工业领域二氧化碳排放总量趋于稳定，钢铁、建材等重点行业二氧化碳排放总量得到有效控制。

环保部发布的《关于实施工业污染源全面达标排放计划的通知》（环环监〔2016〕172号）完善钢铁行业的污染物排放标准体系和监管机制，针对钢铁等产业制订了明确的目标、任务和时间节点。

（三）积极布局"十三五"

2016年是"十三五"开局之年，工信部发布《钢铁工业调整升级规划

（2016—2020 年）》，在描述了钢铁产业发展现状和面临的形势的基础上，明确到 2020 年钢铁产业的发展目标，提出到 2020 年钢铁工业供给侧结构性改革取得重大进展，实现全行业根本性脱困的总体目标，并提出积极稳妥去产能去杠杆、完善钢铁布局调整格局、提升钢铁有效供给水平、发展智能制造、推进绿色制造、促进兼并重组、提高自主创新能力、深化对外开放、增强铁矿资源保障能力、营造公平竞争环境十大重点任务。

表 8 – 1　2016 年国家有关钢铁产业主要政策

序号	发布时间	发布单位	政策名称
1	2016 年	国务院	《推动钢铁行业重组处置"僵尸企业"工作方案》（国发〔2016〕46 号）
2	2016 年 2 月	国务院	《国务院关于钢铁行业化解过剩产能实现脱困发展的意见》（国发〔2016〕6 号）
3	2016 年 3 月	国土资源部	《关于支持钢铁煤炭行业化解过剩产能实现脱困发展的意见》（国土资规〔2016〕3 号）
4	2016 年 4 月	安监总局、国家煤矿安监局	《关于支持钢铁煤炭行业化解过剩产能实现脱困发展的意见》（安监总管四〔2016〕38 号）
5	2016 年 4 月	人社部、国家发改委、工信部、财政部、民政部、国资委、全国总工会	《关于在化解钢铁煤炭行业过剩产能实现脱困发展过程中做好职工安置工作的意见》（人社部发〔2016〕32 号）
6	2016 年 4 月	中国人民银行、银监会、证监会、保监会	《关于支持钢铁煤炭行业化解产能实现脱困发展的意见》（银发〔2016〕118 号）
7	2016 年 4 月	质检总局	《关于化解钢铁行业过剩产能实现脱困发展的意见》（国质检监〔2016〕193 号）
8	2016 年 5 月	安监总局办公厅、国家煤矿安监局	《关于推动钢铁煤炭行业化解过剩产能开展安全生产执法专项行动的通知》
9	2016 年 5 月	环保部、国家发改委、工信部	《关于支持钢铁煤炭行业化解产能实现脱困发展的意见》（环大气〔2016〕47 号）
10	2016 年 5 月	工信部、国家发改委、国家能源局、国家煤矿安全监察局	《关于印发钢铁煤炭行业淘汰落后产能专项行动实施方案的通知》（工信部联产业〔2016〕167 号）
11	2016 年 6 月	财政部、税务总局	《关于支持钢铁煤炭行业化解产能实现脱困发展的意见》（财建〔2016〕151 号）

续表

序号	发布时间	发布单位	政策名称
12	2016 年 6 月	财政部	《工业企业结构调整专项奖补资金管理办法》（财建〔2016〕253 号）
13	2016 年 10 月	工信部	《钢铁工业调整升级规划（2016—2020 年）》（工信部规〔2016〕358 号）
14	2016 年 11 月	国务院	《关于印发"十三五"控制温室气体排放工作方案的通知》（国发〔2016〕61 号）
15	2016 年 11 月	环保部	《关于实施工业污染源全面达标排放计划的通知》（环环监〔2016〕172 号）
16	2016 年 12 月	银监会、国家发改委、工信部	《关于钢铁煤炭行业化解过剩产能金融债权债务问题的若干意见》（银监发〔2016〕51 号）
17	2016 年 12 月	工信部	《关于加强废钢铁加工已公告企业管理工作的通知》（工信厅节函〔2016〕761 号）
18	2016 年 12 月	国家发改委	《关于切实做好全国碳排放权交易市场启动重点工作的通知》（发改办气候〔2016〕57 号）
19	2016 年 12 月	国家发改委、工信部	《关于运用价格手段促进钢铁行业供给侧结构性改革有关事项的通知》（发改价格〔2016〕2803 号）
20	2016 年 12 月	工信部、国家发改委、质检总局、安监总局、能源局、煤矿安监局	《关于坚决遏制钢铁煤炭违规新增产能打击"地条钢"规范建设生产经营秩序的通知》（发改办运行〔2016〕2790 号）

资料来源：赛迪智库整理，2017 年 1 月。

表 8－2　2016 年地方政府有关钢铁产业主要政策

序号	发布时间	发布单位	政策名称
1	2016 年	甘肃省人民政府	《甘肃省钢铁煤炭行业化解过剩产能实现脱困发展实施方案》
2	2016 年 2 月	云南省工信厅	《云南省钢铁行业淘汰落后产能专项行动实施方案》（云工信产业〔2016〕251 号）
3	2016 年 4 月	河北省人民政府办公厅	《关于做好化解钢铁煤炭等行业过剩产能职工安置工作的实施意见》（冀政办发〔2016〕13 号）
4	2016 年 6 月	浙江省人民政府办公厅	《浙江省钢铁行业化解过剩产能实现脱困发展实施方案》（浙政办发〔2016〕59 号）

续表

序号	发布时间	发布单位	政策名称
5	2016 年 6 月	安徽省人民政府	《关于在化解钢铁煤炭行业过剩产能中做好职工安置工作的实施意见》（皖政〔2016〕52 号）
6	2016 年 6 月	湖南省人民政府办公厅	《湖南省钢铁行业化解过剩产能实现脱困发展的实施方案》（湘政办发〔2016〕49 号）
7	2016 年 6 月	云南省人民政府	《云南省人民政府关于钢铁行业化解过剩产能实现脱困发展的实施意见》（云政发〔2016〕51 号）
8	2016 年 6 月	重庆市人民政府	《重庆市钢铁行业化解产能过剩实施方案》（渝府办发〔2016〕99 号）
9	2016 年 6 月	福建省人民政府办公厅	《福建省钢铁行业化解产能过剩实施方案》（闽政办〔2016〕120 号）
10	2016 年 7 月	黑龙江省人民政府办公厅	《黑龙江省钢铁行业化解过剩产能实现脱困发展实施方案》（黑政办发〔2016〕83 号）
11	2016 年 7 月	安徽省人民政府	《安徽省人民政府关于钢铁行业化解过剩产能实现脱困发展的实施意见》（皖政〔2016〕77 号）
12	2016 年 7 月	山西省人民政府办公厅	《山西省人民政府办公厅转发省人力资源社会保障厅等部门关于做好化解煤炭钢铁行业过剩产能职工安置工作实施意见的通知》（晋政办发〔2016〕111 号）
13	2016 年 8 月	河南省人民政府	《河南省化解钢铁行业化解过剩产能实现脱困发展总体方案》（豫政〔2016〕58 号）
14	2016 年 8 月	贵州省人民政府	《贵州省钢铁行业化解过剩产能实现脱困发展实施方案》（黔府办函〔2016〕190 号）
15	2016 年 8 月	江西省人民政府办公厅	《江西省人民政府办公厅关于印发江西省钢铁行业化解过剩产能实现脱困发展实施方案的通知》（赣府厅字〔2016〕113 号）
16	2016 年 8 月	湖北省政府办公厅	《关于印发湖北省钢铁和煤炭行业化解过剩产能实施方案的通知》（鄂政办函〔2016〕72 号）
17	2016 年 12 月	河北省人民政府	《河北省人民政府关于处置"僵尸企业"的指导意见》（冀政字〔2016〕66 号）

资料来源：赛迪智库整理，2017 年 1 月。

二、重点政策解析

产能过剩严重困扰了我国钢铁产业的健康发展。因此，化解钢铁产业的过剩产能，推进供给侧结构性改革，实现钢铁产业的脱困成为钢铁产业发展中的重中之重。2016年，钢铁产业的产业政策不断加强，积极推进供给侧结构性改革，化解过剩产能，鼓励企业兼并重组，强化环保约束等。

（一）《国务院关于钢铁行业化解过剩产能实现脱困发展的意见》

2016年2月，国务院发布《国务院关于钢铁行业化解过剩产能实现脱困发展的意见》（国发〔2016〕6号）（以下简称《意见》）。该意见包括总体要求、主要任务、政策措施和组织实施四大部分内容。

明确提出去产能目标。《意见》在近年来淘汰落后钢铁产能的基础上，从2016年开始，用5年时间再压减粗钢产能1亿—1.5亿吨，行业兼并重组取得实质性进展，产业结构得到优化，资源利用效率明显提高，产能利用率趋于合理，产品质量和高端产品供给能力显著提升，企业经济效益好转，市场预期明显向好。

明确主要任务。《意见》提出化解过剩产能的四大任务，严禁新增产能、化解过剩产能、严格执法监督、推动行业升级。在化解产能过剩方面，如果污染物排放达不到《钢铁工业水污染物排放标准》等相关要求，将会被处罚，甚至关停。对于能耗达不到标准的产能，须在6个月内进行整改，可申请3个月的延长期，否则将依法关停退出。对钢材产品质量达不到强制性标准要求的，依法查处并责令停产整改。达不到安全生产标准的，进行停产整改。完善激励政策，鼓励企业通过主动压减、兼并重组、转型转产、搬迁改造、国际产能合作等途径，退出部分钢铁产能。

多措并举保障过剩产能的稳妥化解。《意见》明确了加强奖补支持、完善税收政策、加大金融支持、做好职工安置、盘活土地资源等一系列支持钢铁行业化解过剩产能实现脱困发展的政策措施。其中对于职工安置，加强生活保障，《意见》提出职工安置的四种途径：一是稳定企业内部工作岗位，积极搭建创业平台，引导职工就近创业就业。二是对于离法定退休年龄5年内的职工，可以进行内部退养。三是如确实需要，企业要和职工解除或者中止劳动合同，企业应缴齐相应的费用或进行经济补偿。四是扶持失业人员再就业，加大援助力度，保障失业人员的基本生活。

引导企业兼并重组。我国钢铁产业的产业集中度不高，所以《意见》提出，鼓励有条件的钢铁企业实施跨行业、跨地区、跨所有制减量化兼并重组，重点推进钢产量多的省份的企业实施兼并重组，退出部分过剩产能。

（二）《钢铁工业调整升级规划（2016—2020 年）》

2016 年 10 月，工信部发布《钢铁工业调整升级规划（2016—2020 年）》（工信部规〔2016〕358 号）（以下简称《规划》）。作为我国钢铁产业发展的指导性文件，对于钢铁产业转型升级具有重要意义。"十三五"时期是我国钢铁产业结构升级的关键阶段，钢铁产业应适应经济发展新常态，积极化解过剩产能，坚持创新驱动、坚持绿色发展、坚持质量为先等，不断提升质量和效益。

明确结构升级目标。关于去产能指标，产能过剩严重制约了行业的发展，为提高产能利用率，《规划》提出"十三五"期间，粗钢产能在现有 11.3 亿吨基础上压减 1 亿到 1.5 亿吨，控制在 10 亿吨以内，产能利用率由 2015 年的 70% 提高到 80%。关于绿色发展指标，结合"十三五"期间粗钢产量缓降态势，以及目前我国钢铁行业能源消耗水平和污染物排放强度的实际，《规划》提出"十三五"期间能源消耗总量和污染物排放总量分别下降 10% 和 15% 以上。关于产业集中度指标，2015 年我国前 10 家钢铁企业的产业集中度为 34%，强化市场影响力，打击违法违规企业，规范公平市场秩序，多管齐下、持续坚持、不断调整，力争"十三五"期间前 10 家钢铁企业产业集中度由目前的 34% 提高到 60%。关于劳动生产率指标，目前我国部分钢铁企业还存在机构设置复杂、重叠，人员冗余，效率低的问题，制约了钢铁行业的提质增效，为引导行业提高生产效率，提升综合竞争力，《规划》首次提出了主业劳动生产率目标，由目前的 514 吨钢/人·年提高到国际先进水平的 1000 吨钢/人·年以上。关于钢结构用钢指标，由目前占建筑用钢的 10% 提高到 25% 以上。

去产能仍是钢铁产业结构调整的重要任务。《规划》提出积极稳妥去产能，主要包括三个方面：一是严禁新增钢铁产能，不能建设扩大钢铁产能规模的所有投资项目，创新能力、绿色发展、智能制造、质量品牌、品种开发、延伸服务和产能合作等方面作为投资的重点；京津冀、长三角、珠三角等环境敏感地区按不低于 1∶1.25 的比例实施减量置换。二是依法依规去产能。依法依规关停退出不符合标准的产能，全面取缔生产"地条钢"的中频炉、工频炉产能，加强社会监督和执法检查。三是推动僵尸企业退出。通过各种方式出清"僵尸企业"，退出低效产能，鼓励主动压减钢铁产能。

优化钢铁产业布局。一直以来，我国钢铁企业"北重南轻"布局结构未得到根本改观。《规划》提出，沿海地区要转变现有的思路，不再布局新的沿海基地，在现有的基础上实施组团发展、提质增效；内陆地区要以区域市场容量和资源能源支撑为双底限，坚决退出缺乏竞争力的企业，立足现有龙头企业实施整合脱困发展。

（三）《关于钢铁煤炭行业化解过剩产能金融债权债务问题的若干意见》

2016年12月，中国银监会、发改委、工业和信息化部发布《关于钢铁煤炭行业化解过剩产能金融债权债务问题的若干意见》（银监发〔2016〕51号）（以下简称《意见》），明确各金融主体对待债券债务问题应采取的具体措施，提高政策的精准性。

区别对待钢铁企业信贷。针对不同类型的钢铁企业，金融机构的信贷控制和扶持区别对待。《意见》指出，金融机构应该停止对违规新增产能项目和企业的贷款。金融机构要压缩、退出对不合规的落后企业、停产半停产的"僵尸企业"等企业的贷款，要求银行业金融机构对技术设备先进、产品有竞争力、有市场的钢铁煤炭企业，按照风险可控、商业可持续原则，继续给予信贷支持，不得抽贷、压贷、断贷。

加大对企业兼并重组的资金支持。我国钢铁企业产业集中度较低，2015年前10家钢企的产业集中度仅为34.2%，且缺乏具有国际竞争力的大企业。《意见》提出，支持金融机构采取银团贷款等方式支持钢铁兼并重组，对符合条件的兼并重组企业，将并购交易价款中并购贷款所占比例提高至70%。鼓励银行业金融机构对主动去产能的钢铁煤炭困难企业进行贷款重组。

降低企业负债水平。支持企业债转股，持金融资产管理公司、地方资产管理公司、银行现有符合条件所属机构或设立符合规定的新机构等多种类型实施机构，按照国家法律法规和国家有关规定，按照市场化、法治化的原则，开展债转股工作。还指出支持产业基金和股权投资基金投资钢铁煤炭骨干企业，引导社会资本参与钢铁煤炭企业的脱困发展。

第二节   2016 年钢铁产业结构调整的主要情况

对于钢铁产业来说，2016 年是极其艰难的一年，但在相关政策的引导下，钢铁产业积极推进供给侧结构性改革，结构调整取得一定的进展。化解钢铁过剩产能目标任务实现，行业整体扭亏为赢，实现了"十三五"的良好开局。

一、去产能取得显著成效

2016 年年初，国家和各省区（市）制定去产能的目标，公布全年去产能计划。我国钢铁产业去产能全面展开。经过一年的努力，钢铁产业去产能任务提前超额完成 4500 万吨的任务，共压减 6500 万吨以上钢铁产能。

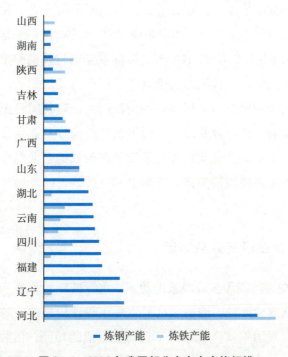

图 8 – 1   2016 年我国部分省市去产能规模

资料来源：赛迪智库整理，2017 年 1 月。

从各地区完成的情况来看，大部分地区提前或超额完成任务。如，河北省拆除炼铁高炉33座，炼钢（转炉）24座，分别压减1761万吨炼铁、1624万吨炼钢产能。安徽省退出生铁产能62万吨、粗钢产能110万吨。广东省在11月完成了14家企业307万吨产能的退出。浙江省也在原计划303万吨的基础上，超额压减炼钢产能85万吨。黑龙江省退出炼钢产能610万吨，完成了原本应在五年内完成的压减任务。山东省压减产能生铁270万吨、粗钢270万吨。江苏化解钢铁过剩产能580万吨。

二、企业兼并重组取得较大进展

2016年，钢铁行业前十家企业的产业集中度上升为35.9%，同比增加1.7个百分点，前四家企业的上升为21.7%，同比增加3.1个百分点。钢铁产业重组的典型案例当属宝钢和武钢的重组。2016年6月22日，宝钢和武钢两家企业宣布进行战略重组。武钢和宝钢分别是新中国成立后和改革开放后建立的第一个特大型钢铁企业，这两家企业2015年的产量在全球钢铁企业中分别排名第五和第十一。9月22日，国资委同意宝钢与武钢的重组，成立中国宝武钢铁集团有限公司，武钢作为全资子公司整体无偿划入。这两家企业联合之后，将成为全球第二、我国第一的钢铁巨人，对我国乃至全球钢铁产业都将产生深远影响。此次合并属于我国钢铁产业优势企业强强联合的战略重组，有助于进一步提高产业集中度，推动了跨地域的企业整合，优化产业布局，重构产业生态系统和价值链。其重组和日后整合的经验将为其他钢企的重组提供借鉴。

三、钢铁企业经济效益好转

2016年，在去产能等多重因素推动下，政策措施效果逐步显现，国内钢铁价格出现了恢复性增长，涨幅超过了70%，钢铁价格的上涨明显改善了钢企的经营状况，我国钢铁产业结束了全行业亏损的局面，扭亏为盈，全行业经营状况好转，为我国钢铁产业转型省级提振了信心，创造了条件。工信部数据显示，2016年，我国钢铁企业利润同比增长2.02倍，亏损企业亏损额减少，较2015年同比下降了51%。重点统计钢铁企业累计盈利303.78亿元，利润同比增长超过 1000 亿元。

四、国际产能合作不断取得进展

随着"一带一路"建设的不断推进，钢铁产业的国际产能合作有序推进，一些重大项目不断开展。如，2016 年年初，鄂钢获得中马友谊大桥的桥梁钢供货权，成为我国唯一为该桥梁项目供货的企业，中马友谊大桥是世界上首座在珊瑚礁上建设的桥，是马尔代夫最重要的连接岛屿工程，对材料要求较高。[1] 中钢国际的子公司中钢设备与伊朗有关钢铁公司签署了 100 万吨钢厂项目承包合同，涉及金额 31 亿元。2016 年 5 月，中国十九冶集团中标位于马来西亚东海岸经济特区关丹港市的马来西亚马中关丹产业园 350 万吨钢铁项目，目前该项目已开工。鞍钢利用自身技术优势中标巴基斯坦城市轨道交通橙线项目 8000 吨钢轨需求合同，该项目是巴基斯坦第一条城市轨道交通项目，目前，供货任务已完成近 5000 吨[2]。

五、技术创新不断取得突破

我国更加重视创新驱动，高端产品研发生产取得一定成果。如，马钢、太钢研发的时速 350 公里高速动车组轮、轴材料完成 60 万公里运行测试，各项指标达到技术要求，已经可以投产了，为我国高铁轮轴国产化奠定基础。首钢研制开发了高强度易焊接特厚钢板与配套焊材焊接技术，实现了大型水电站压力钢管用钢新突破。宝钢等研制的大型轻量化液压支架，实现减重14%，满足了液压支架向大采高、大阻力、轻量化发展要求。鞍钢扩大了国内双相不锈钢板的宽幅，结束了这一材料依赖进口的局面，使得我国核电关键设备与材料实现了国产化、自主化。兴澄特钢研发出 250 毫米厚度 EH36 钢板，成功应用于我国"海洋石油 162"首座移动式试采平台，打破国外垄断的局面。

---

[1] 《鄂钢板将撑起中马友谊大桥》，《中国冶金报》2016 年 3 月 29 日。

[2] http://epaper.lnd.com.cn/paper/lnrb/html/2016－10/09/content_1689296.htm，《鞍钢 8000 吨钢轨沿"中巴经济走廊"走出去》，《辽宁日报》2016 年 10 月 9 日。

第三节　面临的问题与挑战

虽然我国钢铁产业结构调整取得了一定的成效，整个产业的经营实现了扭亏为盈，但是仍面临着许多困难，如产能过剩矛盾依然较为严峻、产业布局不尽合理、贸易摩擦不断发生等。

一、产能过剩矛盾依然较为突出

我国钢铁产业去产能的任务依然较为艰巨。国务院发布的《国务院关于钢铁行业化解过剩产能实现脱困发展的意见》提出，2016年到2020年间化解粗钢产能1亿—1.5亿吨，2016年已顺利完成化解过剩产能的任务。我国将钢铁去产能目标由原先的1亿—1.5亿吨修正至1.4亿吨，未来需化解产能任务依然非常重。从各地情况看，河北省计划在2017年去除炼铁产能1954万吨、炼钢产能1439万吨，任务量基本与2016年持平，而2017年要去除的产能主要是在产产能，难度加大。"十三五"期间，江苏省钢铁行业去产能目标是1750万吨，目前已经完成577吨，2017年至2020年仍需化解钢铁产能1173万吨左右。此外，"地条钢"屡禁不止，扰乱了钢铁市场的正常秩序。

二、产业布局不尽合理

近年来，我国钢铁产业布局不断优化调整，一批重大沿海基地项目已经建成投产和启动实施，如宝钢湛江、武钢防城港等重大沿海基地项目，使得我国钢铁"北重南轻"、内陆多沿江沿海少等总体布局从根本上得到了改观。但我国钢铁产量仍主要集中于东中部地区，京津冀、长三角等钢铁产能集聚区的环境承载能力已达到极限；城市钢厂依然大量存在，面临着生态环境约束，以及与城市发展不协调等困境，而对于这些城市钢铁，改造难度大，不能全部使用简单的搬迁、关停的办法来处理。

三、产品出口摩擦不断

2016 年，各国对我国发起双反调查共 117 起，其中对钢铁 49 起，占比 42%。我国钢材出口难度增大，出口同比下降 3.5%。[①] 发生摩擦的国家即包括美国等发达国家，也包括马来西亚、泰国等发展中国家，受调查的产品既有普通钢等低级产品，也涉及不锈钢等高级产品。

如，5 月美国国际贸易委员会对我国的碳钢和合金钢产品发起"337 调查"，这在中国钢铁贸易史上属于首次，涉及包括宝钢、河钢、武钢、首钢、沙钢、鞍钢等及美国分公司等 40 家钢铁企业；东南亚一些国家也对我国钢铁产品进行了反倾销调查，印度商工部发布无缝钢管反倾销调查终裁，建议对我国的无缝钢管征收反倾销税，征税额为到岸价与最低限价之间的差额，并扣除需缴纳的保障措施税。

表 8-3　2016 年我国部分钢铁贸易摩擦情况

时间（月）	品种	国家或地区	内容
1	预涂/漆/彩色涂层钢卷	马来西亚	对华预涂/漆/彩色涂层钢卷作出反倾销终裁
1	平轧钢板	巴西	对华平轧钢板反规避复审终裁并征税
2	无缝管	欧盟	对华无缝管钢铁进行反倾销调查
2	铸铁件	美国	对铸铁件作出反倾销快速日落复审终裁
2	碳和合金钢管	加拿大	对华碳和合金钢管作出双反终裁
3	热轧平板产品	印度	对进口 600 毫米及以上的热轧平板产品征收两年半保障措施税
4	热轧碳钢板和合金钢板	加拿大	对进口热轧碳钢板和合金钢板作出双反期终复审裁定
4	不锈钢板	印度	对华不锈钢板发起反补贴调查
4	热轧平板钢材	土耳其	终止对进口热轧平板钢材的反倾销调查
5	冷轧不锈钢	越南	对中国冷轧不锈钢加征高额反倾销税
5	热轧平板产品	欧盟	对华热轧平板产品进行反补贴立案调查

---

① http://www.miit.gov.cn/n1146285/n1146352/n3054355/n3057569/n3057577/c5505058/content.html.

续表

时间（月）	品种	国家或地区	内容
5	无缝钢管和空心型材	印度	对华无缝钢管和空心型材征收临时反倾销税
5	冷轧钢板	美国	对华冷轧钢板反补贴肯定性终裁及紧急情况部分肯定性终裁
6	冷轧钢板	美国	对华冷轧钢板作出反倾销反补贴产业损害终裁
6	热轧条杆产品	多米尼加	对华热轧条杆产品作出反倾销初裁并征税
7	彩涂钢板	越南	对进口彩涂钢板发起保障措施调查
7	钢坯和盘条	越南	对进口钢坯和盘条作出保障措施终裁
7	无缝碳钢管	巴西	对华无缝碳钢管作出反倾销终裁并征税
8	冷轧钢等钢铁产品	南非	对进口冷轧钢等钢铁产品发起保障措施调查
8	特定镀锌、锌合金扁轧钢产品	中国台湾	对自中国大陆、韩国进口特定镀锌、锌合金扁轧钢产品征收临时反倾销税
8	盘条	智利	对华盘条启动反倾销调查
9	碳合金钢管	加拿大	对华焊接大口径碳合金钢管作出反倾销反补贴终裁
11	钢制螺杆	美国	对华钢制螺杆作出第六次反倾销行政复审终裁
12	合金 H 型钢	泰国	将从 2017 年 1 月开始对进口的某些结构型钢征收最终保障措施税

资料来源：赛迪智库整理，2017 年 1 月。

第九章　有色金属产业结构调整

2016 年，我国有色金属产业持续推进各项结构调整工作，在提升创新能力、加快产业升级、海外投资布局、降低综合成本、化解过剩产能、淘汰落后产能、提升产业集中度、推进国企改革和兼并重组、清退"僵尸企业"等方面，取得诸多积极进展。在政策层面，《关于营造良好市场环境促进有色金属工业调结构促转型增效益的指导意见》《有色金属工业发展规划（2016—2020 年）》《关于完善用电政策促进有色金属工业调结构促转型增效益有关工作的通知》《关于全面推进资源税改革的通知》等一系列重要方针政策陆续出台，指明了有色金属产业未来一个阶段的发展方向，并对目前行业存在的重点、难点问题提出了有针对性的政策措施。在市场层面，全球大宗商品市场普遍回暖，我国经济增长速度趋稳，有色金属需求合理增长，价格稳中有升，大量库存得到化解，企业杠杆率得以控制，亏损企业的扭亏为盈比例提高。未来，有色金属产业仍需继续调节冶炼加工产能，防范产能反弹，增强资源保障能力和成套设备自主研发实力，提高资源利用率，加大节能减排力度，确保行业的持续健康发展。

第一节　2016 年有色金属产业结构调整的主要政策

一、政策基本情况

2015 年下半年以来，为推动有色金属行业健康发展，我国先后出台了一系列规范条件、技术标准，对锡、铅、钨以及稀土金属的采选、冶炼、加工等环节进行严格要求，对金属矿山的安全设施建设做出了明确规定。这些规范条件和技术标准，有利于有色金属行业淘汰分散、落后产能，提高矿石利用率，降低能源消耗，控制污染物排放，确保安全生产。此外，针对贵金属、稀土金属等涉及国家经济安全、战略安全的金属资源，制定和实施了专项管理办法。2016年，为贯彻落实党中央、国务院关于推进供给侧结构性改革、建设制造强国的决策部署，推动有色金属工业持续健康发展，国务院发布《关于营造良好市场环境促进有色金属工业调结构促转型增效益的指导意见》，明确了有色金属产业升级、提质增效的重点任务。为贯彻这一指导意见，降低有色金属行业能源成本、规范市场竞争，国家发改委、工业和信息化部、国家能源局发布《关于完善用电政策促进有色金属工业调结构促转型增效益有关工作的通知》，推动和规范有色金属企业直接参与电力交易。2016年是"十三五"的开局之年，工业和信息化部先后发布《有色金属工业发展规划（2016—2020年）》《稀土行业发展规划（2016—2020年）》，绘制了"十三五"时期的有色金属行业发展蓝图。

表9-1 2015—2016年有色金属产业结构调整相关政策

发布时间	发布部门	文件名称
2016年1月	工业和信息化部	《钨行业规范条件》（中华人民共和国工业和信息化部公告2016年第1号）
2016年1月	国家安监总局	《金属冶炼目录（2015版）》（安监总管四〔2015〕124号）
2016年2月	国家安监总局	《关于规范金属非金属矿山建设项目安全设施竣工验收工作的通知》（安监总管一〔2016〕14号）
2016年2月	国家安监总局	《关于印发金属非金属矿山建设项目安全设施设计重大变更范围的通知》（安监总管一〔2016〕18号）
2016年5月	中国人民银行、海关总署	《关于黄金及黄金制品进出口准许证事宜》（中国人民银行海关总署联合公告2016年第9号）
2016年6月	财政部、国家税务总局	《关于全面推进资源税改革的通知》（财税〔2016〕53号）
2016年6月	国务院	《国务院办公厅关于营造良好市场环境促进有色金属工业调结构促转型增效益的指导意见》（国办发〔2016〕42号）

发布时间	发布部门	文件名称
2016 年 6 月	工业和信息化部	《稀土行业规范条件（2016 年本）》（中华人民共和国工业和信息化部公告 2016 年第 31 号）
2015 年 8 月	工业和信息化部	《锡行业规范条件》（中华人民共和国工业和信息化部公告 2015 年第 89 号）
2016 年 10 月	工业和信息化部	《有色金属工业发展规划（2016—2020 年）》（工信部规〔2016〕316 号）
2016 年 10 月	工业和信息化部	《稀土行业发展规划（2016—2020 年）》（工信部规〔2016〕319 号）
2016 年 12 月	工业和信息化部	《关于商请组织开展打击稀土违法违规行为专项行动的函》（工信厅联原函〔2016〕764 号）
2015 年 12 月	工业和信息化部	《铅蓄电池行业规范条件》和《铅蓄电池行业规范公告管理办法》（工业和信息化部〔2015〕85 号）
2015 年 12 月	国土资源部	《关于镍、锡、锑、石膏和滑石等矿产资源合理开发利用"三率"最低指标要求（试行）》（国土资源部公告〔2015 年第 30 号〕）
2016 年 12 月	工业和信息化部	《再生铅行业规范条件》（中华人民共和国工业和信息化部公告 2016 年第 60 号）
2016 年 12 月	国家发改委、工业和信息化部、国家能源局	《关于完善用电政策促进有色金属工业调结构促转型增效益有关工作的通知》（发改能源〔2016〕2462 号）

资料来源：赛迪智库整理，2017 年 1 月。

　　根据国务院政策精神，一些地方政府也出台了促进有色金属行业结构调整的政策。湖南省人民政府印发《有色金属工业调结构促转型增效益的若干政策措施》，加快淘汰落后产能，促进产业集聚，鼓励有色金属企业向高性能合金等新材料行业转型发展。海南省人民政府印发《关于营造良好市场环境促进有色金属工业产业健康有序发展的实施意见》，严控项目准入，强化行业监管，鼓励行业整合，推动技术装备创新和绿色发展。黑龙江省人民政府印发《关于推动矿产资源开发和产业化发展的意见》，开展大型矿山与产业项目一体化招标，加快发展铜、钼、金等矿产品精深加工产业。

　　2016 年，国际经济环境更趋复杂，我国经济下行压力仍然较大。为防范企业债务风险，国务院发布了《关于积极稳妥降低企业杠杆率的意见》。与此同时，我国继续深化国有企业改革，国务院发布《关于推动中央企业结构调整与重组的指导意见》《建立国有企业违规经营投资责任追究制度的意见》，要求加快中央企业兼并重组，提高国有资本投资运营效率，促进部分困难行业企业扭亏为盈。在国务院相关政策的指导下，有色金属行业的兼并重组步伐有所加快。中国铝业公司治理"僵尸企业"10户，压缩法人单位50户，实现扭亏为盈，业绩创2008年金融危机以来的最好水平。广西有色金属集团宣告进入破产重组程序。

有色金属矿产资源是重要的自然资源，而有色金属的消费往往会产生重金属排放污染。因此，集约发展有色金属产业，符合国家战略需要，也是中长期可持续发展、绿色发展的必然要求。2017年1月，国务院发布《关于全民所有自然资源资产有偿使用制度改革的指导意见》，要求完善矿产资源有偿使用制度，全面落实禁止和限制设立探矿权、采矿权的有关规定，强化矿产资源保护，明确矿产资源国家所有者权益的具体实现形式，建立矿产资源国家权益金制度。国务院还印发了《全国国土规划纲要（2016—2030年)》，要求有序建设有色金属产业基地。在中西部地区发挥资源优势，适度建设有色金属深加工基地；利用进口铜、镍等原料，在沿海地区合理布局建设有色金属基地。加强稀土等资源保护力度，合理控制开发利用规模，促进新材料及应用产业有序发展。

二、重点政策解析

（一）《国务院办公厅关于营造良好市场环境促进有色金属工业调结构促转型增效益的指导意见》（国办发〔2016〕42号）

《意见》指出，受国际国内经济形势变化影响，有色金属市场需求低迷，有色金属工业长期积累的结构性产能过剩、市场供求失衡等深层次矛盾和问题逐步显现。按照推进供给侧结构性改革的总体要求，有色金属工业应当优化存量、引导增量、主动减量，化解结构性过剩产能，促进行业技术进步，扩大应用消费市场，加强国际产能合作，创造良好营商环境，做到调结构、促转型、增效益。《意见》强调，坚持分类指导，按照有色金属品种属性和特点，结合地区资源禀赋条件和产业发展实际，因地制宜，因企施策，促进产业有序发展。《意见》结合不同品种的市场情况，制定相应的政策目标：重点品种供需实现基本平衡，电解铝产能利用率保持在80%以上，铜、铝等品种矿产资源保障能力明显增强，稀有金属资源开发利用水平进一步提升，再生有色金属使用比重稳步提高。

《意见》提出了严控新增产能、加快退出过剩产能、扩大市场应用、健全储备体系、积极推进国际合作等方面的重点任务。针对目前有色金属行业的难点问题，《意见》提出，"完善用电政策，继续实施差别电价政策，鼓励符合政策的电力用户与发电企业直接交易，通过协商确定价格。鼓励电冶联营，已建成的具有自备电厂的电解铝企业要按规定承担并足额缴纳政府性基金、政策性交叉补贴和系统备用费。以不增加电解铝产能为前提，在可再生能源富集的地区，探索消纳可再生能源的局域电网建设试点"。完善用电政策，一方面能够避免发电、输配电、电力市场交易等环节管理费用过度附着于有色金属冶炼，切实降低电解铝企业成本。另一方面，能够理顺整个行业的市场竞争秩序，杜绝以牺牲自然环境为代价、建设运营低标准自备电厂的行为，真正实现电解铝行业的优胜劣汰。《意见》要求，"加快有色金属行业资源税从价计征改革，清理规范相关收费基金，降低矿山税费负担。落实好兼并重组税收政策。调整进出口有关政策，支持符合行业规范条件的企业开展铜精矿、锡精矿等加工贸易"。这一方针有利于有色金属行业集约利用矿产资源，实现可持续发展。

（二）《有色金属工业发展规划（2016—2020 年）》（工信部规〔2016〕316 号）

根据《中华人民共和国国民经济和社会发展第十三个五年规划纲要》《中国制造2025》《国务院办公厅关于营造良好市场环境促进有色金属工业调结构促转型增效益的指导意见》（国办发〔2016〕42 号），工业和信息化部制定了《有色金属工业发展规划（2016—2020 年）》（以下简称《规划》）。规划涵盖了铜、铝、铅、锌、镍、锡、锑、汞、镁、钛等十种常用有色金属，以及钨、钼、锂、黄金、锆、铟、锗、镓、钴等主要稀有贵金属，是"十三五"时期有色金属工业发展的指导性文件。

《规划》提出了五方面的主要目标。一是技术创新。要求重点企业研发投入占主营业务收入达到1%以上，高端精深加工、智能制造、资源综合利用等基础共性技术和产业化技术实现突破。二是转型升级。航空铝材、电子材料、动力电池材料、高性能硬质合金等精深加工产品综合保障能力超过70%。产业布局进一步优化，低效产能逐步退出，电解铝产能利用率达到80%以上，产业集中度显著提高，国际化经营能力提升，国际产能合作取得明显进展。三是资源保障。资源勘探开发取得进展，铜、铝、镍等短缺资源保障明显提高。废旧有色金属回收体系进一步健全，再生金属供应比例提高。主要有色金属资源全球配置体系不断完善。四是绿色发展。重金属污染得到有效防控，实现稳定、达标排放。规模以上单位工业增加值能耗、主要产品单位能耗进一步降低。矿山尾砂、熔炼渣等固废综合利用水平不断提高，赤泥综合利用率达到10%以上。五是两化融合。推进两化融合技术标准体系建设，在线监测、生产过程智能优化、模拟仿真等应用基本普及，选冶、加工环节关键工艺数控化率超过80%，实现综合集成企业比例从当前的12%提升到20%，实现管控集成的企业比例从当前的13%提升到18%，实现产供销集成的企业比例从当前的16%提升到22%，建成若干家智能制造示范工厂。

《规划》提出了八个方面的重点任务。其中在结构调整方面，包括六项具体任务：一是优化产业布局。要求统筹考虑境内外资源、能源、环境、运输等生产要素，引导现有布局不合理产能向具有资源能源优势及环境承载力的地区有序转移，利用境外资源的氧化铝等粗加工项目在沿海地区布局。对不符合所在城市发展需求、改造难度大、竞争力弱的冶炼企业，要实施转型转产或退出；具备搬迁条件的企业，支持其退城入园，并在搬迁中实施环保改造。二是严控冶炼产能扩张，特别是从严控制铜、电解铝、铅、锌、镁等新建冶炼项目。三是加快传统产业升级改造，瞄准国际同行业标杆，引导企业运用先进适用技术及智能化技术，到2020年，全行业实现绿色清洁生产。四是促进低效产能退出。进一步发挥市场倒逼机制，辅以必要的经济和行政手段，加强有色金属企业节能、环保、质量、安全等执法力度，经整改仍达不到法律法规和相关标准要求的，依法依规退出。五是推进企业兼并重组，充分发挥市场机制和政策引导作用，鼓励有色金属企业开展行业内上下游及跨行业联合重组。六是强化企业内部管理，特别是推进国有企业体制机制改革，积极稳妥发展混合所有制，激发国有企业活力。

《规划》要求创新体制机制，各地工业主管部门要按照供给侧结构性改革的要求，改革创新行业管理，推动简政放权、放管结合、优化服务，加强普惠性、功能性产业政策研究，为产业发展创造良好环境。

（三）《关于完善用电政策促进有色金属工业调结构促转型增效益有关工作的通知》（发改能源〔2016〕2462号）

为贯彻落实《国务院办公厅关于营造良好市场环境促进有色金属工业调结构促转型增效益的指导意见》，国家发改委、工业和信息化部、国家能源局明确了有色金属行业参与电力直接交易的方针政策。

《通知》要求，对符合《产业结构调整指导目录》、规范条件等国家产业政策并且单位能耗、环保排放达到国家标准的有色金属企业，应全部电量参与电力直接交易，不受电压等级限制。也可由售电公司代理参与电力直接交易，鼓励交易双方签订中长期合同。凡是参加电力直接交易的有色金属企业，均不再执行对应的目录电价，也不再纳入用电计划管理，通过与发电企业自由协商、集中竞价等方式确定交易价格和交易电量，按规定支付电网企业输配电价、缴纳政府性基金和承担政策性交叉补贴。参与市场交易前，由电网企业提供保底供电服务，保底供电价格执行政府价格主管部门制定的目录电价。上述规定，对于有色金属企业降低用电成本、确保电力供应、平抑成本波动，都有直接而显著的帮助。

《通知》提出，鼓励有色金属行业存量自备电厂并网运行。自备电厂的建设和运行应符合国家能源产业政策和电力规划布局要求，严格执行国家节能和环保排放标准，公平承担社会责任，按规定缴纳政府性基金和承担政策性交叉补贴、合理缴纳备用费，履行相应的电力调峰义务。这一方针，有利于有色金属企业公平竞争，特别是对于生产规模有限、未建有自备电厂的企业而言，可以通过集约发展、精益生产的策略，保持市场竞争力。

（四）《关于全面推进资源税改革的通知》（财税〔2016〕53号）

《通知》提出，参照已从价计征资源税的能源资源税改革方案，对其他矿产资源全面实施改革。着力解决当前存在的税费重叠、功能交叉问题，将矿产资源补偿费等收费基金适当并入资源税，停止征收价格调节基金，取缔违规、越权设立的各项收费基金，进一步理顺税费关系。在实施资源税从价计征改革的同时，合理确定资源税计税依据和税率水平，增强税收弹性，总体上不增加企业税费负担。

《资源税税目税率幅度表》列举了 21 种资源品目的名称，其中涉及有色金属的包括：金矿、铜矿、铝土矿、铅锌矿、镍矿、锡矿。对上述矿产和未列举名称的其他金属矿实行从价计征，计税依据由原矿销售量调整为原矿、精矿（或原矿加工品）和金锭的销售额。其中金矿税率为 1%—4%，铜矿为2%—8%，铝土矿为 3%—9%，铅锌、镍、锡为 2%—6%，其他种类不高于20%。对上述列举名称的资源品目，由省级人民政府在规定的税率幅度内提出具体适用税率建议，报财政部、国家税务总局确定核准。对未列举名称的金属矿产品，由省级人民政府根据实际情况确定具体税目和适用税率，报财政部、国家税务总局备案。

此外，为了实现绿色开采，建立可持续的发展模式，《通知》还规定，对符合条件的采用充填开采方式采出的矿产资源，资源税减征 50%；对符合条件的衰竭期矿山开采的矿产资源，资源税减征 30%。对鼓励利用的低品位矿、废石、尾矿、废渣、废水、废气等提取的矿产品，由省级人民政府根据实际情况确定是否减税或免税，并制定具体办法。

《通知》是继 2015 年《关于实施稀土、钨、钼资源税从价计征改革的通知》后，对其他有色金属资源税改革的细化规定，从而形成了完整的有色金属资源税体系。这一体系有利于规范地方政府针对有色金属矿产资源开发的税费征收，实现有色金属资源集约利用，并帮助企业降低综合成本，确保生产经营的持续稳定。

第二节　2016 年有色金属产业结构调整的主要情况

一、有色金属行业整体稳中向好

2016 年，我国有色金属行业积极贯彻党中央、国务院关于稳中求进和供给侧结构性改革的工作部署，基本实现了平稳增长。

2016 年，十种有色金属产量为 5283 万吨，同比增长 2.5%，连续 15 年居世界第一①。其中，精炼铜、原铝、铅、锌产量分别为 844 万吨、3187 万吨、467 万吨、627 万吨，分别同比增长 6%、1.3%、5.7%、2%；铜材和铝材产量分别为 2096 万吨和 5796 万吨，分别同比增长 12.5% 和 9.7%。全行业实现主营业务收入 6 万亿元，同比增长 5.6%；实现利润 2430 亿元，同比增长 34.8%。有色金属采选、冶炼分别实现利润 483 亿元和 672 亿元，同比分别增长 34.1% 和 133.6%，铝冶炼（含氧化铝、电解铝、再生铝）利润 226 亿元，较 2015 年增长 211 亿元；有色金属压延加工实现利润 1275 亿元，同比增长 18.6%。行业效益明显改善主要得益于调结构促转型增效益工作，无序竞争有所遏制，市场供求关系得到改善。

进入 2016 年以后，中国经济保持稳定增长，国内主要有色金属的冶炼和消费总量继续上升，显著改善了市场预期。尽管美元不断走强，但美联储加息慢于预期，人民币汇率得以保持总体稳定，短期贬值预期基本消除，我国以及亚太其他新兴经济体未来的有色金属进口需求得以保障。在预期转好的刺激下，有色金属大宗商品市场价格止跌。全球主要有色金属市场"空头"受到打击，"多头"重新活跃，一部分投资投机需求入场，促成了期货价格走势的"反转"，并带动国内现货市场价格上涨。2016 年，国内市场铜、铝、铅、锌现货均价分别为 38084 万元/吨、12491 万元/吨、14559 万元/吨、16729 万元/吨，同比分别增长 -6.5%、3.5%、11.1%、10.1%；2017 年前两月均价分别为 47165 万元/吨、13358 万元/吨、18654 万元/吨、22695 万元/吨，较 2016 年均价分别增长 23.8%、6.9%、28.1%、35.7%②。

由于外部需求减少，以及汇率波动、贸易争端等原因，2016 年，我国主要有色金属进出口贸易总额（含黄金首饰及零件贸易额）1171.4 亿美元，同比下降 10.4%。其中，进口额 771.1 亿美元，同比下降 10.4%；出口额为 400.3 亿美元，同比下降 10.3%。2016 年，我国电解铝出口 51 万吨，占国内产量的 1.6%；铝材出口 407 万吨，同比下降 3.4%。据初步统计，2016 年我国有色金属工业（包括独立黄金企业）完成固定资产投资额 6687.3 亿元，同

---

① 工业和信息化部：《2016 年有色金属工业运行情况及 2017 年展望》。
② 工业和信息化部：《2016 年有色金属工业运行情况及 2017 年展望》。

比下降6.7%，降幅较前三季度相比收窄。其中，民间项目投资5469.0亿元，同比下降6.3%，降幅较前三季度减少1.1个百分点，所占行业投资比重为81.8%①。

有色金属重大海外投资和重点科技攻关项目取得新进展。2016年5月21日，由中国宏桥集团与印尼哈利达集团、韦立投资（香港）有限公司共同投资建设的100万吨氧化铝生产线在印尼建成投产，这是中国在境外建成的首条海外氧化铝生产线，也是印尼第一家大型氧化铝厂。2016年6月1—7日，由宝钛集团研制的4500米深潜器钛合金载人球舱，参加了国家"十二五"科技创新成就展。2016年11月17日，洛阳钼业宣布26.5亿美元收购自由港麦克米伦公司（Freeport - McMoRan）位于刚果（金）的Tenke铜钴矿项目56%股权，这意味着洛阳钼业已跻身为全球最具竞争力的铜生产商之一和全球第二大钴供应商。

二、不同品类的供需形势有所分化，发展趋势各异

2016年，主要有色金属的供需、价格走势有所分化，面临的发展形势差异较大。尽管全球有色金属期货市场走势整体转强，但对我国而言，外部库存和供给压力仍然较大，去库存、去产能任务仍然较为沉重。

铜：2016年，世界矿山铜月产量稳定在170万吨以上②，预计全年产量超过2000万吨，比上年增长5%左右。由于供应充裕，刺激了铜冶炼生产，世界精炼铜月产量超过200万吨，预计全年产量接近2400万吨，比上年增长约4%，加剧了全球性过剩，抑制了价格回升。尽管市场供应过剩，价格下跌，企业经营困难，但全球铜矿山企业并没有大规模地减产，主要企业反而在采取增产降本措施，力图维持或增加市场份额。铜价的反弹，主要是受其他金属价格上涨的影响，自身上涨动力明显不足，且存在一定下跌空间。

铝：2016年，全球铝生产、消费均出现稳定增长。目前世界原铝月产量稳定在480万吨以上，预计全年产量接近5800万吨，比上年增长1.2%；月消费量稳定在480万吨左右，全年将超过5760万吨，比上年增长0.5%，产

---

① 工业和信息化部：《2016年有色金属工业运行情况及2017年展望》。

② 中国有色金属工业协会：《今年有色工业运行将筑底企稳》。

略大于需，大体处于平衡状态。在铝价回升的作用下，中国新建以及重启产能开始放量，由于供应明显增加，过剩的阴影开始笼罩市场，导致铝价冲高回落。

铅：2016 年，世界精炼铅月产量约为 90 万吨，预计全年产量在 1080 万吨左右，比上年增长 6.6%；月消费量超过 90 万吨，全年约为 1090 万吨，供需之间存在缺口，需要库存弥补。截至 2016 年年底，伦敦金属交易所精炼铅库存量为 19.5 万吨，与上年年底大体持平，总体处于紧平衡状态。

锌：2016 年，全球矿山锌月产量在 110 万吨左右，锌锭月产量在 120 万吨上下。预计全年矿山锌产量 1320 万吨，锌锭产量超过 1430 万吨，原料供应比较紧张。在消费方面，世界锌月消费量平均在 115 万吨左右，全年将超过 1380 万吨，供应相对比较充裕。

镍：2016 年，全球精炼镍月产量大体维持在 15 万—16 万吨，全年产量约 186 万吨，比上年增长 1.6%；月消费量在 15.5 万吨左右，全年消费量约 190 万吨，供需之间略有缺口，依靠库存弥补。截至 2016 年年底，伦敦金属交易所镍库存量为 37 万吨，虽然比年初下降了 8 万吨，但仍处于高位。再加上中国上海地区的约 20 万吨库存，市场供应过剩的局面依然严峻。

三、有色金属企业亏损比例和亏损规模大幅降低

2016 年，由于全国房地产"去库存"初见成效，基础设施、房地产投资恢复较快增长，装修家居行业形势较好，带动有色金属需求升温。加之银行融资利率走低，"去杠杆"和"降成本"加快，有色金属行业迎来难得的扭亏机遇。2016 年，我国有色金属行业主营业务成本达到 49930.4 亿元，同比增加 4.5%；销售费用 414.4 亿元，同比增加 3.1%；管理费用 926.3 亿元，同比增加 7.7%；财务费用 675.4 亿元，同比减少 7.8%[①]。从整体上看，有色金属企业经营情况有所改善，以中国铝业为代表的一批大型企业扭亏为盈。截至 2016 年 12 月底，我国有色金属行业规模以上企业数量达到 7176 家，行业亏损面较前几年明显下降，亏损企业为 1132 家，与上月相比减少 147 家，

---

① 数据来源：中商产业研究院。

规模以上企业亏损比例为 15.8%。有色金属行业亏损总额 243.2 亿元，同比减少 50.9%。

表 9-2 我国有色金属产业亏损情况

年度	有色金属产业			采选业			冶炼及压延加工业		
	亏损企业数	亏损企业比重（%）	亏损额（亿元）	亏损企业数	亏损比重（%）	亏损额（亿元）	亏损企业数	亏损企业比例（%）	亏损额（亿元）
2005	1123	17.48	39.4	164	11.35	3.51	959	19.26	35.87
2006	1060	14.60	31.7	174	10.31	3.35	886	15.90	28.39
2007	1376	16.07	42.6	242	11.66	5.47	1134	17.48	37.12
2008	2151	22.38	163.3	421	17.91	9.90	1730	23.82	153.40
2009	2201	20.69	179.7	504	19.80	14.44	1697	20.96	165.27
2010	1604	14.77	108.2	374	14.69	10.05	1230	14.80	98.11
2011	1013	11.68	143.1	135	6.60	6.96	878	13.24	136.12
2012	1445	16.29	323.5	223	10.51	17.01	1222	18.11	306.50
2013	1547	16.68	352.0	266	12.62	29.51	1281	17.87	322.49
2014	1596	17.21	412.6	302	14.83	33.93	1294	17.88	378.65
2015	1946	20.99	566.7	426	21.86	58.90	1520	20.76	507.80
2016	1132	15.77	243.2	351	19.53	47.30	1328	18.50	243.20

资料来源：赛迪智库产业政策所整理，wind 数据库。

四、"去产能"已近尾声，但产能反弹的压力不容忽视

2016 年，国内大宗商品价格普遍上涨，且涨幅屡超市场预期，这种特殊局面主要归因于我国供给侧结构性改革政策。从政策实行效果来看，以黑色及有色金属为代表的大宗工业品，前期生产型企业在"去产能、去库存、去杠杆"措施中大量停产减产，推动市场供大于求情况迅速改善，全产业链库存逐步消耗，矿山及冶炼企业利润有复苏态势，加上商品消费增速稳中有进，大宗商品的供需收紧推动价格快速回升。

电解铝行业是近几年来有色金属行业去产能的主阵地。过去 6 年间，国内电解铝企业从 150 余家逐步减少至 80 余家，但年产能却从 2000 万吨增加至 4250 万吨。产能增加的主要原因在于，基建、房地产等领域对铝材料的需求仍然在迅速增长。在激烈的行业竞争中，落后产能得到淘汰，先进产能逐步

替代落后产能。随着电解铝行业产业集中度迅速提升，规模集群效应刺激大量先进产能的投资和投产。预计大型企业旗下的产能复产及新建产能在 2016 年第四季度及 2017 年上半年集中释放，产能反扑将使得铝市场回归供应过剩。截至 2016 年 12 月底，国内铝冶炼企业建成产能 4369.8 万吨，运行产能 3673.9 万吨，产能运行率 84.07%，环比回升 1.74 个百分点。12 月份国内建成产能折算增长 13.5 万吨，运行产能折算增加 87.2 万吨[①]。尽管大宗商品价格在岁末年初整体承压，铝价震荡回落使得冶炼厂利润被大幅压榨，但进入 2017 年 1 月份，国内在 2016 年年底未按计划复产的铝冶炼产能多数仍将继续复产，预计电解铝产能及运行率仍将继续上升。

2017 年，电解铝行业淘汰落后产能的空间已不大，环保压力将成为电解铝产能进一步减少的主要约束力。根据《京津冀及周边地区 2017 年大气污染防治工作方案》，河北、山东、河南和山西 4 省还将进一步压减电解铝产能的 30%。这 4 省涉及企业的运行产能合计超过 1100 万吨，占全国总运行产能的约 30%。按照晋冀鲁豫四省减产 300 万吨计算，所需成本将在 22.5 亿元以上，这对大型企业而言或许仍有腾挪空间，但对小型铝企来说难以承受。同时电解铝企业是地方利税和支撑就业大户，若错峰生产迫使电解铝产能退出，企业职工安置压力将进一步加大，限产令的最终有效执行，仍有赖于市场自身的调节机制。

五、有色金属产业集中度大幅提升

随着我国淘汰落后产能以及产业对接相关政策的实施，我国有色金属产业产业集中度稳步提升，规模以上有色金属产业企业数量由 2010 年的 10859 家峰值下降至 2016 年的 7176 家，而同期企业主营业务收入均值由 2010 年的 2.7 亿元提升至 2016 年的 7.51 亿元。2016 年，五矿与中冶完成合并工作，有色金属中央企业有望进一步做大做强，以提高产业集中度为契机，推进有色金属行业全面扭亏、提质增效、转型升级。

---

① 卓创资讯。

表 9 – 3 2000—2016 年我国有色金属行业产业集中度情况

年度	采选业		冶炼及压延加工业		有色金属企业主营业务收入均值	
	主营业务收入（亿元）	企业数	主营业务收入（亿元）	企业数	采选业（亿元）	加工业（亿元）
2000	363.40	1344	2063.18	2346	0.27	0.88
2001	389.70	1381	2253.27	2730	0.28	0.83
2002	424.25	1313	2498.65	2895	0.32	0.86
2003	542.82	1247	3451.19	3243	0.44	1.06
2004	740.62	1281	5374.75	3830	0.58	1.40
2005	1070.65	1445	7713.63	4979	0.74	1.55
2006	1686.75	1688	12593.95	5571	1.00	2.26
2007	2160.30	2076	15909.37	6486	1.04	2.45
2008	2350.92	2350	18390.45	7262	1.00	2.53
2009	2340.98	2545	18434.36	8095	0.92	2.28
2010	3381.06	2546	25942.97	8313	1.33	3.12
2011	5022.74	2045	37780.27	6629	2.46	5.70
2012	5756.91	2122	40682.94	6746	2.71	6.03
2013	6158.86	2108	46536.30	7168	2.92	6.49
2014	6277.10	2037	50748.17	7236	3.08	7.01
2015	6086.10	1949	51167.10	7321	3.12	6.99
2016	6479.60	1797	53911.10	7176	3.61	7.51

资料来源：赛迪智库产业政策研究所，wind 数据库。

六、科技创新取得新进展

2016 年，我国有色金属行业共 4 项成果荣获国家科技进步奖二等奖，分别是：由江西理工大学、崇义章源钨业股份有限公司和赣州海创钨业有限公司主要完成的"铵盐体系白钨绿色冶炼关键技术和装备集成创新及产业化"；由昆明理工大学、北京矿冶研究总院、云南冶金集团股份有限公司、铜陵化工集团新桥矿业有限公司、江西铜业股份有限公司德兴铜矿、南京银茂铅锌矿业有限公司和深圳市中金岭南有色金属股份有限公司凡口铅锌矿主要完成的"有色金属共伴生硫铁矿资源综合利用关键技术及应用"；由中国恩菲工程技术有限公司、山东恒邦冶炼股份有限公司、济源市万洋冶炼（集团）有限公司、河南金利金铅有限公司、安阳市岷山有色金属有限责任公司和中南大学主要完成的"底吹熔炼—熔融还原—富氧挥发连续炼铅新技术及产业化应用"；由中国有色矿业集团有限公司、中国恩菲工程技术有限公司、太原钢铁（集团）有限公司、中色镍业有限公司、沈阳有色金属研究院、中国有色（沈阳）冶金机械有限公司和四川省自贡运输机械集团股份有限公司主要完成的"红土镍矿生产高品位镍铁关键技术与装备开发及应用"。有色行业的龙头企业在节能减排、资源综合利用、绿色环保、新工艺装备推广应用、新材料研发等关键领域取得了重要突破，提升了我国有色金属行业科技发展水平，增强了行业企业自主创新能力，带动了全行业转方式、调结构，科学技术在行业健康、稳步发展过程中的作用更加明显，为全行业深入实施创新驱动发展战略，建设有色金属工业强国提供了强大的人才支持和智力支撑。

第三节　面临的问题与挑战

一、有色金属产业产能过剩压力依然较大

我国现有 4000 余万吨电解铝产能中，应淘汰的落后产能已不多。然而，相当一部分失去市场竞争力的有色金属冶炼企业仍未彻底退出。一旦市场出现阶段性的反弹，企业仍有较大的动力恢复生产。为了相关企业的妥善关停并转，需要解决好涉及企业债务、银行贷款、人员安置、地方财政、对上下游产业关联影响等问题。与此同时，铜铅锌等其他品种的冶炼产能、中低端加工产能过剩也比较严重。在有色金属产业集聚地以外的分散、落后产能还有相当一部分未得到有效管控。特别在一些偏远山区，仍然存在非常粗放、落后的有色金属冶炼企业。未来需综合运用环保监管、能源价格、资源税等约束手段，加以规范或退出，同时抓好产业扶贫，及时引入替代型产业，切实解决当地的就业问题。

二、体制机制改革任务艰巨

经过本轮国企改革、兼并重组，并借助本轮去库存、去产能带来的供需再平衡，我国有色金属企业实现了总体扭亏脱困。然而，有色金属"国家队"与全球矿业巨头在资源保障能力、研发实力、全球投资运营网络等方面，还存在较大差距。一些地方国企仍面临严峻的亏损形势，资源枯竭型城市和企业的转型难度较大。未来，只有坚定推进体制机制改革，统筹推进中央和地方国企改革，进一步优化产业格局，并破除地方利益保护、国企负债"刚性兑付"等障碍，改变扭曲的激励，才能进一步推进有色金属行业健康发展。

在稀土金属和其他小用量的金属领域，我国目前仍未形成合理的产业组织结构。地区分割、低端重复布局、恶性竞争问题仍未得到有效控制。资源税、环保约束和出口管制措施的政策力度仍然不足，难以保障稀缺金属资源的集约利用和行业的可持续发展。

三、创新能力有待进一步加强

总体而言，我国有色金属产业处于国际产业链的中低端位置，产品质量、精度以及稳定性与国外同类产品相比依然存在较大差距。特别是精深加工和应用技术研发不足，产品不同程度存在质量稳定性差、高端材料国产化程度低等问题。其中，精密电子元器件、特种合金材料、航空用高端有色金属产品等尚需进口，铜材、铝材进口均价分别为出口均价的 1.16 倍、1.85 倍。我国有色金属行业具有研发机构的企业数量仅占总体行业企业的 15% 左右。由于企业技术创新研发体系还不完善，多数研发机构尚不具备自主创新能力。目前，部分冶炼和加工关键核心技术、成套设备中的关键零部件、元器件以及高新材料等还依靠进口。自主开发的新材料种类较少，新合金开发方面大多跟踪仿制国外，关键有色金属新材料开发滞后。

四、资源瓶颈难以从根本上解决

我国有色金属资源人均储备量较低，部分品种严重贫乏、矿石品位较低且开采成本较高，国内有色冶炼企业自备矿山资源保障不足，矿石多需外购。

铜矿资源趋于枯竭，涉及电子、电气、汽车、家电等多条支柱产业链，造成国民经济的命脉难以自主掌控，这始终是威胁国家战略安全和经济可持续发展能力的一大致命隐患。镍原料对外依存度达80%以上，且企业境外资源开发成本、风险日益提高，项目进展缓慢。在钛、锂、镓、铟、锗等重要的新金属材料领域，我国的储量也难于满足经济发展的基本需求。未来，开展海外投资、获得有色金属资源战略保障、开展资源集约利用和废弃物回收，以及替代材料、合成材料的研发，仍是我国有色金属行业需要攻克的难关。

第十章　建材产业结构调整

建材工业是国民经济重要基础产业，正处于转型升级、由大变强的关键时期，机遇和挑战并存。2016 年，建材行业经济运行呈现筑底回升、稳中向好势头，主要产品生产增速平稳，价格理性回升，经济效益持续好转，发展质量有所改善。其中，行业价格和效益呈现出筑底回升态势；行业组织结构进一步优化，企业兼并重组有力推进，市场格局加速重构，行业集中度进一步提升；产品结构实现优化升级，实现了由传统产业单项支撑向传统产业和加工制品业"双引擎"驱动转变；在政府、行业、企业的共同努力下，在管理环境、市场环境和竞争环境综合作用下，产能过剩矛盾进一步缓解，建材行业固定资产投资降中趋稳，有效抑制水泥、平板玻璃过剩产能投资。但是，我们也清醒地认识到，建材行业供给结构仍待持续优化；产能过剩矛盾没有根本缓解，建材工业要持续性稳增长调结构增效益；行业回升势头需要进一步稳固；积极主动参与国际合作与竞争企业"走出去"质量需要提高。

第一节　2016 年建材产业结构调整的主要政策

建材工业是重要的原材料产业。近年来，我国建材工业规模不断扩大，结构逐步优化，创新、绿色和可持续发展能力明显增强，对经济社会发展和民生改善发挥了积极作用。但也要看到，受经济增速回落、市场需求不足等因素影响，建材工业增速放缓、效益出现阶段性下降、分化加剧，水泥、平板玻璃等行业产能严重过剩，部分适应生产消费升级需要的产品缺乏，一些长期积累的结构性矛盾日益凸显。

2016 年，作为传统工业，建材产业继续推进结构调整、化解产能过剩，其中水泥、平板玻璃产能等行业是重点。围绕这些重点领域，国务院以及发改委、工信部等部门制定实施了产能置换、稳增长调结构增效益、行业准入和规范条件、推广应用新型建材等政策措施，加快建材产业结构调整。

一、政策基本情况

2016 年，国务院及工信部陆续出台我国建材行业的政策及规划，对产业发展及产业结构调整起到积极作用。其中，2016 年 5 月，国务院办公厅出台《关于促进建材工业稳增长调结构增效益的指导意见》（国办发〔2016〕34号）；2016 年 4 月工信部发布《绿色制造 2016 专项行动实施方案》，2016 年10 月工信部发布《建材工业发展规划（2016—2020 年）》，主要政策见表10－1。根据政策内容及措施可大致分为三类，一是建材产业整体产业结构调整政策及规划，如 2016 年 5 月，国务院办公厅出台《关于促进建材工业稳增长调结构增效益的指导意见》（国办发〔2016〕34 号）；2016 年 10 月工信部发布《建材工业发展规划（2016—2020 年）》。二是作为建材行业结构调整的配套措施。如 2016 年 3 月，工信部发布《2016 年工业节能监察重点工作计划》，2016 年 3 月工信部发布《建材工业鼓励推广应用的技术和产品目录(2016—2017 年本)》，2016 年 4 月，工信部发布《绿色制造 2016 专项行动实施方案》等。三是行业联合发布的具体指导性政策措施。如《关于建材新兴产业重点推进与重点突破领域的指导意见》（中建材联新发〔2016〕112 号）、《建材工业“十三五”发展指导意见》《建材行业推进供给侧结构性改革实施方案》等。

表 10－1　2016 年中央政府部门推动建材产业结构调整的主要政策

发布时间	发布部门	政策名称
2015 年 8 月	工业和信息化部、住房和城乡建设部	《促进绿色建材生产和应用行动方案》（工信部联原〔2015〕309 号）
2016 年 3 月	工业和信息化部	《2016 年工业节能监察重点工作计划》
2016 年 3 月	工业和信息化部	《建材工业鼓励推广应用的技术和产品目录（2016—2017 年本）》
2016 年 4 月	工业和信息化部	《绿色制造 2016 专项行动实施方案》

续表

发布时间	发布部门	政策名称
2016 年 5 月	国务院办公厅	《关于促进建材工业稳增长调结构增效益的指导意见》（国办发〔2016〕34 号）
2016 年 7 月	国务院办公厅	《国务院办公厅关于推动中央企业结构调整与重组的指导意见》（国办发〔2016〕56 号）
2016 年 9 月	中国建材联合会	《关于建材新兴产业重点推进与重点突破领域的指导意见》（中建材联新发〔2016〕112 号）
2016 年 9 月	中国建材联合会	《建材工业"十三五"发展指导意见》
2016 年 9 月	中国建材联合会	《建材行业推进供给侧结构性改革实施方案》
2016 年 9 月	中国建材联合会	《加快与拓展建材服务业发展的指导意见》
2016 年 10 月	工业和信息化部	《建材工业发展规划（2016—2020 年）》
2016 年 12 月	国务院	《国务院关于印发"十三五"节能减排综合工作方案的通知》（国发〔2016〕74 号）

资料来源：赛迪智库整理，2017 年 2 月。

二、重点政策解析

2016 年，我国主要从以下几方面支持建材产业结构调整，推动建材产业健康有序发展。

（一）国家出台建材工业稳增长调结构增效益的指导意见

2016 年 5 月，国务院办公厅印发《关于促进建材工业稳增长调结构增效益的指导意见》（国办发〔2016〕34 号），以此推动建材工业转型升级、健康发展，主要以压减过剩产能、促进降本增效及完善支持政策为主要抓手和主要任务展开。一是在压减产能方面，严禁新增产能与淘汰落后产能同步进行，分别从控制存量和增量方面入手。其中，意见提出 2020 年年底前，严禁备案和新建扩大产能的水泥熟料、平板玻璃建设项目；2017 年年底前，暂停实际控制人不同的企业间的水泥熟料、平板玻璃产能置换；污染物排放达不到要求或超总量排污的，实施按日连续处罚；情节严重的，报经有批准权的人民政府批准，责令停业、关闭。同时，对于新增项目必须严格报批，存在落后设备、工艺、违规产能以及生产淘汰类产品的，一律不予受理、不予许可。二是优化产业组织结构方面，积极推进企业联合重组。一方面利用市场化手段推进联合重组，在联合重组或者并购重组过程审批中给予支持，提高产业集中度；另一方面支持企业根据市场需求，创新业态和商业模式，主动退出综合成本高、生产效率低的产能，增强企业的盈利能力。

（二）工信部印发建材工业发展规划（2016—2020年）

2016年9月，为促进建材工业转型升级、由大变强、可持续发展，工业和信息化部制定了《建材工业发展规划（2016—2020年）》，规划主要围绕五大任务、六大工程和九大专项行动展开。其中五大任务包括加快结构优化、强化协同创新、推进绿色发展、促进融合发展及推进国际合作，六大工程包括绿色建材生产和应用工程、关键材料保障能力提升工程、矿物功能材料发展工程、协同处置推广工程、"三品"行动推进工程及服务平台建设工程，九大专项行动包括压减过剩产能专项行动、传统建材升级换代行动、区域特色产业培育行动、先进无机非金属材料培育行动、矿物功能材料发展行动、标准规范推进行动、绿色制造推进行动、"互联网＋"推进行动及智能制造推进行动。

（三）国务院印发"十三五"节能减排综合工作方案

2016年12月，国务院发布《国务院关于印发"十三五"节能减排综合工作方案的通知》（国发〔2016〕74号），提出强化节能环保标准约束，严格行业规范、准入管理和节能审查，对建材等行业中，环保、能耗、安全等不达标或生产、使用淘汰类产品的企业和产能，要依法依规有序退出；到2020年，工业能源利用效率和清洁化水平显著提高，规模以上工业企业单位增加值能耗比2015年降低18%以上，建材等重点耗能行业能源利用效率达到或接近世界先进水平。实施绿色建筑全产业链发展计划，推行绿色施工方式，推广节能绿色建材、装配式和钢结构建筑。强化既有居住建筑节能改造，实施改造面积5亿平方米以上，2020年前基本完成北方采暖地区有改造价值城镇居住建筑的节能改造。

（四）颁布金融支持建材工业稳增长调结构增效益等指导意见

2016年2月，中国人民银行、发改委、工业和信息化部、财政部等八部委联合发布《关于金融支持工业稳增长调结构增效益的若干意见》，其中明确提出加大金融对工业供给侧结构性改革和工业稳增长、调结构、增效益的支持力度，支持建材等行业积极稳妥化解产能过剩，对产品有竞争力、有市场、有效益的优质企业继续给予信贷支持，而对产能严重过剩行业未取得合法手续的新增产能建设项目，一律不得给予授信；对长期亏损、失去清偿能力和市场竞争力的"僵尸企业"，或环保、安全生产不达标且整改无望的企业及落后产能，坚决压缩退出相关贷款。2016年5月，国务院颁布《关于促进建材工业稳增长调结构增效益的指导意见》（国办发〔2016〕34号），为水泥行业的供给侧结构性改革提出了明确目标和化解产能过剩政策措施，在政府和行业协会的推动下，建材工业错峰生产的力度和广度加大。

第二节 2016年建材产业结构调整的主要情况

2016年，建材行业经济运行呈现触底回升、稳中向好势头，在经历2013—2015年的大洗牌阶段后，2016年，我国建材产业经过多年淘汰落后产能以及化解过剩产能的努力，主要产品生产增速平稳，价格理性回升，经济效益持续好转，发展质量有所改善。但产能过剩矛盾没有根本缓解，供给结构仍待优化，国际市场需求疲软，行业回升势头仍不稳固，还需应对产能严重过剩、市场竞争失范、科技创新能力不足等诸多问题。

一、行业价格和效益呈现出筑底回升态势

一是从产品价格来看，建材行业主要产品价格自2016年第一季度触底后，呈持续回升势头，扭转连续两年下滑局面，但全年平均价格仍低于上年水平。12月份，水泥出厂价格较年初上涨46.5元，涨幅20%，升至302.7元，重回300元以上区间，年末价格指数同比上涨23.18点；平板玻璃出厂价格也回到每重量箱70元以上，达到70.7元，同比上涨6.6元，年末价格指数同比上涨208点。二是从行业效益来看，2016年，建材工业增加值同比增长6.7%，增速与2015年持平，比整个工业高0.7个百分点；2016年，建材工业平均销售利润率6.4%，同比提高0.2个百分点，比全国工业企业平均销售利润率高0.4个百分点。其中，水泥行业销售利润率5.9%，同比提高2.1

个百分点；平板玻璃行业销售利润率8.5%，同比提高5.9个百分点。

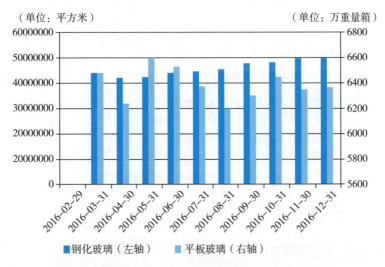

图 10 − 1　2016 年 2—12 月钢化玻璃和平板玻璃月度产量

资料来源：赛迪智库产业政策研究所，wind 数据库。

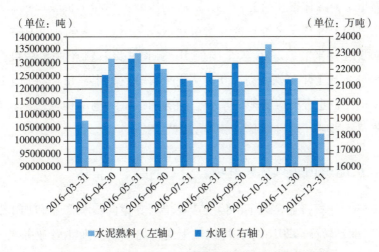

图 10 − 2　2016 年 3—12 月水泥熟料和水泥月度产量

资料来源：赛迪智库产业政策研究所，wind 数据。

图 10 – 3   2016 年全国水泥价格指数走势

资料来源：中国水泥网，赛迪智库整理。

二、行业组织结构进一步优化

一是企业兼并重组有力推进，市场格局加速重构。2016 年，中建材、中材两央企实现合并，金隅和冀东、拉法基和华新水泥、昆钢嘉华和华润分别完成战略重组，吉林省和河北沙河分别启动压减水泥和平板玻璃过剩产能试点，河南、内蒙古、辽宁等省区开始组建水泥集团。二是行业集中度进一步提升。初步统计来看，2016 年全国前 10 家水泥及熟料产业集中度分别为44%和58%，比上年分别提高 5.0 和 7.0 个百分点，水泥市场特别是区域市场格局重构，企业市场应变能力增强。随着加强供给侧结构性改革和国企改革的双重背景影响，建材行业集中度有望持续提升。

三、产品结构实现优化升级

2016 年，建材行业实现了由传统产业单项支撑向传统产业和加工制品业"双引擎"驱动转变。2016 年，规模以上建材加工制品业主营业务收入同比增长 7.1%，为规模以上行业 5.5%的增长速度贡献 3.2 个百分点，主营业务收入占规模以上建材行业主营业务收入比重为 45.1%，比 2015 年同期提高 1个百分点，成为稳定 2016 年行业运行的重要支撑。其中，据初步估算，目前绿色建材仅占建筑业用材料的 10%左右，产业规模为 3500 亿元左右。产品结构的升级加快建材产业结构调整和动力转换有序推进。

四、产能过剩矛盾进一步缓解

一是化解产能过剩，在政府、行业、企业的共同努力下，在管理环境、市场环境和竞争环境综合作用下，2016 年全国水泥产能在市场回升的情况下，继 2015 年减少 3000 万吨生产能力后，继续缩减产能 2000 万吨[①]。二是建材行业固定资产投资降中趋稳，有效抑制水泥、平板玻璃过剩产能投资。2016 年，建材行业完成固定资产投资 1.6 万亿元，同比增长 1.0%。其中，水泥全年完成投资 990 亿元，同比下降 8.4%，平板玻璃全年完成投资 270 亿元，同比下降 9.3%。三是行业产能增速趋于平缓，产能过剩矛盾没有根本改变。2016 年，主要建材产品产量与 2015 年相比均实现增长，其中，水泥产量 24 亿吨，同比增长 2.5%，平板玻璃产量 7.7 亿重量箱，同比增长 5.8%。商品混凝土、玻璃纤维、钢化玻璃、建筑陶瓷、砖瓦等产品增长 7% 以上。

专栏 10－1　2020 年主要建材产品需求预测			
产　品	2015 年	2020 年	"十三五"年均增长（%）
水泥熟料（亿吨）	13.3	12	−2
平板玻璃（亿重量箱）	7.4	7.8	1
陶瓷砖（亿平方米）	101.8	95	−1
玻璃纤维及其增强复合材料营收（亿元）	2600	4200	10
先进无机非金属材料及前沿材料 工业陶瓷营收（亿元）	1400	2260	10
先进无机非金属材料及前沿材料 人工晶体营收（亿元）	100	200	15
先进无机非金属材料及前沿材料 石墨烯及其改性材料营收（亿元）	约 1	100	≥150

资料来源：工信部、赛迪智库。

[①] 《2016 年建材行业经济运行情况及 2017 年行业发展预判》，《中国建材报》2017 年 3 月 6 日。

第三节 面临的问题与挑战

一、供给结构仍待持续优化

新兴产业加快发展，消费需求日趋多元，要求建材工业推进供给侧结构性改革，化解过剩产能，增加有效供给。发展绿色建筑和装配式建筑，要求建筑材料向绿色化和部品化发展。全面提升工业基础能力，要求建材工业尽快增强先进无机非金属材料、复合材料保障能力。加快发展新兴制造业，要求建材工业适应不断涌现的新技术、新业态、新模式，深化信息技术和建材工业的融合，优化产业结构。

二、产能过剩矛盾没有根本缓解

建材行业也是我国五大高耗能、高污染行业之一，建材行业的发展步入拐点，在供给侧结构性改革的背景下，转型升级迫在眉睫，行业去产能任务艰巨。国务院办公厅《关于促进建材工业稳增长调结构增效益的指导意见》提出，到2020年，再压减一批水泥熟料、平板玻璃产能，产能利用率回到合理区间；水泥熟料、平板玻璃产量排名前10家企业的生产集中度达60%左右。2017年，要进一步严禁新增产能和淘汰落后产能，据相关报道，2016年国家在水泥、电解铝、平板玻璃等领域没有制定具体去产能目标，主要采取市场化、法治化的办法去产能，但是力度不容忽视。

三、行业回升势头需要进一步稳固

"十二五"期间，建材产品深加工水平和绿色建材产品比重稳步提高，质量水平和高端产品供给能力显著增强，节能减排和资源综合利用水平进一步提升；建材工业效益好转，水泥、平板玻璃行业销售利润率接近工业平均水平，全行业利润总额实现正增长。2016年，建材行业经济运行呈现筑底回升、稳中向好势头，主要产品生产增速平稳，价格理性回升，经济效益持续好转，发展质量有所改善。但存在行业回升势头仍不稳固的问题①。

四、企业"走出去"质量需要提高

我国建材行业实施"走出去"战略以来，产品质量与功能不断提升，合作模式逐步创新，民营企业逐步成为"走出去"投资主力军，主动参与国际合作与竞争，并取得了一定的成绩。但是部分企业和个人为了追求短期利益，向海外输出国内淘汰的高污染、高能耗、质量低劣的产品和生产线，严重影响国家形象和行业国际竞争力。另外，建材行业民企"走出去"缺乏保障机制，极大限制了民营企业"走出去"的成功率及效益。

---

① 工业和信息化部：《2016 年建材工业经济运行情况》。

第十一章　船舶产业结构调整

2016 年是"十三五"规划的开局之年，我国船舶工业深入贯彻落实党中央和国务院决策部署，坚持创新、协调、绿色、开放、共享五大发展理念，积极面对新挑战、新问题，坚持供给侧结构性改革，持续推进工业结构调整并取得明显成效。相关部门加强政策引导，推动船舶企业加快转型升级，确保行业平稳发展态势。围绕推进船舶工业深化结构调整加快转型升级、加强对造船企业的动态规范管理、引导船舶配套产业健康发展等工作重点，《船舶工业深化结构调整加快转型升级行动计划（2016—2020 年)》《船舶配套产业能力提升行动计划（2016—2020 年)》等一系列政策文件密集印发，成为"十三五"时期我国船舶工业发展的指导性文件。面对国内外机遇与挑战，我国船舶工业抓紧落实"三去一降一补"五大任务，加大科技创新力度，积极推进船舶企业兼并重组，大力推动企业管理创新，使得船舶产业集中度不断提升，去产能工作取得实质性进展，产业降本增效扎实推进，大型船企"走出去"步伐加快，船舶产业结构调整取得明显进展。

第一节　2016 年船舶产业结构调整的主要政策

2016 年，为贯彻落实供给侧结构性改革和化解过剩产能的重点任务，相关部门加强政策引导，推动船舶企业加强科技创新，加快转型升级，确保行业平稳发展态势。现对 2016 年我国船舶产业重大政策情况进行简介。

一、政策基本情况

2015 年 12 月，工业和信息化部印发《船舶配套产业能力提升行动计划

（2016—2020）》，提出"十三五"时期坚持分类施策、创新驱动、系统推进、军民融合、开放合作的原则，推进船舶配套产业发展；到 2020 年，"三大主流船型本土化船用设备平均装船率达到 80% 以上，高技术船舶本土化船用设备平均装船率达到 60% 以上，船用设备关键零部件本土配套率达到 80%"。

2016 年 2 月，人民银行等八部委印发《关于金融支持工业稳增长调结构增效益的若干意见》，提出落实差别化工业信贷政策，引导银行业金融机构对船舶等行业中的优质企业继续给予信贷支持，有利于船舶行业内有前景的企业向好发展。

2016 年 4 月，《工业和信息化部 发展改革委 科技部 财政部关于印发制造业创新中心等 5 大工程实施指南的通知》正式下发。其中，《高端装备创新工程实施指南》提出，到 2020 年，建成较为完善的海洋工程装备及高技术船舶设计、总装建造、设备供应、技术服务的产业体系和标准体系，主要装备设计制造能力居世界前列，骨干企业国际知名度不断提升，海洋油气资源开发工程装备和高技术船舶国际市场份额分别达到 35% 和 40%，部分前沿技术和重大装备的概念/基础设计达到世界先进水平或领先水平，海洋工程装备与高技术船舶关键系统和设备配套率分别达到 40% 和 60%。

2016 年 6 月，国家发改委、工业和信息化部、国家能源局联合下发《中国制造 2025——能源装备实施方案》，明确提出十五项任务。其中，在深水和非常规油气勘探开发装备方面，提出要开展研发深水大型物探船及其配套技术装备等的技术攻关；在油气储运和输送装备方面，提出研制 20 万立方米以上的特大型 LNG 船（包括壳体设计，储罐冷却方式、结构形式和绝热技术以及再液化装置的设计）等大型液化天然气储运装备。

2016 年 7 月，《财政部关于〈船舶报废拆解和船型标准化补助资金管理办法〉的补充通知》（财建〔2016〕418 号）下发，对船舶报废拆解和船型标准化补助资金用于内河船拆解、改造和新建示范船的有关事项以及船舶报废拆解和船型标准化补贴用于渔船报废拆解、更新改造和渔业装备设施的有关事项进行了补充通知，有利于充分发挥船舶报废拆解和船型标准化补助资金的政策效应。

2016 年 7 月，《工业和信息化部 国家发展和改革委员会 中国工程院关于印发〈发展服务型制造专项行动指南〉的通知》（工信部联产业〔2016

231 号）正式印发。该通知是推动制造和服务融合发展的指导性文件，提出了设计服务提升、制造效能提升、客户价值提升和服务模式创新等四项行动，为船舶制造业转型升级指明了重要方向。

2016 年 8 月，质检总局、国家标准委、工业和信息化部联合印发《装备制造业标准化和质量提升规划》（国质检标联〔2016〕396 号），推动十大重点领域标准化突破，提升装备制造业质量竞争力。其中，海洋工程装备及高技术船舶为十大重点领域之一，将加快核心关键标准制定，实现与国际接轨；聚焦重大项目和重点装备的发展需求，推进超级生态环保船舶、极地运输船舶、远洋渔业船舶、高性能执法作业船舶、大中型豪华游船、大型液化天然气燃料动力船、船用清洁能源发动机等标准体系建设。

2016 年 8 月，《工业和信息化部　质检总局　国防科工局关于印发〈促进装备制造业质量品牌提升专项行动指南〉的通知》（工信部联科〔2016〕268 号）下发，该通知将"实施中国装备走出去行动"列为六个重点提升领域之一，明确提出要开拓海洋工程以及高技术船舶等装备产品的国际市场。这对于推动我国船舶企业"走出去"、布局海外市场是重大利好。

2016 年 8 月，财政部、国家海洋局联合印发《关于"十三五"期间中央财政支持开展海洋经济创新发展示范的通知》（财建〔2016〕659 号），开展海洋经济创新发展示范工作，对培育新的发展动能和提升海洋产业发展质量将起到重要推动作用。

2016 年 9 月，工业和信息化部印发《船舶行业规范企业监督管理办法》，加强对已公告的符合《船舶行业规范条件》的船舶建造企业的动态管理，规定了规范企业监督检查、变更、整改、撤销公告等管理事项及程序。

2016 年 11 月，中国国际工程咨询公司及中国机械工业联合会等 11 个行业联合会及协会发布《工业企业技术改造升级投资指南（2016 年版）》，从创新平台建设、智能制造、工业强基、绿色制造、高端装备、产品质量提升、服务型制造和安全生产共 8 个维度，为船舶等 12 个领域指出了发展方向和投资重点。

2016 年 12 月，《工业和信息化部、发展改革委、财政部、人民银行、银监会、国防科工局关于印发船舶工业深化结构调整加快转型升级行动计划（2016—2020 年）的通知》（工信部联装〔2016〕447 号）正式下发，提出了提高科技创新引领力、调整优化产业结构、发展先进高效制造模式、构筑中国船舶制造知名品牌、推动军民深度融合发展和促进全方位开放合作等六大重点任务，是"十三五"时期船舶工业发展的指导性、纲领性文件。

表 11 - 1 　 2016 年船舶工业主要政策一览

发布时间	发布机构	政策名称
2015 年 12 月	工业和信息化部	《工业和信息化部关于印发〈船舶配套产业能力提升行动计划（2016—2020）〉的通知》
2015 年 12 月	交通运输部	《中华人民共和国防治船舶污染内河水域环境管理规定》（中华人民共和国交通运输部令 2015 年第 25 号）
2016 年 2 月	中国人民银行、国家发改委	《关于金融支持工业稳增长调结构增效益的若干意见》
2016 年 4 月	工业和信息化部、国家发改委、科技部、财政部	《工业和信息化部　发展改革委　科技部　财政部关于印发制造业创新中心等 5 大工程实施指南的通知》
2016 年 6 月	国家发改委、工业和信息化部、国家能源局	《国家发展改革委工业和信息化部国家能源局关于印发〈中国制造 2025——能源装备实施方案〉的通知》（发改能源〔2016〕1274 号）
2016 年 7 月	财政部	《财政部关于〈船舶报废拆解和船型标准化补助资金管理办法〉的补充通知》（财建〔2016〕418 号）
2016 年 7 月	工业和信息化部、国家发改委、中国工程院	《工业和信息化部　国家发展和改革委员会　中国工程院关于印发〈发展服务型制造专项行动指南〉的通知》（工信部联产业〔2016〕231 号）
2016 年 8 月	质检总局、国家标准委、工业和信息化部	《质检总局　国家标准委　工业和信息化部关于印发〈装备制造业标准化和质量提升规划〉的通知》（国质检标联〔2016〕396 号）
2016 年 8 月	工业和信息化部、质检总局、国防科工局	《工业和信息化部　质检总局　国防科工局关于印发〈促进装备制造业质量品牌提升专项行动指南〉的通知》（工信部联科〔2016〕268 号）
2016 年 8 月	财政部、国家海洋局	《关于"十三五"期间中央财政支持开展海洋经济创新发展示范的通知》（财建〔2016〕659 号）
2016 年 9 月	工业和信息化部	《船舶行业规范企业监督管理办法》（中华人民共和国工业和信息化部公告 2016 年第 45 号）

续表

发布时间	发布机构	政策名称
2016 年 11 月	中国国际工程咨询公司及中国机械工业联合会等 11 个行业联合会及协会	《工业企业技术改造升级投资指南（2016 年版）》（船舶行业）
2016 年 12 月	工业和信息化部、财政部	《工业和信息化部　财政部关于印发智能制造发展规划（2016—2020 年）的通知》（工信部联规〔2016〕349 号）
2016 年 12 月	工业和信息化部、国家发改委、财政部、人民银行、银监会、国防科工局	《工业和信息化部、发改委、财政部、人民银行、银监会、国防科工局关于印发船舶工业深化结构调整加快转型升级行动计划（2016—2020 年）的通知》（工信部联装〔2016〕447 号）

资料来源：赛迪智库根据国务院、工业和信息化部等网站资料整理，2017 年 2 月。

二、重点政策解析

（一）加强对造船企业的动态规范管理

为加强对已公告的符合《船舶行业规范条件》的船舶建造企业的动态管理，工业和信息化部制定并印发《船舶行业规范企业监督管理办法》（以下简称《管理办法》），督促规范企业按照《船舶行业规范条件》的要求改进并提高。《管理办法》明确规定了规范企业监督检查、变更、整改、撤销公告等管理事项及程序。其中，规范企业应按照《管理办法》的要求开展自查自评，并提交自评报告，对涉及《船舶行业规范条件》的有关情况变化和改进提升等方面进行重点说明；省级行业主管部门、央企集团应适时对本地区（本集团）的规范企业进行现场检查；中国船舶工业行业协会、中国船级社协助工业和信息化部组织专家对规范企业自查自评报告进行审查。规范企业不符合《船舶行业规范条件》相关要求的，应限期整改；拒绝整改或在规定期限内整改仍未达到要求的，工业和信息化部将撤销其规范企业公告。通过动态管理公示船舶企业"白名单"，有利于促进落后产能和过剩产能的退出，加快推动船舶工业结构调整。

（二）引导船舶配套产业健康发展

为贯彻落实《中国制造 2025》重大战略部署，进一步推进船舶工业结构调整和转型升级，工业和信息化部发布《船舶配套产业能力提升行动计划（2016—2020 年）》（以下简称《行动计划》），旨在加快提升我国船舶配套产业发展水平，支撑造船强国建设。《行动计划》指出，"十三五"时期，我国将坚持"分类施策、创新驱动、系统推进、军民融合、开放合作"五大原则逐步推进船舶配套产业发展。《行动计划》明确提出，"十三五"时期将通过加强关键核心技术研发、开展质量品牌建设、大力推动示范应用、强化关键零部件基础能力、培育具有国际竞争力的优强企业等重要任务，以实现 2020 年的目标，即"基本建成较为完善的船用设备研发、设计制造和服务体系，关键船用设备设计制造能力达到世界先进水平，全面掌握船舶动力、甲板机械、舱室设备、通导与智能系统及设备的核心技术，主要产品型谱完善，拥有具有较强国际竞争力的品牌产品，龙头企业规模化专业化发展，成为具有较强实力的船用设备系统集成供应商"[1]。

（三）推进船舶工业深化结构调整加快转型升级

根据党中央、国务院决策部署，为进一步深化船舶工业结构调整、转型升级，工业和信息化部等六部门联合组织编制了《船舶工业深化结构调整加快转型升级行动计划（2016—2020 年）》（以下简称《行动计划》），这是"十三五"时期我国船舶工业发展的指导性文件。在当前船舶市场持续低位运行的背景下，《行动计划》所提任务具有很强的针对性：目前，过剩产能问题依然是船舶行业需面临的重要挑战，全球船舶市场的需求尚不能满足中国一国的产能；低端产能过剩、高端产品不足的结构性问题也制约着行业发展。为此，《行动计划》提出调整优化产业结构的重点任务，"利用国内外市场倒逼机制，促进跨行业、跨区域、跨所有制的兼并重组，引导骨干企业主动适应需求变化，通过产能置换、退城进郊、改造升级等方式主动压减过剩产能"。此外，实现我国船舶工业的转型升级，还应积极寻找新的经济增长点，通过加速培育新兴产业，加快新旧动能转换，而实现这一目标更离不开持续的改革、创新。为此，《行动计划》提出要提高科技创新引领力、构筑中国船舶制造知名品牌、发展先进高效制造模式等重点任务，"大力推进数字化、网

---

[1]　资料来源：《工业和信息化部关于印发〈船舶配套产业能力提升行动计划（2016—2020）〉的通知》。

络化和智能化技术在船舶以及配套设备设计制造过程中的应用，积极发展互联网＋与服务型制造"①。

第二节　2016年船舶产业结构调整的主要情况

2016年是"十三五"规划的开局之年，我国船舶工业深入贯彻落实党中央和国务院决策部署，坚持创新、协调、绿色、开放、共享五大发展理念，抓紧落实"三去一降一补"五大任务，加大科技创新力度，积极推进船舶企业兼并重组，大力推动企业管理创新，使得船舶产业集中度不断提升，去产能工作取得实质性进展，产业降本增效扎实推进，大型船企"走出去"步伐加快，船舶产业结构调整取得明显进展。

一、两大造船指标位居世界第一

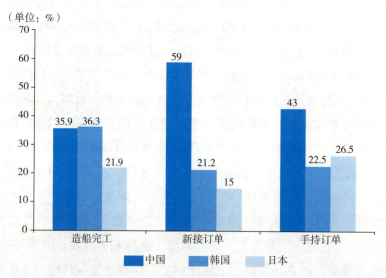

图11－1　2016年中国、韩国、日本造船三大指标占世界比重

资料来源：中国船舶工业行业协会。

----

① 资料来源：《六部门关于印发〈船舶工业深化结构调整加快转型升级行动计划（2016—2020年）〉的通知》。

2016 年，我国造船三大指标虽呈下降态势，但承接新船订单量、手持订单量两大指标仍位居全球首位。其中，全国承接新船订单量 2107 万载重吨，占世界新接订单量的 65.2%，与上年同期相比提高 33.5 个百分点，比韩国、日本分别高出 47.2 和 52.5 个百分点；全国手持订单量 9961 万载重吨，占世界手持订单量的 43.9%，比上年提高 2.7 个百分点，分别比韩国、日本高 21.7 和 17.8 个百分点；全国造船完工 3532 万载重吨，占世界造船完工量比重的 35.6%，比日本高 13.6 个百分点。

二、企业兼并重组较为活跃，产业集中度进一步提升

2016 年，船舶工业企业兼并重组取得实质性进展，企业兼并重组保持了较为活跃的态势。中国远洋海运集团整合旗下 13 家大型船厂成立中远海运重工有限公司，成为国内第三大造船公司。中船重工大船集团与山船重工进行重组整合；武船重工集团合并青岛北海船舶重工打造"新武船"。中船重工稳步推动风帆与火炬能源、重庆红江与重跃的重组整合步伐[①]。通过企业兼并重组，骨干优势企业实力不断壮大，行业集中度进一步提升。根据中国船舶工业协会的统计数据，从造船完工量来看，2016 年，前 10 家企业的完工量占全国的比重达 56.9%，比上年同期提高 3.5 个百分点；从新接订单量来看，前 10 家企业的接单量占全国的比重为 74.7%，比上年同期提高 4.1 个百分点。

三、科技创新速度加快，创新成果不断涌现

近年来国际海运需求持续低迷，全球造船业全面陷入困境。我国船舶工业面临着自 2008 年国际金融危机爆发以来的最严峻的困难，深化行业结构调整、加快转型升级的任务紧迫而艰巨。在这一背景下，2016 年，我国船舶企业以科技创新为核心驱动力，坚持制造技术与信息技术深度融合，大力推进供给侧结构性改革，产品创新成效明显，产业向高端发展的趋势更加显著。中船重工海洋核动力平台正式立项、深海载人装备国家重点实验室建设与运行实施方案通过论证、海洋工程动力系统国家工程实验室正式组建，"智·

---

① 中国船舶工业行业协会：《2016 年船舶工业经济运行分析》。

海"创新平台有效运行，为船舶工业和海军装备发展汇聚智力资源、提供创新创业服务。大船集团航母工程项目获中国工业领域最高奖励——中国工业大奖[1]。3.88万吨双相不锈钢化学品船、1.5万吨双燃料化学品船、液化天然气（LNG）动力4000车位汽车滚装船、3.75万立方米乙烯船和极地重载甲板运输船等全球首制船完成交付。40万吨超大型矿砂船（VLOC）、8.5万立方米乙烷运输船、2万吨级化学品船和多型支线集装箱船等获得批量订单。2万TEU集装箱船开工建造，豪华邮轮和1万车位汽车滚装船等项目稳步推进[2]。

四、国际化步伐加快，企业积极"走出去"

2016年，"一带一路"倡议的深入实施为船舶工业发展带来重要机遇。船舶企业积极推进国际产能和装备制造合作，加大"走出去"力度。青岛海德威科技有限公司和美国知名船东Gener8 Maritime开展合作，在北美市场成功开拓出市场；中船集团与意大利芬坎蒂尼集团等公司共同推进大型豪华邮轮建造项目；中船重工海装公司5兆瓦海上风电机组装备成功布局英国市场；中远海运重工收购希腊比雷埃弗斯船厂完成签约；上海船用柴油机研究所在巴基斯坦电厂煤电码头总包项目（EPC）正式开工[3]。2016年11月《最高人民法院关于审理独立保函纠纷案件若干问题的规定》正式出台，对独立保函进行了全方位的规范，同时也为我国船舶企业在国际交易活动提供了法律依据，为船舶企业"走出去"保驾护航[4]。

五、企业管理创新提速，提质增效明显

中国船舶工业协会的统计数据显示，2016年船舶行业经济效益呈下降态势，其中，规模以上船舶工业企业利润总额同比降幅为1.9%。面对船舶工业经济效益下滑和结构调整阵痛的困难叠加，船舶企业必须及时转变发展理念

---

① 中国船舶重工集团公司网站，http：//www.csic.com.cn/zgxwzx/csic_jtxw/322188.htm。
② 资料来源：中国船舶工业协会。
③ 资料来源：中国船舶工业协会。
④ 《独立保函新规为船舶企业"走出去"保驾护航》，中国船舶新闻网。

和发展方式，进而改进发展质量和效益，实现提质增效升级。在过去的一年中，我国船舶工业企业在实现经济的提质增效升级方面做出了积极探索。一是打破传统作业模式，深入推进智能制造，实现降本增效。南通中远川崎船舶工程有限公司建立起机器人焊接自动生产线，不仅使得作业流程更加精细，还大大缩短了生产周期，减少焊材消耗达 30% 左右①。二是坚持内部挖潜，拓宽效益空间。江苏扬子江船业一方面加大人才引进力度，率先批量建造万箱船，做强造船主业，从而打破了韩国企业在超大集装箱运输船的垄断地位；另一方面实行骨干员工持股的激励政策，使得员工的切身利益与企业经营效益紧密结合在一起，员工的积极性被大大激发，企业效益大幅提升②。

第三节　面临的问题与挑战

受新船价格持续走低、原材料成本大幅上涨、船东频繁改单、船企开工不足、融资成本高企等因素影响，我国船企盈利能力大幅下降，加之行业结构性矛盾依然严峻，导致船舶行业经济运行仍然面临重重挑战。

一、经济运行压力倍增

2016 年，船舶市场继续深度调整，船舶工业景气指数明显偏低，经济运行压力加大。一是企业订单严重不足，生产面临巨大压力。由于新船市场有效需求疲软，全球活跃船舶企业中仅有 34% 的企业承接到新船订单，我国的这一指标稍好于世界平均水平，但新接订单船企占比也仅为 41%。接单难导致了企业手持订单严重下滑，据统计，截至 2016 年 12 月底，我国手持船舶订单量降幅同比达 19%，且船台（坞）放空情况日益增多。据中国船舶工业行业协会披露，按年末手持订单和实际产能测算，我国船企订单保障系数已

---

① 《智能制造助推造船业提质增效》，见 http：//www.chinaoffshore.com.cn/a/zhengce/chanjing-fanglue/19315.html。

② 《江苏造船转型中提质增效》，见 http：//zcgcxh.jscd.gov.cn/art/2016/2/24/art_13500_1163422.html。

下降到目前的 1.5 年，开工船舶明显不足。二是船东经营状况不良，企业在手订单交单难困境日益加剧。近年来，受航运市场和海洋工程装备市场低迷的影响，船东经营业绩持续恶化，订单"延、改、撤"等现象频繁发生①。据中国船舶工业行业协会披露，截至 2016 年年底，我国船企按期交付率仅为80％。接单难以及船东变更合同、延期交付和撤单等不利因素叠加，企业的运营压力大大增加，行业平稳健康发展受到挑战。

二、盈利难困扰行业发展

一是企业融资难问题依然严峻，企业生产经营成本高。虽然国家相关部门出台了多项金融政策，引导金融机构加强对优质船舶企业的信贷支持，支持船舶工业稳增长调结构，但受国内外市场因素影响，金融机构仍然持续收紧对船舶工业的信贷政策，给本就资金缺口严重的造船企业带来巨大压力，船企日常经营的现金流日趋紧张。二是现阶段企业盈利能力大幅下降。根据中国船舶工业行业协会的数据，2016 年年底，重点监测企业的营业利润率仅为 0.5％，同比下降了 0.8％；且无论从亏损企业数量还是亏损金额来看，均呈现增长态势；2016 年全年，我国船舶行业无法承接到新船订单的企业数量占比达到 59％。大批中小型船企倒闭，部分大中型骨干企业也相继停产陷入破产边缘。2016 年年初，五洲船舶进行破产清算，成为近年来首家破产倒闭的国有船企；江苏熔盛、南通明德、舜天船舶、浙江造船、浙江正和等船企的生产经营几乎陷入停滞。

三、结构性矛盾依然突出

当前船舶工业正处于加速探底的结构调整期，结构性矛盾依然突出。一是产业面临着结构性产能过剩的困扰。目前，通过淘汰、消化、整合、转移等方式，我国造船产能已经由 2012 年的 8000 万载重吨下降至 6500 万载重吨左右，但是仍然存在 30％以上的过剩产能。如若不能更快更好地去除过剩产能，势必将影响我国造船企业在低迷环境下的生存和发展。二是低端常规船

① 中国船舶工业行业协会：《2016 年船舶工业经济运行分析》。

型仍然占据大部分。据统计，我国造船业超过 60% 的产能集中于散货船等低附加值船舶，这是最容易遭遇冲击的部分。如若不能加速行业洗牌、加快结构升级，将成为解决船舶行业难题的最大障碍。相关专家建议，国内造船企业应向高端领域进军，提升船舶产品设计、创新能力；在订单的选择方面，应侧重于大型集装箱船、液化天然气船、油轮等特种船舶和高附加值船舶①。

---

① http：//www. qianzhan. com/analyst/detail/329/160401 – 12875a92. html.

第十二章　电子信息产业结构调整

2016 年，从电子信息产业的政策环境看，软件产业的政策密集出台，大数据产业政策环境持续优化，多项政策发布鼓励发展智能化产品和推动智能化应用。随着国家制造强国战略和"互联网＋"战略的深入推进，我国电子信息产业结构调整取得显著成效。一是软件发展快于硬件，行业结构趋于协调；二是产品凸显智能化、高端化，产品结构不断升级；三是重大技术实现突破，产业创新能力不断提升；四是龙头企业表现抢眼，产业组织结构持续优化；五是信息化应用程度显著提升，社会支撑能力增强。但在同时，还面临着底层核心软硬件基础仍然较为薄弱、网络信息安全威胁等多重挑战。从整体来说，电子信息产业结构升级步伐进一步加快，信息技术与各行业领域深度融合，成为带动我国经济稳增长、促转型的重要力量。

第一节　2016 年电子信息产业结构调整的主要政策

一、政策基本情况

（一）软件产业政策密集出台

2016 年 6 月，财政部、国家税务总局、发改委、工业和信息化部四部门联合发布《关于软件和集成电路产业企业所得税优惠政策有关问题的通知》和《关于印发国家规划布局内重点软件和集成电路设计领域的通知》，不仅是新形势下继续落实企业所得税优惠政策的需要，而且进一步推动我国软件和集成电路产业政策体系的优化完善，有利于促进我国软件和集成电路产业的健康快速发展。

2016 年 12 月，国务院发布《"十三五"国家信息化规划》，体现了党中央和国务院对国家信息化发展的高度重视，正如习近平总书记指出：网络安全和信息化工作是"十三五"时期的重头戏。《"十三五"国家信息化规划》为"十三五"时期各地区、各部门推进信息化工作提供了行动指南，明确了包括引领创新、促进协调、绿色低碳、开放合作、共建共享、风险防范等内容在内的 6 大主攻方向，部署了构建现代信息技术和产业生态体系、建设泛在先进的信息基础设施体系、建立统一开放的大数据体系、构筑融合创新的信息经济体系、支持善治高效的国家治理体系构建、形成普惠便捷的信息惠民体系、打造网信军民深度融合发展体系、拓展网信企业全球化发展服务体系、完善网络空间治理体系和健全网络安全保障体系等 10 大重点任务和 16 项工程，提出 12 项优先行动和 6 大政策措施，政策将全面推动软件和信息服务业在社会各个领域的深入应用，推动软件产业的发展。

2016 年年底至 2017 年年初，一系列软件产业相关政策连续发布。工业和信息化部、国家发改委联合发布《信息产业发展指南》，提出在"十三五"期间，软件和信息技术服务业业务收入累计增长 13.2% 的发展目标。实施软件产业提升发展工程，建立安全可靠的基础软件产品体系。工信部发布《软件和信息技术服务业发展规划（2016—2020 年）》，重点部署全面提高创新发展能力、积极培育壮大新兴业态、深入推进应用创新和融合发展、进一步提升信息安全保障能力、大力加强产业体系建设、加快提高国际化发展水平在内的 6 项任务，并配合实施软件"铸魂"、信息技术服务能力跃升、云计算能力提升等 9 项重大工程，对指导我国软件和信息服务业的做大做强、实现跨越式发展具有重要指导意义。

（二）大数据政策环境持续优化

继 2015 年国家发布《促进大数据发展行动纲要》之后，2016 年国家在大数据领域持续发布支持政策，大数据产业发展进入"快车道"。2016 年年初，在《中共中央关于制定国民经济和社会发展第十三个五年规划的建议》中首次提出推行国家大数据战略，全面实施促进大数据发展，拓展网络经济空间，推进数据资源开放共享。

为落实国家大数据战略，国家发改委出台了《关于组织实施促进大数据发展重大工程的通知》《促进大数据发展三年工作方案（2016—2018）》等大数据发展配套政策，在大数据示范应用、大数据共享开放、基础设施统筹发展、数据要素流通四个方面提出"重点支持"，择优推荐项目进入国家重大建设项目库审核区，根据资金总体情况给予支持。

按照党中央、国务院对国家大数据产业的重大部署，工业和信息化部发布了《大数据产业发展规划（2016—2020 年）》专项规划，提出到 2020 年，大数据相关产品和服务业务收入突破 1 万亿元的发展目标，实现年均复合增长率保持 30% 左右，明确了促进大数据产业发展的 7 项重点任务、8 个重点工程以及 5 个方面的保障措施。《软件和信息技术服务业发展规划（2016—2020 年）》中提出加快大数据发展和应用，构建大数据产业体系，发展工业大数据，大数据技术研发和应用示范工程，支持大数据产业的发展。

另外，为贯彻落实国家关于促进大数据发展和政务信息资源共享管理有关要求，促进大数据在社会各领域的应用，交通运输部、农业部、国土资源部、环保部等部委相继印发了《关于推进交通运输行业数据资源开放共享的实施意见》《农业农村大数据试点方案》《关于印发促进国土资源大数据应用发展实施意见》《生态环境大数据建设总体方案》等一系列大数据应用相关的政策方案，为大数据产业的发展带来更多的新动力。

（三）鼓励发展智能化产品和推动智能化应用

2016 年 5 月，为落实《关于积极推进"互联网＋"行动的指导意见》（国发〔2015〕40 号），加快人工智能产业发展，国家发改委、科技部、工业和信息化部、中央网信办制定了《"互联网＋"人工智能三年行动实施方案》。计划到 2018 年，基本建立人工智能的产业、服务和标准化体系，实现核心技术突破，培育若干全球领先的人工智能骨干企业，形成千亿级的人工智能市场应用规模。为配合该方案，2016 年 9 月，工业和信息化部、国家发展和改革委员会联合发布了《智能硬件产业创新发展专项行动（2016—2018 年）》，提出到 2018 年，我国智能硬件全球市场占有率超过 30%，产业规模超过 5000 亿元。提出提升高端智能硬件产品有效供给、加强智能硬件核心关键技术创新、推动重点领域智能化提升三项重点任务，加强政策协同引导、完善标准检测体系、发展创业创新平台、打造产业生态体系四方面的保障措施。

表 12 – 1　2016 年电子信息产业主要政策一览

发布时间	发布部门	政策名称
2016 年 1 月	国家发改委	《国家发展改革委办公厅关于组织实施促进大数据发展重大工程的通知》
2016 年 5 月	国务院	《国务院关于深化制造业与互联网融合发展的指导意见》
2016 年 5 月	国家发改委、科技部、工信部、网信办	《"互联网 +"人工智能三年行动实施方案》
2016 年 6 月	财政部、税务总局、国家发改委、工信化部	《四部委关于软件和集成电路产业企业所得税优惠政策有关问题的通知》
2016 年 7 月	国家发改委、工信部、财政部、税务总局	《四部委关于印发国家规划布局内重点软件和集成电路设计领域的通知》
2016 年 9 月	工信部、国家发改委	《智能硬件产业创新发展专项行动（2016—2018 年）》
2016 年 12 月	财政部	《关于扶持新型显示器件产业发展有关进口税收政策的通知》
2016 年 12 月	国务院	《"十三五"国家信息化规划》
2017 年 1 月	工信部、国家发改委	《工业和信息化部　国家发展改革委关于印发信息产业发展指南的通知》
2017 年 1 月	工信部	《信息通信行业发展规划（2016—2020 年）》
2017 年 1 月	工信部	《大数据产业发展规划（2016—2020 年）》
2017 年 1 月	工信部	《软件和信息技术服务业发展规划（2016—2020 年）》

资料来源：赛迪智库整理，2017 年 2 月。

二、重点政策解析

（一）《信息产业发展指南》

为引导我国信息产业的快速发展，国务院先后发布了《国家信息化发展战略纲要》《国务院关于积极推进"互联网 +"行动的指导意见》（国发〔2015〕40 号）、《国务院关于深化制造业与互联网融合发展的指导意见》（国发〔2016〕28 号）等一系列政策。根据国务院对信息产业的重大部署，2017 年 1 月，工业和信息化部、国家发改委共同编制发布了《信息产业发展指南》（工信部联规〔2016〕453 号）（以下简称《指南》）。

信息产业从来都是各国战略竞争的重点领域。随着新一代信息技术的兴起和互联网经济的快速发展，信息产业呈现创新融合、智能绿色、开放共享的新特征。世界各国也高度重视信息产业的战略地位和趋势特征，纷纷出台各项政策和措施，加快信息技术的布局。"十三五"时期，我国信息产业面临的巨大发展机遇和挑战，国家重大战略部署也为我国信息产业的发展提出了新要求，要求完善信息基础设施，强化核心技术能力；要求加强信息安全保障，优化网络空间治理；要求繁荣信息产业生态，提升信息消费体验。

《指南》明确了指导思想和目标。《指南》以构建具有全球竞争优势、安全可控的信息产业生态体系作为主线，提出着力强化科技创新能力、产业基础能力和安全保障能力，突破关键瓶颈，优化产业结构，提升产品质量，完善基础设施，深化普遍服务，促进深度融合应用，拓展网络经济空间，全方面加快信息产业的发展。从产业规模、产业结构、技术创新、服务水平、绿色发展五个维度提出了具体的发展目标。

《指南》提出七大重点任务。一是增强体系化创新能力，在云计算与大数据、新一代信息网络、智能硬件等三大领域占领制高点，构建高水平创新平台，从根本上解决产业创新问题；二是构建协同优化的产业结构，推动形成"硬件＋软件＋内容＋服务"的产业生态，增强企业创新活力，优化产业空间布局，推动产业绿色化发展；三是促进信息技术深度融合应用，通过发展"互联网＋"和双创，推动信息技术在制造业等其他领域的广泛渗透；四是建设新一代信息基础设施，实施"宽带中国"工程，推动5G网络研发和应用，增强卫星通信网络及应用服务能力，加强下一代互联网应用和未来网络技术创新；五是提升信息通信和无线电行业管理水平，促进互联网行业管理创新；六是强化信息产业安全保障能力，实施安全保障能力提升工程；七是通过优化信息网络国际布局，支持企业"走出去"，增强国际化发展能力。

《指南》明确九大发展重点，包括集成电路、基础电子、基础软件和工业软件、关键应用软件和行业解决方案、智能硬件和应用电子、计算机与通信网络、大数据、云计算和物联网。九大发展重点体现了我国信息产业未来重点的发力领域，这些领域是未来技术的重点突破口，决定了我国信息产业能否在国际竞争中占据技术制高点，决定了能否在信息产业带动下实现整个经济发展水平的提升。

（二）《大数据产业发展规划（2016—2020 年）》

当前，党中央、国务院高度重视大数据产业的发展。2015 年，党的十八届五中全会上，首次提出了"实施国家大数据战略"。2015 年 9 月，国务院印发《促进大数据发展行动纲要》，全面推进大数据发展，加快建设数据强国，成为我国促进大数据发展的第一份权威性、系统性文件。2017 年 1 月，工业和信息化部印发了《大数据产业发展规划（2016—2020 年）》（以下简称《规划》），既是对国家大数据战略的深入落实，更是对"十三五"时期推动大数据产业发展工作的重要部署。

提出明确的发展思路和目标。《规划》围绕"强化大数据产业创新发展能力"一个核心、"推动数据开放与共享、加强技术产品研发、深化应用创新"三大重点，完善"发展环境和安全保障能力"两个支撑，打造一个"数据、技术、应用与安全协同发展的自主产业生态体系"。到 2020 年，大数据相关产品和服务业务收入突破 1 万亿元，技术产品先进可控，应用能力显著增强，生态体系繁荣发展，支撑能力不断增强，数据安全保障有力。

明确 7 大重点任务。一是强化大数据技术产品研发。重点加快大数据关键技术研发、培育安全可控的大数据产品体系、创新大数据技术服务模式，强化我国大数据技术产品研发。二是深化工业大数据创新应用。加快工业大数据基础设施建设、推进工业大数据全流程应用和培育数据驱动的制造业新模式，衔接《中国制造 2025》《国务院关于深化制造业与互联网融合发展的指导意见》等文件内容。三是促进行业大数据应用发展。推动重点行业大数据应用、促进跨行业大数据融合创新、强化社会治理和公共服务大数据应用，推动大数据与各行业领域的融合发展。四是加快大数据产业主体培育。利用大数据助推创新创业、构建企业协同发展格局和优化大数据产业区域布局，培育一批大数据龙头企业和创新型中小企业，繁荣产业生态。五是推进大数据标准体系建设。加快大数据重点标准研制与推广和积极参与大数据国际标准化工作。六是完善大数据产业支撑体系。合理布局大数据基础设施建设、构建大数据产业发展公共服务平台、建立大数据发展统计评估体系。七是提升大数据安全保障能力。加强大数据安全技术产品研发、提升大数据对网络信息安全的支撑能力。

提出 8 大重点工程。围绕重点任务，设置了大数据关键技术及产品研发与产业化、大数据服务能力提升、工业大数据创新发展、跨行业大数据应用推进、大数据产业集聚区创建、大数据重点标准研制及应用示范、大数据公共服务体系建设、大数据安全保障八个工程，成为重要的工作抓手。

明确提出完善相关法律法规等一系列保障措施。当前信息安全的问题较为突出，推进完善个人信息保护立法等相关立法进程，对大数据产业的发展具有重要保障意义。

第二节　2016 年电子信息产业结构调整的主要情况

一、软件发展快于硬件，行业结构趋于协调

根据中国电子信息行业联合会数据，2016 年，规模以上电子信息制造业增加值增长 10%，高于全国工业平均水平 4 个百分点以上。电子制造业与软件业收入规模合计超过 17 万亿元，同比增长 10.8%；其中，电子制造业实现收入 12.2 万亿元，增长 9.3%；软件业收入 4.9 万亿元，增长 14.9%。从行业结构看，软件业收入比重持续提高，软硬件比例更趋协调。同时，信息技术服务收入增长较快，2016 年信息技术服务实现收入 25114 亿元，同比增长 16%，增速高出全行业水平 1.1 个百分点①。

信息产业的结构升级带来行业发展质量的提升。2016 年，规模以上电子信息制造业实现利润总额约 6464 亿元，同比增长 16.1%，行业平均利润率达到 5.3%，比上年提高 0.6 个百分点。软件业利润总额 6021 亿元，同比增长 14.9%，行业利润率超过 10%。电子信息制造业收入与利润占全国工业比重达到 10.6% 和 9.4%，分别比上年提高 0.6 和 1 个百分点。

---

① 中国电子信息行业联合会：《2016 年电子制造业与软件业收入规模合计超过 17 万亿元》，《中国电子报》2017 年 2 月 24 日。

二、产品凸显智能化、高端化，产品结构不断升级

从产品结构看，智能化、高端化、融合化趋势凸显。智能手机、智能电视市场渗透率超过 80%。根据工信部统计数据，2016 年全年生产手机 21 亿部，同比增长 13.6%，其中智能手机 15 亿部，增长 9.9%，占全部手机产量比重为 74.7%。2016 年全年生产彩色电视机 15770 万台，同比增长 8.9%，其中液晶电视机 15714 万台，增长 9.2%；智能电视 9310 万台，增长 11.1%，占彩电产量比重为 59.0%，国产品牌的高端彩电、手机和路由器加快涌现。

2016 年 9 月 21 日，工业和信息化部、国家发改委印发《智能硬件产业创新发展专项行动（2016—2018 年）》，旨在提升终端产品智能化水平，加快智能硬件应用普及，其中 VR 设备不断投向市场，消费者对 VR 的概念也逐渐加深，全国领先的无人机厂商大疆无人机在 2016 年的销售额接近 100 亿元，其中 80% 销量来自海外，智能手表、智能眼镜、虚拟现实设备、智能家居以及无人机等新兴产品加快成长。

三、重大技术实现突破，产业创新能力不断提升

2016 年，围绕产业关键环节和核心技术，政府部门、研究机构与重点企业等各方力量协同攻关，有效增强了产业体系化创新能力。在国家知识产权局公布的 2016 年国内企业发明专利授权量排名前十强中，华为、中兴、京东方、腾讯、联想、华虹宏力等六家电子信息类企业入围。在基础电子领域，短板和空白不断被克服。如：全部采用国产 CPU 的"神威·太湖之光"成为世界首台运算速度超过十亿亿次的超级计算机；采用国产芯片的 IGBT 模块实现量产；功率型硅衬底 LED 器件荣获 2016 年国家技术发明一等奖。在下游应用领域，创新步伐不断加快。如：量子点电视、OLED 电视、激光电视等新技术产品加速涌现；国产智能电视 SoC 芯片装机达到 800 万颗；采用国产芯片的支持北斗导航智能手机出货量突破 1800 万部；国产 YunOS 系统，开始从手机操作系统向万物互联操作系统转变，完成了大到汽车、家居，小到手机、手表的产品覆盖。在标准制定方面，影响力不断提升。2016 年，我国主导制定的 12 项电子信息领域国际标准正式颁布；我国颁布的超高清标准 AVS2 编

码效率超越国际标准；我国主推的极化码（Polar 码）被国际标准组织采纳为5G 新的控制信道标准方案，有望成为 5G 时代的领军者。

四、龙头企业表现抢眼，产业组织结构持续优化

需求疲软导致竞争加剧，我国电子信息企业加快产品升级，助推中国品牌国际影响力不断提升。根据中国电子信息行业联合会数据，华为 2016 年收入规模预计超过 5000 亿元，其中 60% 以上来自海外市场，成为全球第一电信设备供应商；联想入选世界品牌百强企业，笔记本电脑产量位居世界首位；京东方液晶面板出货量已经跃升至全球第二；海尔收购通用电气的家电业务，使市场占有率跃居至全球第五位。

根据中国电子信息行业联合会发布的 2016 年（第三十届）中国电子信息百强企业名单，电子信息百强企业整体规模不断攀升。2016 年共实现主营业务收入 2.96 万亿元，比上届增长 32.0%；总资产合计达到 3.4 万亿元，比上届增长 25.9%；2015 年共生产计算机 3160 万部、彩电 11530 万台、手机 3.7 亿部和集成电路 430 亿块，占全行业比重分别达到 10.1%、71.1%、20.3% 和 39.6%。本届百强企业主营业务收入超过 1000 亿元的有 6 家，超过 100 亿元的有 58 家；入围企业主营收入为 42.1 亿元，比上届提高了 5.9 亿元。本届百强企业研发投入合计 1756 亿元，比上届增长 41.6%，其中，有 25 家企业研发投入超过 10 亿元；百强企业研发投入强度达到 5.9%，比上届提高 0.4 个百分点，有 9 家企业研发投入强度超过 10%。本届百强企业研发人员合计 38 万人，比上届增长 11%，占全部从业人员比重达到 20.7%。

五、信息化应用程度显著提升，社会支撑能力增强

2016 年工业和信息化部坚持多措并举，实现信息化和软件服务业发展新跨越，全国两化深度融合水平进一步提升，数字化研发设计工具普及率达62%，关键工序数控化率达 46%；完成软件业务收入 4.9 万亿元，同比增长14.9%，实现利润总额 6021 亿元，同比增长 14.9%，实现出口 519 亿元，同比增长 5.8%，增速比 2015 年提高 4.1 个百分点。在软件业中，服务化趋势日趋深化，信息技术服务收入比重达到 51.8%，比上年提高 0.5 个百分点。

　　信息技术与工业融合发展迈上新台阶，2016 年我国数字化研发设计工具普及率达到 61.8%，工业企业数字化生产设备联网率达到 38.2%；异地协同设计、个性化定制、网络众包、云制造等新的研发生产组织模式不断涌现。金融、交通、医疗、教育、水电燃气等行业信息技术应用不断深化，基于安全可靠软硬件的信息系统建设试点和推广应用逐步展开。电子信息技术还在国防和国家重点工程领域发挥了重要作用，在"天宫二号""神舟十一号"和"墨子号"等前沿科技实践中，中电科等一批电子信息企业做出了重大贡献[①]。

第三节　面临的问题与挑战

一、底层核心软硬件基础仍然较为薄弱

　　与发达国家信息产业相比，由于我国起步晚、积累少，电子信息产业长期面临"缺芯少魂"的严峻挑战。随着我国电子信息产业的市场规模在逐渐放大，我国成为是全球最大的集成电路市场，但我国将近 90% 的高端化芯片依赖进口。2015 年我国芯片金额达到 2307 亿美元，成为进口量超过石油、汽车的最大进口商品。据海关总署统计，在 2016 年 1 月份到 10 月份期间，中国集成电路的进口金额高达 11908 亿人民币，与上年同期相比增长了 9.6%。而同期中国的原油进口仅为 6078 亿。中国在芯片进口上的花费已经接近原油的两倍。PC 芯片掌握在英特尔和 AMD 手里，手机芯片则是高通、联发科、三星和台积电生产。作为全球最大的 PC 生产商，联想 2016 年上半年的销售毛利率仅为 14.76%，销售净利润更是只有 1.49%。而作为全球最大的 PC 芯片提供企业，英特尔销售毛利率超过 60%，销售净利率也高达 15.70%。我国在操作系统和高端大型数据库领域几乎被国外所垄断，如美国的 Windows、Unix、Linux、Android 等操作系统，Oracle、Sql 等数据库。另外我国的设计软

---

　　① 中国电子信息行业联合会：《2016 年电子制造业与软件业收入规模合计超过 17 万亿元》，《中国电子报》2017 年 2 月 24 日。

件几乎全部依赖国外，从互联网软件到芯片设计仿真软件，从汽车飞机设计软件到动画 CG 设计，几乎清一色都是国外的，并以美国软件为主。在金融领域的一些管理平台、核心关联系统中，国产软硬件虽然在努力向高端靠拢，但目前绝大多数还只是处于测试和适配阶段，真正的核心交易系统依然还是由国外产品主导。不掌握芯片和操作系统的中国企业，最终实际上只是在给跨国巨头打工，底层基础软硬件的缺失，导致我国电子信息产业始终处于国际产业价值链的中低端环节。

二、网络信息安全面临巨大挑战

当前，我国网络信息安全形势十分严峻。一方面信息网络安全管控体系、标准、法律法规等尚不健全，另一方面关键信息技术和核心产品对外依存度高，产业支撑能力比较薄弱，安全攻防能力不足，难以有效抵御外部风险。长期以来，基础软件主要由国外企业垄断，国产操作系统和国产数据库的市场份额不足 10%；国外路由器在国内大型网络项目的建设中处于垄断地位，包括政府、海关、邮政、金融、铁路、民航、医疗、军警等要害部门的网络，重要信息系统和基础信息网络大量使用国外基础软件及设备，给我国带来了极大的信息网络安全隐患。我国信息网络安全的技术支撑仍有待加强，法律法规、标准和管控体系亟待健全完善①。

---

① 工业和信息化部规划司：《深刻理解"十三五"我国信息产业发展总体要求》，《中国电子报》2017 年 2 月 14 日。

第十三章　战略性新兴产业发展

2016 年是"十三五"开局之年，是中国全面建成小康社会的开局之年，是深入推进供给侧结构性改革的关键之年，也是大力实施创新驱动发展战略的攻坚之年。在这一年，战略性新兴产业发展扎实推进，成绩卓著，对经济增长的引领带动作用进一步增强。在服务于制造强国、推动产业迈向中高端，健全现代服务体系方面提供了强有力的支撑。从政策制定层面看，立足于国内经济发展进入新常态的现实背景，着眼于经济发展的新旧动能接续转换，2016 年中央和地方各级政府出台的关于战略性新兴产业的政策措施始终围绕着供给侧结构性改革这条主线，以产业结构优化升级为主要方向，以社会公众日益增长的个性化的物质和文化需求为重要目的，注重近中远期相结合，宏观调控与具体执行相结合，政策的可操作性更强。总体上看，2016 年战略性新兴产业发展呈现出以下几个特点：一是产业规模增长强劲；二是创新氛围日渐浓厚；三是企业效益显著提升；四是发展层次快速跃升。但是，战略性新兴产业在发展过程中还存在着较多的问题，集中表现为：整体创新水平有待提升；改革政策举措尚待落实；有效需求尚需充分激活；区域产业布局有待优化等。因此，在下步发展过程中，应认真分析形势，注重并加强解决相关问题，确保战略性新兴产业的顺利发展。

第一节　2016 年战略性新兴产业的主要政策

立足于国内经济发展进入新常态的现实背景，着眼于经济发展的新旧动能接续转换，2016 年中央和地方各级政府出台的关于战略性新兴产业的政策措施始终围绕着供给侧结构性改革这条主线，以产业结构优化升级为主要方向，以社会公众日益增长的个性化的物质和文化需求为重要目的，注重近中远期相结合，宏观调控与具体执行相结合，政策的可操作性更强。

一、政策基本情况

在前期推进战略性新兴产业发展的工作和经验的基础上，2016年从中央到地方各级政府继续将工作引向深入，坚决贯彻落实党的十八大以来党中央国务院关于推进战略性新兴产业的各项工作部署，在实施创新驱动发展战略的框架下，结合"大众创业万众创新"，把战略性新兴产业摆在经济社会发展更加重要的突出位置。同时，秉承简政放权、优化服务的理念，制定出发展壮大新一代信息技术、高端装备、新能源、新材料、新能源汽车、生物、节能环保、数字创意等战略性新兴产业的相关政策，增强战略性新兴产业服务实体经济的能力和自身发展能力。

（一）新一代信息技术产业相关政策文件

2016年12月18日，工业和信息化部印发了《信息通信行业发展规划（2016—2020年）》。该规划以深入推进信息通信业与经济社会各行业各领域的融合发展为主线，提出完善基础设施、创新服务应用、加强行业管理、强化安全保障4个发展重点和21项重点任务，明确了加快推进法治建设、营造多方参与环境、加大政策支持力度、加强专业人才培养、做好规划落地实施等5个方面的保障措施，是指导信息通信业未来五年发展的重要依据。同时，该规划还一并印发了《物联网分册》，以促进物联网规模化应用为主线，提出了未来五年我国物联网发展的方向、重点和路径。

为深入贯彻《中国制造2025》《国务院关于积极推进"互联网＋"行动的指导意见》《国务院关于深化制造业与互联网融合发展的指导意见》等国家战略，按照《中华人民共和国国民经济和社会发展第十三个五年规划纲要》部署，落实《信息产业发展指南》要求，2017年1月17日，工业和信息化部正式发布了《软件和信息技术服务业发展规划（2016—2020年）》（工信部规〔2016〕425号）。该规划以创新发展和融合发展为主线，提出到2020年基本形成具有国际竞争力的产业生态体系的发展目标，提出了全面提高创新发展能力、积极培育壮大新兴业态、深入推进应用创新和融合发展、进一步提升信息安全保障能力、大力加强产业体系建设、加快提高国际化发展水平等六大任务，提出了九个重大工程，明确相关保障措施。《规划》是"十三五"时期指导软件和信息技术服务业发展的重要文件，将引导行业健康、稳定、持续发展。

2016 年 10 月 27 日，江苏省发展和改革委员会和江苏省通信管理局联合印发《江苏省"十三五"信息通信业发展规划》。该规划回顾总结了"十二五"期间江苏省信息通信业发展取得的成绩，客观分析了"十三五"期间行业发展所面临的形势，科学谋划了"十三五"时期江苏省信息通信业发展目标和主要任务。该规划提出到 2020 年，江苏省要基本建成"高速、移动、安全、泛在"的，处于全国领先水平的新一代信息通信基础设施，行业发展水平继续保持全国先进地位，率先建成"网络强省"的总目标。具体包括：行业规模、信息网络设施、互联网资源能力、互联网产业体系、网络安全保障、服务质量和绿色发展等七方面子目标。为实现上述目标，规划提出了大力增强信息通信发展能力，着力提升信息通信应用服务水平和持续优化信息通信发展环境等三项主要任务；实施电信普遍服务试点项目，网络信息安全保障工程和服务质量提升行动，互联网产业助力行动。

2016 年 9 月 27 日，《福建省信息通信业"十三五"规划》发布。该规划提出，到 2020 年，我省信息通信基础设施不断完善，基本建成高速、移动、安全、泛在的新一代信息基础设施。信息通信产业结构不断优化，产业创新活力充分释放，新兴业态和融合应用蓬勃发展，网络与信息安全保障体系不断健全，信息通信强省影响力显著提升。全省信息通信服务收入达 1050 亿元，规划期内年均复合增长率达 15%。信息通信基础设施累计完成投资 600 亿元，进一步增强信息通信业对国民经济社会的基础支撑能力。信息通信基础设施进一步完善，宽带服务能力再上新台阶。光网和 4G 全面覆盖城乡，城市家庭宽带接入能力高于 100 兆比特每秒，农村家庭宽带接入能力高于 30 兆比特每秒，建制村光纤通达率 100%，互联网省际出口带宽达到 15 太比特每秒，IPv6 流量占比超 5%，5G 启动商用服务。固定宽带家庭普及率达 83%，移动宽带用户普及率达 90%，M2M 连接数达 8000 万。宽带应用不断提升，域名数达 350 万个，网站数达 40 万个。未来五年，信息通信业将实施十大重点工程，即城市光网工程、新一代移动通信工程、网络架构升级优化工程、电信普遍服务工程、"互联网＋"示范工程、窄带物联网工程、双创平台能力提升工程、闽台信息产业合作工程、网络与信息安全工程、应急通信工程。我省将创新光纤接入及老旧小区改造激励模式、推进解决光纤建设过程中的进场难和违规收费等突出问题；在全国率先试验和推动 NB－IoT 技术商用和重点项目落地，进一步扩大对台开放增值电信业务力度、推进在福州（平潭）深入开展两岸产业合作无线城市试点工作等。

2016 年 11 月 3 日，河南省通信管理局发布《河南省信息通信业"十三五"发展规划》，明确提出"十三五"期间，河南省信息通信业围绕服务支撑网络经济强省建设，以"米"字形现代信息通信网络枢纽为核心，基本建成高速、移动、安全、泛在的下一代信息通信基础设施，信息通信业支撑经济社会发展的能力全面提升，网络与信息安全保障体系不断完善。该规划量化了行业规模、发展水平、服务能力、绿色发展、服务质量等五大类 16 项"十三五"发展目标，明确了构建新一代信息通信基础设施、创新服务应用、加强行业管理、维护网络安全等四个方面 20 项工作任务，紧密结合行业实际，提出了宽带网络优化升级、三网融合、郑州"米"字形通信网络枢纽、郑州国家级数据中心、窄带物联网、电信普遍服务试点、物联网应用、智能制造应用示范、河南省双创服务平台支撑、信息通信业监管能力提升、网络与信息安全保障等 12 项重点工程。

2016 年 10 月，贵州通信管理局正式印发《贵州省信息通信业"十三五"发展规划》（以下称《规划》）并向社会公布。《规划》全面回顾和总结了"十二五"期间贵州省信息通信业发展取得的成绩，科学设定了"十三五"时期全省信息通信业建设的发展思路和目标。《规划》提出"十三五"发展主要目标：基本建成"出省宽、省内联、覆盖广、资费低"的信息通信基础设施体系。到 2017 年，贵阳·贵安大数据产业发展聚集区的信息通信基础设施水平进入全国前列；到 2020 年，全省信息通信基础设施水平超过全国平均水平。为此，《规划》提出了服务经济社会发展作用提升、信息通信基础设施跨越式发展、农村信息化建设提质升级等六大目标。按照目标，在"十三五"期间，信息通信业固定资产累计投资达到 400 亿元；电信业务收入保持平稳增长，累计实现 1235 亿元；电信业务总量保持中高速增长，累计达到 3830 亿元，年均增长率达到 16%。

（二）高端装备产业相关政策文件

2016 年 12 月 8 日，工业和信息化部联合财政部发布了《智能制造发展规划（2016—2020 年）》（工信部联规〔2016〕349 号）（以下简称《规划》）。《规划》全面梳理了目前我国制造业转型面临的国际国内环境及形势，作出了"智能制造在全球范围内快速发展，已成为制造业重要发展趋势，对产业发展和分工格局带来深刻影响，推动形成新的生产方式、产业形态、商业模式"的准确判断。以此为基础，《规划》提出了在 2025 年前以 2020 年为节点的两步走战略，稳步推进智能转型。重点任务方面，《规划》部署了加快智能制造装备发展、加强关键共性技术创新、建设智能制造标准体系、构筑工业互联网基础、加大智能制造试点示范推广力度、推动重点领域智能转型、促进中小企业智能化改造、培育智能制造生态体系、推进区域智能制造协同发展、打造智能制造人才队伍等十个重点方向，这也是该《规划》的核心内容。《规划》力促智能制造成为培育经济增长新动能，为打造我国制造业竞争新优势提供坚实的保障。

2017 年 1 月 3 日，工业和信息化部发布了《首台（套）重大技术装备推广应用指导目录（2016 年版）》。首台（套）重大技术装备的应用推广主要集中于清洁高效发电装备，超、特高压输变电装备，大型石油、石化及煤化工成套装备，大型冶金、矿山装备，港口机械、轨道交通装备，大型环保及资源综合利用装备，大型施工机械，新型轻工机械，民用航空装备，高技术船舶及海洋工程装备，成形加工装备，新型、大马力农业装备，电子及医疗专用装备，重大技术装备关键配套基础件等 14 个细分装备领域，同时对各装备领域推广的产品所需主要技术指标也作出明确规定。该指导目录对于促进我国装备制造产业做大做强，不断提高重大技术装备的创新水平，加快推进首台（套）推广应用将起到重要推动作用。

2016 年 8 月 8 日，浙江省经济和信息化委员会印发了《浙江省高端装备制造业发展重点领域（2016）》。该文件在对 2015 年同名文件进行修订完善的基础上，围绕清洁高效发电设备，超、特高压、智能电网输变电（成套）设备及关键部件，大型石化及煤化工成套设备，先进交通装备及关键零部件，大型环保、节能及资源综合利用设备，高性能建材装备与工程施工装备，新型纺织装备，新型农业装备，高端电子、生物、医疗及制药装备，船舶、海洋工程及现代物流装备，高档数控机床，自动化专用生产设备，高端轻工装备，高性能自动化控制系统及检测设备，关键机械基础零部件，特色装备，高端装备核心材料等17个重点领域的众多产品方向确定了具体实施内容。对于推动浙江省高端装备制造业发展，加快重点领域突破，破解制约我省高端装备制造业发展的关键技术装备和核心材料瓶颈，提升高端装备制造业整体水平将起到重要的指导作用。

2016年11月29日，甘肃省人民政府办公厅印发了《甘肃省"十三五"通用航空发展规划》（以下简称《规划》）。甘肃省是实施国家"一带一路"倡议的重要地理节点，也是欧亚大陆桥的战略通道及其交通、商贸物流的重要枢纽。《规划》认为，以通用机场和通用航空产业为抓手，大力发展通用航空，有利于推进产业结构优化调整、提升经济发展质量和效益、带动和壮大旅游等相关产业、增强公共服务保障能力、完善全省公共应急救援体系。发展定位方面，《规划》强调将以丝绸之路（张掖）国际通航大会为契机，加快通用航空运营及服务保障能力建设，积极发展通用航空装备研发、制造，加快发展通用航空现代服务业，形成具有甘肃特色的通用航空产业链。力争甘肃成为丝绸之路上通用航空重要节点、国际知名航空运动基地。

2016年6月20日，广东省人民政府办公厅印发了《关于推动卫星导航应用产业发展的指导意见》（粤府办〔2016〕56号）（以下简称《意见》）。《意见》以加强基础设施建设、扩大北斗卫星导航系统应用示范、促进技术创新、提升北斗卫星芯片和终端产品制造水平、推动产业融合发展、扶持卫星导航企业做大做强等六项任务为重点，依托我省制造业和卫星导航终端产品产业优势，依托珠三角地区良好的经济基础和独特的区位优势，进一步整合技术资源。力争到2020年，全省北斗卫星导航产业产值达1200亿元以上；培育若干实力雄厚的龙头企业和一批创新型中小企业，形成一批关键核心技术和自主创新成果；基于北斗卫星导航系统应用的智能化服务在关键领域和重要行业得到广泛运用，对卫星导航应用市场的贡献率达到80%以上。

2016年7月17日，湖南省人民政府办公厅印发了《加快轨道交通装备产业发展若干政策措施的通知》（湘政办发〔2016〕25号）（以下简称《通知》）。依托本省原有的轨道交通装备产业发展优势，湖南省在《通知》中提出了打造世界级轨道交通产业集群，实现到 2020 年轨道交通装备产业规模达到 2100 亿元的目标。《通知》共提出十六条加快轨道交通装备产业发展的政策措施。资金支持方面，通过省新兴产业发展基金、省级转贷地方政府债券资金、省级财政专项资金、省战略性新兴产业与新型工业化专项资金等多种形式予以资金支持。此外，在用地、企业"走出去"、人才培育等方面，《通知》还根据本省实际发展提出了相应的支持举措，形成了制度、政策、资金相互补充、相互完善的良好发展氛围。

船舶与海洋工程装备制造方面，江苏省依托"十二五"时期的良好发展基础再度发力。2016 年 10 月 14 日，江苏省经济和信息化委员会印发了《江苏省船舶与海洋工程装备产业"十三五"发展规划》（以下简称《规划》）。《规划》以 2020 年为时间节点，提出全行业销售收入和经济效益继续保持全国第一，造船完工量、手持船舶订单、新接订单保持全国市场份额 35% 以上，占世界市场的 15% 以上。海洋工程装备产业占全国市场份额超过 30%、国际市场份额超过 20% 的目标，以期进一步巩固全国第一造船大省地位。《规划》瞄准设计制造共性技术、高技术船舶、海洋工程装备、高端配套等四个重点领域，提出了提升研发能力，优化创新体系、推广智能制造，优化制造体系、聚集优质资源，优化产业布局、提升竞争能力，优化组织结构四大重点任务。《规划》的有力实施将进一步推动江苏由船舶海工制造大省向强省的跨越，实现产业核心竞争力和可持续发展能力的全面提升。

（三）新能源产业相关政策文件

2016 年 12 月 26 日，国家发改委和国家能源局联合发布了《能源发展"十三五"规划》（发改能源〔2016〕2744 号）（以下简称《规划》）。《规划》全篇围绕深入推进能源革命，着力推动能源生产利用方式变革，建设清洁低碳、安全高效的现代能源体系进行部署，是"十三五"时期我国能源发展的总体蓝图和行动纲领。《规划》认为，总体来看，"十二五"时期，我国能源供给保障有力，结构调整步伐加快，节能减排成效显著，科技创新迈上新台阶，体制改革稳步推进，国际合作不断深化。同时，能源发展面临着能源供需宽松化、能源格局多极化、能源结构低碳化、能源系统智能化、国际竞争复杂化的国际形势，以及能源消费增速明显回落、能源结构双重更替加快、能源发展动力加快转换、能源供需形态深刻变化、能源国际合作迈向更高水平等国内环境。为此，《规划》提出了七大主要发展任务：一是高效智能，着力优化能源系统；二是节约低碳，推动能源消费革命；三是多元发展，推动能源供给革命；四是创新驱动，推动能源技术革命；五是公平效能，推动能源体制革命；六是互利共赢，加强能源国际合作；七是惠民利民，实现能源共享发展。《规划》预期在 2020 年能源消费总量、安全保障、供应能力、消费结构、系统效率、环保低碳、普遍服务方面均有新的突破。

2016 年 12 月 10 日，国家发改委印发了《可再生能源发展"十三五"规划》（发改能源〔2016〕2619 号）（以下简称《规划》）。该《规划》旨在实现 2020 年和 2030 年非化石能源分别占一次能源消费比重15% 和 20% 的目标，加快建立清洁低碳的现代能源体系，促进可再生能源产业持续健康发展。主要任务方面，《规划》部署了积极稳妥发展水电、全面协调推进风电开发、推动太阳能多元化利用、加快发展生物质能、加快地热能开发利用、推进海洋能发电技术示范应用、推动储能技术示范应用、加强可再生能源产业国际合作等八项任务。在优化资源配置方便，《规划》提出了有序推进大型可再生能源基地建设、加强京津冀及周边地区可再生能源协调发展、开展水风光互补基地示范、论证风光热综合新能源基地规划等措施。

2016 年 11 月 16 日，国家能源局印发了《风电发展"十三五"规划》。该规划强调尽快建立适应风电规模化发展和高效利用的体制机制，加强对风电全额保障性收购的监管，积极推动技术进步，不断提高风电的经济性，持续增加风电在能源消费中的比重，实现风电从补充能源向替代能源的转变。

2016 年 10 月 28 日，国家能源局印发了《生物质能发展"十三五"规划》。该规划提出把生物质能作为优化能源结构、改善生态环境、发展循环经济的重要内容，立足于分布式开发利用，扩大市场规模，加快技术进步，完善产业体系，加强政策支持，推进生物质能规模化、专业化、产业化和多元化发展，促进新型城镇化和生态文明建设。

2016 年 6 月 30 日，工业和信息化部印发了《工业绿色发展规划（2016—2020 年）》（工信部规〔2016〕225 号）。该规划要求紧紧围绕资源能源利用效率和清洁生产水平提升，以传统工业绿色化改造为重点，以绿色科技创新为支撑，以法规标准制度建设为保障，实施绿色制造工程，加快构建绿色制造体系，大力发展绿色制造产业，推动绿色产品、绿色工厂、绿色园区和绿色供应链全面发展，建立健全工业绿色发展长效机制，提高绿色国际竞争力，走高效、清洁、低碳、循环的绿色发展道路，推动工业文明与生态文明和谐共融，实现人与自然和谐相处。

2016年9月9日，浙江省发展和改革委员会发布《浙江省太阳能发展"十三五"规划》。该规划旨在以技术创新进步为核心，以智能电网建设为支撑，加快屋顶分布式、地面集中式、家庭户用式光伏等太阳能利用，逐步形成"商业模式多样化、政府管理信息化、资源交易市场化、运营管理智慧化"的光伏发电发展体系，推动全省光伏产业健康发展，不断提高太阳能利用水平，为经济社会可持续发展提供重要保障。

2016年10月14日，河北省发展和改革委员会印发了《河北省可再生能源发展"十三五"规划》。该规划强调，要以实现可再生能源消费比重目标为引领，以扩大可再生能源产业规模为抓手，紧紧抓住京津冀协同发展、大气污染防治行动计划、张家口可再生能源示范区建设等重大机遇，加快推进可再生能源技术进步和产业升级，为推进能源供给侧结构性改革，促进能源结构调整和经济社会可持续发展提供坚强保障。

（四）新材料产业相关政策文件

2016年4月，工业和信息化部、国家发改委、科技部、财政部联合出台了《关于加快新材料产业创新发展的指导意见》。该意见将以满足重大技术装备需求为主攻方向，着力完善创新机制，构建以企业为主体，以科研机构为支撑、军民深度融合、产学研用相互促进的新材料产业新体系，着力促进资源整合，集中力量突破一批关键核心技术，提升新材料产业化和规模化应用水平，着力加强管理创新，完善配套政策和行业管理体系，大幅提升新材料产业国际竞争力，为建设制造强国奠定坚实基础。

2016年6月6日，福建省经济和信息化委员会、福建省发展和改革委员会、福建省科学技术厅、福建省财政厅联合发布了《关于加快新材料产业创新发展的意见》。该意见力图大力发展复合纳米、超导、智能等共性基础材料，加快发展高性能稀土磁性材料、稀土发光材料、稀土储氢合金、特种陶瓷等材料，打造特色优势新材料产业链，建设高性能、轻量化、绿色化的新材料产业创新体系。力争到 2020 年实现规模以上总产值 6450 亿元，年均增长 19%；增加值 1420 亿元，年均增长 19%。涌现一批具有较强自主创新能力和技术引领作用，以及拥有自有品牌的龙头骨干企业，培育形成一批产业链较为完善、特色鲜明、市场竞争力较强的新兴产业集群和产业品牌。

2016 年 12 月 7 日，厦门市经济和信息化局、厦门市发展和改革委员会、厦门市科学技术局、厦门市财政局联合印发了《关于加快新材料产业创新发展的实施意见》。该意见提出了 2020 年厦门市新材料产业发展的目标。将厦门发展成具有较高国际影响力的特色新材料产业基地，形成"以特种金属及合金材料、光电信息材料、先进高分子为主，高性能复合材料、海洋工程材料、前沿新材料为特色"的新材料产业体系，到 2020 年新材料产业产值突破千亿元，总体技术水平显著提高，创新创业发展体系初步建立，产业规模化集聚化发展态势基本形成，并产生一批在国内外知名的新材料龙头骨干企业，形成一批特色鲜明、市场竞争力强的品牌，前沿新材料取得重要突破并实现规模化应用。

2016 年 9 月 28 日，山西省印发了《山西省"十三五"新型材料产业发展规划》。该规划总结"十二五"时期我省新型材料产业发展取得的新成绩和存在的问题，分析了当前面临的机遇和挑战，提出以各类开发区（园区）、基地为依托，以大型骨干企业布局为引领，加快形成"一核三板块"的空间布局，力争到 2020 年，全省新型材料产业实现"两个提升、两个优化"，即产业规模和创新能力不断提升，内部结构和发展方式持续优化，成为引领、支撑全省转型发展的重要力量。该规划明确了新型材料产业发展的重点领域和主要任务。重点领域主要围绕先进金属材料、新型化工材料、新型无机非金属材料、高性能复合材料和前沿新材料等五大领域，重点实施集聚发展、企业培育、能力提升、融合发展、创新驱动、绿色发展等六大工程。从加强组织协调、扩大对外开放、强化政策支持和优化发展环境四方面予以保障，确保规划落地和执行。

2016 年 1 月 5 日，河北省发展和改革委员会印发了《河北省新材料产业发展 2016 年推进计划》（冀发改高技〔2016〕4 号）。该计划明确提出，立足河北现有基础和发展潜力，紧盯行业高端和最新动态，以技术创新为支撑，以产业化发展为方向，以重点项目建设为抓手，以体制机制创新和政策支持为保障，充分发挥企业主体作用，着力提升产业聚集水平，做大做强特种金属材料、新型绿色建材、电子信息材料、现代化工新材料等四大优势领域，加快发展石墨烯、超硬材料、纳米材料、3D 打印用材等前沿新材料，努力使新材料成为带动全省战略性新兴产业发展的强劲动力，推动河北省由原材料大省加速向新材料大省转型发展。

（五）新能源汽车产业相关政策文件

2017 年 1 月 17 日，工业和信息化部发布了《新能源汽车生产企业及产品准入管理规定》（中华人民共和国工业和信息化部令第 39 号）（以下简称《规定》）。该《规定》共 32 条举措，分别对适用于本《规定》的新能源汽车定义、生产企业准入条件、新能源汽车产品应符合的条件以及申请准入时需要提交的相关材料予以说明。在审核通过方面，《规定》提出通过审查的新能源汽车生产企业及产品，由工业和信息化部通过《公告》发布。该《规定》的出台有利于统一新能源汽车的生产标准，规范新能源汽车生产的市场秩序，促进新能源汽车市场的持续健康发展。

2016 年 12 月 30 日，财政部、科技部、工业和信息化部和发改委联合发布了《关于调整新能源汽车推广应用财政补贴政策的通知》（财建〔2016〕958 号）。该项政策从调整完善推广应用补贴政策、落实推广应用主体责任、建立惩罚机制三个方面对推广应用新能源汽车适用的财政补贴范围进行了明确。对于不断提高新能源汽车的产业技术水平，增强核心竞争力将起到促进作用。

2016 年 10 月 9 日，黑龙江人民政府办公厅印发了《关于加快新能源汽车推广应用的实施意见》（黑政办发〔2016〕112 号）。该意见提出到 2020 年新能源汽车年产销 2 万辆，新能源汽车整车及动力电池等配套产业年销售额达到 200 亿元以上。同时，全省新增及更换的公交车中，新能源公交车比重将达到 35%。同时，该意见提出要加大政策支持力度，实施购车补贴政策，对购买纳入国家"新能源汽车推广应用工程推荐车型目录""免征车辆购置税的新能源汽车车型目录"和适合在寒冷地区使用的新能源汽车，予以适当补贴。

2016 年 12 月 21 日，云南省人民政府办公厅印发了《云南省新能源汽车产业发展规划（2016—2020 年）》。该规划提出，按照市场主导、政策引领、创新驱动的要求，以纯电动和混合动力整车为主要发展方向，大力引进和培育骨干龙头企业，推进电池、电机、电控等关键零部件配套发展，把滇中地区打造成为云南省重要的新能源汽车产业基地；加快建设充电基础设施，加大政策和资金支持力度，大力推动新能源汽车在公交、出租、物流、公务、旅游等领域的推广应用，通过市场推广带动相关产业加快发展。

2016年5月23日，浙江省发展和改革委员会印发了《浙江省新能源汽车产业"十三五"发展规划》（浙发改产业〔2016〕315号）。该规划强调，坚持"以示范促应用，以应用拓市场，以市场促发展"，围绕补强短板、做强产业链、部署创新链三大方向，加快新能源汽车产业化步伐，大力推进"探索一代、研发一代、研制一代、生产一代"产业技术创新，加快新能源汽车推广应用与充换电基础设施建设，打造"互联网＋"智能汽车新模式，构建创新能力强、产业化水平高、配套设施完善、示范应用领先的新能源汽车产业体系。

2016年4月18日，江苏省人民政府办公厅印发了《2016年江苏省新能源汽车推广应用方案》（苏政办发〔2016〕37号）。该方案提出了扩大推广领域和范围、加快充电基础设施建设、加强安全运行监控管理、完善售后服务保障体系、推动产业健康快速发展等五条举措，充分做好本省新能源汽车的推广应用工作。

（六）生物产业相关政策文件

2016年10月26日，工业和信息化部联合国家发改委、科技部、商务部、国家卫生计生委和国家食品药品监管总局等部门共同发布了《医药工业发展规划指南》（工信部联规〔2016〕350号）。该指南强调创新驱动、质量为先、保障供给、集聚集约、开放合作。以期到2020年，规模效益稳定增长，创新能力显著增强，产品质量全面提高，供应保障体系更加完善，国际化步伐明显加快，医药工业整体素质大幅提升。

2016年8月13日，河北省工业和信息化厅印发了《加快我省生物医药产业发展的若干政策措施》（冀工信消费〔2016〕322号）。该政策措施聚焦于加大资金扶持、强化金融支持、保障土地供应、降低企业成本、完善园区建设、加快成果转化和人才引进、完善公共采购、价格及市场推广政策等方面，通过省医药产业发展联席会议制度来保障政策措施的有效落地，力争到 2020 年医药工业主营业务收入达到 2000 亿元，将生物医药产业打造成本省工业发展新引擎。

2016 年 6 月 29 日，江西省人民政府办公厅印发了《江西省生物医药产业发展行动计划（2016—2020 年）》（赣府厅字〔2016〕86 号）。该行动计划指出，要抓住国家加快生物医药产业发展的有利时机，充分发挥本省中医药优势，以完善创新体系、增强创新能力、构建长效机制为突破口，以支持"大项目"、培育"大企业"、建设"大集群"、打造"大品牌"为着力点，重点发展中药和医疗设备，大力推进化学药，借力突破生物技术药，推动生物医药产业发展成为产业布局更优、企业规模更大、集聚程度更高、竞争实力更强的"大产业"，形成发展新格局。

2016 年 11 月 29 日，云南省人民政府办公厅印发了《云南省生物医药和大健康产业发展规划（2016—2020 年）》（云政办发〔2016〕133 号）。该规划重点围绕优质原料产业、生物医药工业、医疗养生服务业、生物医药商贸业 4 个领域，提出了实施"147"发展战略，做大做强生物医药和大健康产业，打造形成新的经济增长极。

2016 年 9 月 14 日，广东省人民政府办公厅印发了《广东省促进医药产业健康发展实施方案》（粤府办〔2016〕96 号）。该方案要求通过优化应用环境、强化要素支撑、调整产业结构、严格产业监管、深化对外合作，激发医药产业创新活力，降低医药产品从研发到上市全环节的成本，推动医药产业智能化、服务化、生态化，努力实现产业中高速发展、迈向中高端水平。

2016 年 11 月 3 日，浙江省人民政府办公厅印发了《浙江省食品药品安全"十三五"规划》。该规划提出了以保障公众食品药品安全为总目标，以最严谨的标准、最严格的监管、最严厉的处罚、最严肃的问责"四个最严"为总要求，以"三网六体系"为总构架，全面实施食品药品安全战略，深化改革创新，加快构建法治化、专业化、现代化、社会化的食品药品安全治理体系，提升食品药品安全现代化治理能力，助推食品医药产业健康发展，实现浙江食品药品安全水平、科学监管水平和食品医药产业发展水平继续走在全国前列。

（七）节能环保产业相关政策文件

2016年12月20日，国务院发布了《关于印发"十三五"节能减排综合工作方案的通知》（国发〔2016〕74号）。该方案提出的主要目标是：到2020年，全国万元国内生产总值能耗比2015年下降15%，能源消费总量控制在50亿吨标准煤以内。全国化学需氧量、氨氮、二氧化硫、氮氧化物排放总量分别控制在2001万吨、207万吨、1580万吨、1574万吨以内，比2015年分别下降10%、10%、15%和15%。全国挥发性有机物排放总量比2015年下降10%以上。

2016年12月22日，国家发改委联合科技部、工业和信息化部、环境保护部共同印发了《"十三五"节能环保产业发展规划》。该规划要求立足发展阶段和现实国情，以解决突出资源环境问题为导向，以提高节能环保供给水平为主线，以创新为驱动，以重大工程为着力点，不断完善政策措施，优化市场环境，运用市场机制引导社会资源要素充分、有序投入节能环保产业，实现节能环保产业的快速、提质、创新发展，为改善环境质量、建设美丽中国提供可靠保障。

2016年6月30日，工业和信息化部印发了《工业绿色发展规划（2016—2020年)》（工信部规〔2016〕225号）。该规划强调要紧紧围绕资源能源利用效率和清洁生产水平提升，以传统工业绿色化改造为重点，以绿色科技创新为支撑，以法规标准制度建设为保障，实施绿色制造工程，加快构建绿色制造体系，大力发展绿色制造产业，推动绿色产品、绿色工厂、绿色园区和绿色供应链全面发展，建立健全工业绿色发展长效机制，提高绿色国际竞争力，走高效、清洁、低碳、循环的绿色发展道路，推动工业文明与生态文明和谐共融，实现人与自然和谐相处。

2016年3月24日，工业和信息化部印发了《绿色制造2016专项行动实施方案》（工信部节〔2016〕113号）。该方案旨在围绕落实绿色制造工程2016年重点任务，以制造业绿色改造升级为重点，加快关键技术研发与产业化，强化试点示范和绿色监管，积极构建绿色制造体系，力争在重点区域、重点流域绿色制造上取得突破，引领和带动制造业高效清洁低碳循环和可持续发展。

2016 年 7 月 15 日，海南省人民政府办公厅发布了《关于加快发展节能环保产业的实施意见》（琼府办〔2016〕169 号）。该意见指出，要围绕重点领域，促进节能环保产业发展水平全面提升；充分发挥政府带动作用，实施节能环保重点工程；大力推广节能环保产品，引导市场消费；加强技术创新，提高节能环保产业市场竞争力，进一步营造有利的市场和政策环境。

2016 年 11 月 30 日，山东省经济和信息化委员会联合山东省人民政府节约能源办公室共同发布了《山东省节能环保产业发展规划（2016—2020 年）》（鲁经信协〔2016〕519 号）。该规划强调要紧紧围绕省委省政府决策部署，坚持"生态立省、绿色惠民"，以企业为主体，市场为导向，重点工程为依托，完善政策机制，培育规范市场，突出自主创新，着力提高装备档次和技术水平，培育一批龙头企业和高端产品，推动产业集聚发展，将节能环保产业发展成富强齐鲁、美丽山东的新兴支柱产业。

（八）数字创意相关政策文件

2016 年 9 月 1 日，青海省人民政府印发了《关于加快发展文化产业的意见》（青政〔2016〕61 号）。该意见充分明确当前发展文化产业的重要意义。依据政府引导、企业主体、市场运作的原则，充分统筹调动各方面的力量发展文化产业。该意见积极推进文化科技创新，推动高新技术成果向文化领域的转化应用。在数字创意与相关文化产业尤其是民族传统文化相结合方面，提出扶持舞台剧目、音乐、美术、文化遗产的数字化转化。该意见强调要创新数字文化服务业态，丰富数字文化应用，加快少数民族特色信息内容开发，培育少数民族数字影视动漫、游戏设计、数字音乐等数字创意产业，对于充分挖掘民族特色文化资源潜力起到了积极助推作用。

2016 年 12 月 15 日，河北省委办公厅、省政府办公厅联合印发了《关于加快构建现代公共文化服务体系的实施意见》。该意见提出了到 2020 年，基本建成覆盖城乡、便捷高效、保基本、促公平的现代公共文化服务体系的总体目标。其中包括实现公共文化服务高效便捷的愿景，并提出科技发展对公共文化服务体系建设的影响力不断加强，数字文化服务得到普及。

2016 年 2 月 15 日，山东省人民政府办公厅印发了《山东省"互联网 + 文化产业"行动方案》。该方案提出了"四个提升"的行动目标，即产业载体聚集水平整体提升、融合传统业态水平显著提升、衍生新型业态能力快速提升、文化创新研发能力明显提升。在衍生新型业态能力快速提升的行动中，指出新兴媒体、数字出版、网络视听、文化电商等新业态、新产品、新服务快速成长，新型业态增幅高于整个文化产业增幅，成为文化产业增长的主要动力和重要支撑。

2016年5月27日，福建省人民政府办公厅印发了《福建省"十三五"文化改革发展专项规划》。该规划在主要任务方面，提出要提高文化产业发展竞争力，通过推动新闻出版业、广播影视业、工艺美术业、动漫游戏业、文化旅游与演艺娱乐业、创意设计与会展业等六大重点行业发展，加快建设文化产业基地、园区和特色产业群，促进文化产业与相关产业融合，以实现文化产业发展竞争力的全面提升。

二、重点政策分析

随着2016年3月《中华人民共和国国民经济和社会发展第十三个五年规划纲要》的出台，各个关系国计民生的重点领域陆续出台了本领域的"十三五"规划。随着国民经济步入新常态，供给侧结构性改革进入深化阶段，战略性新兴产业在国民经济中的支柱性地位进一步凸显。为培育经济发展新动能，抢占竞争新优势，2016年11月29日，国务院印发了《"十三五"国家战略性新兴产业发展规划》（以下简称《规划》），我国战略性新兴产业发展进入到一个新阶段。

（一）明确突出地位

《规划》概述了"十二五"期间战略性新兴产业的发展情况，认为战略性新兴产业已成为稳增长、促改革、调结构、惠民生的有力支撑。但同时也指出战略性新兴产业发展存在的不足，由于产业整体创新水平还不高，一些领域核心技术仍存在受制于人的情况，某些改革举措和政策措施落实不到位，新兴产业监管方式创新和法规体系建设相对滞后。加之全球处在新一轮科技革命和产业变革的历史时期，战略性新兴产业确需有所作为，因此，《规划》开篇便提出，要把战略性新兴产业摆在经济社会发展更加突出的位置，进一步明确了战略性新兴产业未来一段时间内在国民经济发展中的重要地位，力图打造新常态下经济发展新引擎。

（二）强调供需结合

《规划》指出，"十三五"时期是我国全面建成小康社会的决胜阶段。这既是我国供给侧结构性改革深入实施和产业结构调整优化全面发力的关键时期，也是现实市场需求不断增加和潜在需求逐步激活的阶段。为此，《规划》要求"十三五"时期，战略性新兴产业的发展要在供给侧和需求侧同时发力。《规划》在主要原则上，一方面坚持供给创新，着重强调了政府管理侧要推进简政放权、放管结合、优化服务改革，破除旧管理方式对新兴产业发展的束缚，降低企业成本，激发企业活力；另一方面坚持需求引领，要强化需求侧政策引导，以加快推进新产品、新服务的应用示范的方式，激活潜在市场需求，并将潜在需求转化为现实供给，以消费升级带动产业升级。

（三）实施工程引领

《规划》通过实施战略性新兴产业重点重大工程，充分发挥示范引领作用，确保"十三五"期间《规划》各项政策的顺利落地。在《规划》中，明确部署了宽带乡村示范工程、"互联网＋"工程、大数据发展工程、集成电路发展工程、人工智能创新工程、重点领域智能工厂应用示范工程、新一代民用飞机创新工程、空间信息智能感知工程、海洋工程装备创新发展工程、新材料提质和协同应用工程、新药创制与产业化工程、生物技术惠民工程、生物产业创新发展平台建设工程、新能源汽车动力电池提升工程、新能源高比例发展工程、节能技术装备发展工程、绿色低碳技术综合创新示范工程、资源循环替代体系示范工程、数字文化创意技术装备创新提升工程、数字内容创新发展工程、创新设计发展工程等共计21项重点工程，加快推动我国形成全球产业发展新高地。

（四）注重融合发展

相较"十二五"时期战略性新兴产业发展相关规划，本《规划》另一个特点是，除了进一步发展壮大新一代信息技术、高端装备、新材料、生物、新能源汽车、新能源、节能环保等战略性新兴产业外，数字创意作为战略性新兴产业一个新的重点领域被纳入《规划》。这其中既对数字创意产业自身体系的发展建设提出了明确要求，更强调了数字创意产业与其他如电子商务、社交网络、教育、旅游、三农、医疗、展览展示、地理信息、公共管理等重点领域的融合与应用，以培育新产品、新服务和新业态，形成创意经济的新格局和氛围。

第二节 2016年战略性新兴产业发展的主要情况

一、产业规模增长强劲

2015年，战略性新兴产业涉及的27个重点行业规模以上企业收入达16.9万亿元，占工业总体收入的比重达15.3%，较2010年提升3.4个百分点。2010—2015年，战略性新兴产业重点行业规模以上企业收入年均增长17.8%。截至2015年年末，节能环保、新一代信息技术、生物、高端装备制造、新能源、新材料、新能源汽车等七大战略性新兴产业增加值占我国GDP比重约8%，完成"十二五"发展目标。2016年上半年，战略性新兴产业27个重点行业规模以上企业主营收入达8.6万亿元，同比增长11.6%，增速高于全国工业企业总体8.5个百分点，高于2015年同期0.6个百分点。① 战略性新兴产业已成为当下和未来一段时间国民经济增长的重要支撑力量，将保障制造强国战略的顺利实施。

二、创新氛围日渐浓厚

战略性新兴产业因其较为活跃的动态变化的属性，故在创新驱动发展战略深入实施的大背景下将起到积极的催化作用。随着战略性新兴产业在业态、模式、技术方面的不断演化和更新，行业之间的界限开始变得模糊，从而导致生产方式、组织方式、行为方式等一系列广泛而深刻的变化。表现在服务领域，由于个性化、定制化的需求不断增长，多样化和专业化新模式不断涌

---

① 《战略性新兴产业"十二五"实现翻番占我国GDP 8%》，新华社，http://news. xinhuanet. com/tech/2016－11/15/c_ 1119918086. htm。

现，从而导致工业设计等生产性服务业以及服务型制造的规模迅速增长。表现在制造领域，智能化生产模式不断涌现，众多智能制造装备开始从实验室、生产性逐步走向市场。表现在信息技术和生物技术领域，IT、生物和新能源等技术加速相互渗透，催生了可穿戴电子医疗设备、生物芯片衍生融合型创新模式。据有关数据显示，战略性新兴产业领域创业投资已占到我国创业投资的80%。

三、企业效益显著提升

战略性新兴产业由于知识、技术、人才密集，创造的经济价值大、产品附加值高。根据国家发展和改革委员会提供的数据显示，2016 年 10 月，27 个战略性新兴产业重点行业利润达 10499.7 亿，同比增长 15.3%，战略性新兴产业从整体表现出较快增长态势，其中工业部分 26 个行业同比增长达 13.3%，比同期工业整体增速高出 4.7 个百分点，显示出战略性新兴产业对于制造业有较强的提振作用。从上市公司数据看，过去五年中战略性新兴产业上市公司盈利水平始终高于传统产业，如 2016 年上半年，战略性新兴产业上市公司利润率达 10.5%，比上市公司总体（扣除金融业）高出 3.4 个百分点，无论是在资本市场还是实体经济，战略性新兴产业都表现出了强劲的增长动能。

四、发展层次快速跃升

战略性新兴产业发展累积到一定时间节点，在关键技术和关键领域方面都出现了具有重要意义的突破。如目前世界上最长的跨海大桥中国港珠澳大桥的顺利合龙，标志着我国造桥技术和工程方面已位于世界前列。具有自主知识产权的国产大飞机 C919 在浦东机场成功实现了首飞，我国在大飞机制造方面开始进入大国角逐的新阶段。第一艘国产航空母舰也于不久前刚刚下水。此外，在通信、医疗设备、生物技术等领域也相继有新成果问世。这些标志性成果的取得离不开近年来我国战略性新兴产业的快速发展。

第三节　面临的问题与挑战

一、整体创新水平有待提升

一是我国战略性新兴产业整体创新水平还不够高，一些领域核心技术受制于人的情况仍然存在。二是关于创新的知识产权保护的认识和力度尚不到位，侵犯知识产权的现象屡屡出现，制约了大众创新创业的积极性。三是基础设施建设的滞后和技术能力的限制，抑制了战略性新兴产业对于经济的拉动作用。有相关数据显示，中国 2016 年风力发电大幅上升 30%，至 2410 亿千瓦时。但未得到使用的风电数量的增速更快，浪费的数量上升近 50%，至 500 亿千瓦时，大体相当于希腊或保加利亚每年的总用电量①。

二、改革政策举措尚待落实

战略性新兴产业的快速发展，衍生出众多新业态和新模式，现有的部分政策措施已不再适合新的发展要求，使得一些改革举措和政策措施难以落实到位。新兴产业的监管方式方法创新也处在探索阶段，相对于新兴产业需要的监管方式创新和法规体系建设则变得较为滞后，不能主动适应新旧动能接续转换、产业结构加速升级的要求。

三、有效需求尚需充分激活

从国际上看，全球市场尚未走出金融危机的阴影，大宗商品市场表现仍然疲软，在不确定性风险增加的情况下，部分国家和地区出现贸易保护主义抬头的倾向。从国内来看，虽然战略性新兴产业发展速度在近些年来有所加快，但是仍然难以满足国内日益增长的个性化定制化的需求，一些战略性新兴产业产能虽不断扩张，但由于配套系统、设施、后期运营维护以及行业标

---

① https：//site.douban.com/286456/widget/notes/192597902/note/605038343.

准的不完善，国内消费市场仍未有明显起色。总的来看，战略性新兴产业的有效市场需求还需进一步充分激活，以带动经济动能交替及产业结构升级。

四、区域产业布局有待优化

一些地区为了应对新旧发展动能交替时期因过渡不畅导致的经济下行压力，忽略了本地区产业发展实际，缺乏全国通盘考虑的意识和必要的预先研究，急于对战略性新兴产业各个领域进行全面通盘部署，这样的政策执行结果是各地的技术重复引进，同质化的布局以及低层次低水平的竞争，从而导致资源的无谓浪费，部分新兴产业或行业也存在产能过剩的风险和隐患。

第十四章 工业设计服务业发展

工业设计是生产性服务业的重要组成部分，是服务型制造的重要体现形式，是实现"中国制造向中国创造，中国速度向中国质量、中国产品向中国品牌"这三个转变的必然途径，亦是重要桥梁。在社会各界的共同努力下，2016年以来，我国设计企业快速成长，设计产业迅速壮大，设计成果竞相涌现，工业设计在引领产业转型升级和经济社会发展方面正发挥着越来越重要的作用。我国政府一直高度关注工业设计产业发展。在促进工业设计产业发展过程中一贯坚持以促进制造业转型升级、增强核心竞争力为目标，以提高设计创新能力为主线，着力优化工业设计发展的政策和市场环境，扎实推动设计服务与相关产业深度融合发展，加快推动设计产业向高端综合设计服务转变，为制造强国战略的顺利实施提供有力支撑。虽然我国工业设计也面临着诸如行业和区域发展不平衡、人才培养应用与发展问题制约行业发展、缺乏国际双向交流等问题，但从整体上看，工业设计区域格局初步形成，行业规模不断壮大，服务领域不断延伸，创新驱动能力较快提升，均为我国当前和今后一段时间制造业和国民经济的发展起到了良好的助推作用。

第一节 2016年工业设计产业的主要政策

我国政府一直高度关注工业设计产业发展。在促进工业设计产业发展过程中一贯坚持以促进制造业转型升级、增强核心竞争力为目标，以提高设计创新能力为主线，着力优化工业设计发展的政策和市场环境，扎实推动设计服务与相关产业深度融合发展，加快推动设计产业向高端综合设计服务转变，为制造强国战略的顺利实施提供有力支撑。

一、推进工业设计发展的政策情况

（一）国家层面的政策

我国政府十分重视对工业设计乃至创新设计发展的引导和支持。在实施创新驱动发展战略，推动贯彻落实《中国制造2025》，促进大众创业万众创新方面，工业设计作为创新设计的重要内容，在多部政策文件中均有体现，工业设计的发展进入了一个新阶段。

在提升经济发展核心竞争力方面，2016年11月29日，国务院印发了《"十三五"国家战略性新兴产业发展规划》（国发〔2016〕67号）（以下简称《规划》）。《规划》中明确指出，提升创新设计水平。挖掘创新设计产业发展内生动力，推动设计创新成为制造业、服务业、城乡建设等领域的核心能力。聚焦在工业设计层面，《规划》强调要强化工业设计的引领作用。此外，《规划》还将创新设计发展工程列为战略性新兴产业在"十三五"时期实施的21项重大工程之一。

在延伸产业价值链方面，2016年7月12日，工业和信息化部、国家发改委和中国工程院联合发布了《发展服务型制造专项行动指南》（工信部联产业〔2016〕231号）。文件着力推动实施设计服务提升行动、制造效能提升行动、客户价值提升行动和服务模式创新行动等四项主要行动。在设计服务提升行动中首先强调的就是推动创新设计发展，通过制定制造业创新设计发展行动纲要，加快工业设计发展，鼓励工艺装备创新设计，建设创新设计公共服务平台等措施加以保障。

在推动工业文化发展方面，2017年1月6日，工业和信息化部联合财政部印发了《关于推进工业文化发展的指导意见》（工信部联产业〔2016〕446号）。文件中，推动工业设计创新发展是发展工业文化产业的一项重要内容。通过对工业设计产品、平台、企业、产业的相关扶持，发展体现中国实力和文化魅力的设计产品和设计服务。

（二）地方层面的政策

2016年，随着各地对于《中国制造2025》的深入贯彻落实，对于服务型制造宣贯推广和生产性服务业相关内容的实施的深入推进，各地加深了关于工业设计对于促进产业发展的重要作用的认识，各地政府所出台的相关支持政策也较往年有所增多。部分经济较为发达的地区已逐步由支持工业设计延伸为促进当地创新设计的发展阶段上。

2015年12月9日，北京市经济和信息化委员会发布了《〈中国制造2025〉北京行动纲要》，明确提出了大力发展生产性服务业，以工业设计、产品检测认证、标准创制和垂直领域电子商务为重点，建设一批生产性服务业公共平台。同时文件聚焦发展设计创意产品等五类产品，推动文化、科技与制造融合，发展高附加值创意设计产品，重点发展工业设计、工程设计、集成电路设计、软件设计、数字内容等产品，将文化资源优势和工业遗产资源有机结合，发展工艺美术、个性化消费品等都市产品[①]。

天津市在广泛征求意见后，于2016年10月28日出台了《天津市工业和信息化委关于加快推进工业设计发展的指导意见》（津工信产业〔2016〕11号），明确了本市工业设计发展的指导思想、发展目标、发展方向及重点领域，目前已下发各区工业和信息化主管部门和各工业集团并加大宣贯力度，系统推进工业设计工作。

2017年1月9日，上海市经济和信息化委员会印发了《上海创意与设计产业发展"十三五"规划》（沪经信都〔2017〕22号）[②]，上海每年将安排专项文化创意产业发展资金，支持企业工业设计中心、设计创新服务平台、设计众创空间等项目建设，其中直接用于工业设计的项目资金在亿元以上。

2016年9月2日，江苏省经济和信息化委员会印发了《江苏省"十三五"工业设计产业发展规划》（苏经信运行〔2016〕558号）[③]，围绕工业设计与制造业融合发展主线，以设计成果引领企业竞争力提升、服务产业转型为导向，提出江苏工业设计的发展目标、重点任务和保障措施。到2020年，全省工业设计产业增加值将突破1000亿元，建成10家国家级工业设计中心、200家省级工业设计中心，培育100家具有较强市场竞争力的工业设计企业。

2016年6月15日，浙江省经济和信息化委员会发布了《浙江省工业设计

---

① http：//news. xinhuanet. com/2015－12/09/c_ 1117409821. htm.

② http：//www. shanghai. gov. cn/nw2/nw2314/nw2319/nw12344/u26aw51073. html.

③ http：//www. jseic. gov. cn/xxgkjxw/xxgkjxwlm/201610/t20161010_ 206297. html.

产业"十三五"发展规划》①。2016 年 12 月 2 日，在首届世界工业设计大会召开之际，浙江省政府与工业和信息化部签订了《关于共同推进浙江省工业设计产业发展的战略合作协议》。"十三五"期间，浙江省将借与工信部签订部省共同推进工业设计产业发展的战略合作协议的有利时机，努力抓主体培育、抓创新、抓平台、抓人才、创环境，进一步推进本省工业设计快速发展。

2016 年 10 月 12 日，福建省经济和信息化委员会印发了《福建省工业设计发展行动方案（2016—2020 年）》（闽经信服务〔2016〕535 号）（以下简称《行动方案》)②。文件明确今后 5 年全省工业设计工作目标、主要任务和保障措施。《行动方案》明确提出到 2020 年的发展目标：在全省建成 80 家以上省级工业设计中心，其中国家级工业设计中心 10 家以上；重点支持建设和完善 5 个以上工业设计园区，支持工业设计园区建设工业设计公共服务平台，服务园区入驻企业；支持建设和推广 30 项以上工业设计与制造业企业融合对接示范项目。为确保以上工作目标全面完成，《行动方案》还从加大专项资金扶持力度、强化工业设计人才队伍建设、加强知识产权保护、营造良好的工业设计产业发展环境、协调落实工业设计优惠政策等方面提出了具体的保障措施。

2016 年 4 月 8 日，江西省工业和信息化委员会印发了《江西省工业设计发展三年行动计划（2016—2018 年）》（赣工信产业字〔2016〕141 号）③，提出了工作设计的总体思路、主要目标和六大重点任务，并从组织保障、资金扶持、政策引导、协调推进等方面给予保障实施。力争到 2018 年，全省工业设计产业发展水平和服务水平显著提高，拥有 1—2 家国家级工业设计中心，认定 30 家左右省级工业设计中心，引进和培育 50 家专业设计企业，打造 5 家省级工业设计示范区；研发工业设计重大创新成果 100 项以上；工业设计高等教育和职业教育取得较大发展。此外，江西省于 2016 年 3 月出台了《江西省级工业设计中心认定管理办法（试行）》，提出了企业工业设计中心、工业设计企业、工业设计基地的基本条件和认定程序。认定了 10 个省级工业设计

---

① http：//www.zjjxw.gov.cn/art/2016/12/14/art_ 1086962_ 4404744. html.

② http：//www.fujian.gov.cn/zc/zxwj/bmwj/201610/t20161025_ 1224000. htm.

③ http：//www.jxciit.gov.cn/Item/42414. aspx.

中心，发挥示范带动作用，引导企业重视工业设计中心建设，促进工业设计创新发展。3月，江西省还出台了《江西省工业设计发展专项资金操作办法》（赣工信产业字〔2016〕72号）①，规范和加强省级工业设计发展专项资金的管理，明确了专项资金重点用于支持企业创建设计中心，扶持工业设计领域重点企业、重大项目和推广活动。

2016年3月28日，山东省人民政府印发了《〈中国制造2025〉山东省行动纲要》（鲁政发〔2016〕9号）②。关于工业设计的政策支持，纲要中提出发展服务型制造工程，结合不同产业特点，推进制造延伸服务链条，大力发展工业设计、总集成总承包、个性化定制、全生命周期管理、产品远程故障诊断、远程在线运行维护等新型业态。

2016年1月11日，广西壮族自治区工业跨越发展领导小组办公室印发了《关于加快我区工业设计发展的指导意见》（桂跨越办〔2016〕1号）③，对促进广西工业设计产业发展、工业设计创新有积极作用。从中也可以看出部分中西部地区对于工业设计的认识正在逐步加深并不断加以重视。

2016年10月14日，重庆市经信委、重庆市发改委、重庆市科委、重庆市商务委联合发布了《重庆市发展服务型制造专项行动计划（2016—2018年）》（渝经信发〔2016〕75号）④，行动计划明确指出，全面提升工业设计能力，推进工业设计中心以及工业设计公共服务平台建设，加强企业与工业设计机构对接，促进设计资源开放共享和工业设计成果转化，支持万众创新，通过创新设计提高产品技术附加值和竞争力。重庆市人民政府还出台了《重庆市人民政府办公厅关于加快发展战略性新兴服务业的实施意见》，确定了以设计研发为重点的十大战略性新兴服务业。在工业设计具体工作方面，重新修订了《重庆市市级工业设计中心认定管理办法》并制定专门的扶持政策，加大对设计中心特别是国家级中心的奖补力度。

2016年6月16日，云南省工业和信息化委员会印发了《云南省工业设计

---

① http：//www.cnqyzc.com/News.aspx? id=21459.

② http：//news.sdchina.com/show/3752019.html.

③ http：//www.gxgxw.gov.cn/CommonPage/ArticleDetails.aspx? articleId=b981b423-cd78-4905-8561-5ce2fc40c2ee.

④ http：//wjj.cq.gov.cn/xxgk/xzgw/81870.htm.

中心认定实施方案》①，努力培育一批创新设计企业和搭建一个创新设计平台。结合双创活动，培育一批众创、众包等网络化创新设计平台和创新设计企业。开展多层次、多渠道、多方式的工业设计机构和制造业企业的对接活动，加快设计（创意）成果的转化、运用和推广，提升本省工业创新设计能力，提高消费品文化附加值，引领消费需求。

在工业设计职业资格制度建设方面，广东省走在了全国前列。在全国率先构建了工业设计职业资格（专业技术人员）制度试点的专业能力评价以及基于工业设计职业技能鉴定的评价体系。在职称序列方面，广东省在全国率先评出了 37 名高级工业设计师，目前已有 865 人通过考试取得了工业设计高级、中级和初级资格。在职业技能鉴定方面，将评价与职业教育有机结合，将技能资质与国际认证结合，走出了一条独特的人才评价路径。

表 14 - 1　各地促进工业设计发展主要政策一览

序号	发布时间	发布单位	政策名称
1	2015 年 12 月	北京市经信委	《〈中国制造 2025〉北京行动纲要》
2	2016 年 10 月	天津市工信委	《天津市工业和信息化委关于加快推进工业设计发展的指导意见》（津工信产业〔2016〕11 号）
3	2017 年 1 月	上海市经信委	《上海创意与设计产业发展"十三五"规划》（沪经信都〔2017〕22 号）
4	2016 年 9 月	江苏省经信委	《江苏省"十三五"工业设计产业发展规划》（苏经信运行〔2016〕558 号）
5	2016 年 6 月	浙江省经信委	《浙江省工业设计产业"十三五"发展规划》
6	2016 年 10 月	福建省经信委	《福建省工业设计发展行动方案（2016—2020年）》（闽经信服务〔2016〕535 号）
7	2016 年 4 月	江西省工信委	《江西省工业设计发展三年行动计划（2016—2018 年）》（赣工信产业字〔2016〕141 号）
8	2016 年 3 月	山东省政府	《〈中国制造 2025〉山东省行动纲要》（鲁政发〔2016〕9 号）
9	2016 年 1 月	广西壮族自治区工业跨越发展领导小组办公室	《关于加快我区工业设计发展的指导意见》（桂跨越办〔2016〕1 号）

① http：//www.ynetc.gov.cn/Item/13405.aspx.

续表

序号	发布时间	发布单位	政策名称
10	2016 年 10 月	重庆市经信委、重庆市发改委、重庆市科委、重庆市商务委	《重庆市发展服务型制造专项行动计划（2016—2018 年)》（渝经信发〔2016〕75 号)
11	2016 年 6 月	云南省工信委	《云南省工业设计中心认定实施方案》

资料来源：赛迪智库整理，2017 年。

二、重点政策解析

2016 年 7 月 12 日，工业和信息化部、国家发改委和中国工程院联合发布了《发展服务型制造专项行动指南》（工信部联产业〔2016〕231 号）（以下简称《指南》)。《指南》共提出了设计服务提升行动、制造效能提升行动、客户价值提升行动和服务模式创新行动等四项主要行动。其中，工业设计的相关支持政策被首先纳入到设计服务提升行动。

工业设计属于制造业产业链条的前端环节，也出于制造业价值链的前端，一个产品设计的好坏也就决定了产品制成后的初步附加值的高低。创新设计作为工业设计的发展与延伸，将产品设计、系统设计、工艺流程设计、服务设计统一纳入创新设计的范畴，更体现出在新的经济发展阶段下，制造与服务全方位、宽领域、深层次融合的发展新趋势。

《指南》以专栏的形式列明推动创新设计发展的具体举措。为提升我国制造业创新设计在未来的竞争力，强化对制造业转型升级的支撑和服务能力，有必要研究制定制造业创新设计发展行动纲要，以更好地贯彻落实《中国制造 2025》，明确创新设计发展的方面和目标。

在推动工业设计发展的主要抓手和途径上，《指南》指出要开展中国优秀工业设计奖评选，推动建设国家工业设计研究院，创建一批国家级工业设计中心和工业产品生态（绿色）设计示范企业。从评奖评优、载体确立、平台建设、应用示范等方面推动由产品外观设计向高端综合设计服务转变。

在《指南》中，工业设计乃至创新设计并不是作为一个单独的产业加以支持，作为服务型制造的重要组成部分，工业设计更应建立起完整的设计服务体系，发挥其在整个制造业环节的系统性作用。因此，《指南》强调要在传统制造业、战略性新兴产业和现代服务业等重点领域，推动建设贯穿产业链的研发设计服务体系，引领服务型制造发展。为充分发挥设计在服务产品、品质、品牌方面的先导性影响，《指南》要求不断深化设计在企业战略、产品合规、品牌策划、绿色发展等方面的作用。

良好的产业生态环境是产业发展的基础和必要条件，《指南》围绕内外两个方面环境的因素提出具体举措力保设计产业发展。从内部环境来看，主要是支持建设创新设计公共服务平台，支持设计领域共性关键技术研发；鼓励研发具有自主知识产权的设计工具和软件；人才队伍建设方面，支持建立从业人员和专业机构的社会化评价体系；统计标准体系建设方面，支持开展统计调查体系研究；从国际交流方面看，推动创新设计领域国际交流与合作，提升中国设计知名度和国际影响力。

从《指南》对于创新设计所要实现的目标来看，突出表现在两个方面。一方面是突出不断创新的发展趋势，即：定制化设计、用户参与设计、网络协同设计、云设计等服务模式不断涌现。众创、众包、众扶、众筹等组织方式持续创新；另一方面突出的是产业协同发展或是全产业链的协调发展，即贯穿产业链的创新设计服务体系初步形成，有效促进研发和生产、技术和产品的系统提升，推动市场和服务、供给和需求的协调发展。

从《指南》的设计服务提升行动来讲，设计服务提升行动聚焦的是研发设计等环节，属于价值链的前端。设计服务提升行动的主要目的是引导制造业企业在价值链前端加大服务要素投入，推动设计与制造、消费与生产的融合，积极培育创新能力和核心竞争力。

第二节　2016 年工业设计产业发展的主要情况

一、国际工业设计行业发展概况

（一）"设计驱动式创新"是中国实现"三个转变"的战略需求

作为继"技术驱动式创新""市场驱动式创新"之后的"第三种创新"，

"设计驱动式创新"（design driven innovation）是推动技术的主动力扩散，推动制造业实现研发、生产、市场和服务全产业链的创新发展，引领企业走向自主品牌和服务增值之路，制造业摆脱"微笑曲线"低端困境，提升自主创新能力，实现价值链攀升的关键。知识网络时代的设计创造呈现出新的特征，将引发新的产业创新的变革。随着全球化的不断深化和全球竞争力的不断加强，以及新一轮产业革命的大势所趋，设计已经成为各国实现创新驱动型经济的核心推动力。

发达国家通过掌控高附加值产品的设计创新，牢牢掌握了经济的主动权、新兴产业发展的制高点和全球产业链价值的高端。据美国设计管理会2013年发布的数据显示，Ford、Microsoft、Nike、Coca Cola等"以设计为主导"的企业，10年来股市市值表现高于标准普尔指数228%。美国为了巩固全球创新优势地位，2013年投资3.2亿美元成立"数字制造和创新设计研究院"。德国将强大的设计能力融入推进以网络智能技术创新为核心的"工业4.0"。英国、韩国、芬兰、丹麦等国都从国家层面推动设计发展。

随着发达国家回归实体经济，资源、能源和人力资源等要素成本的上升，迫使中国制造将面临着发达国家重振高端制造和新兴发展中国家低成本制造竞争的双重挑战。企业设计创新能力薄弱仍然是制约我国产业转型升级和自主创新能力提升的主要瓶颈。设计创新是产业和产品创新链的起点、价值链的源头。优秀的创新型设计不仅能提升产品的功能品质，实现绿色智能制造，提升市场竞争力和附加值，还可以创造出具有引领性新的市场需求和产业。

未来5到10年，是贯彻"互联网＋"行动计划和"中国制造2025"的关键时期，是"十三五"进入经济转型升级的攻坚期，面对发展阶段和发展动力的转换，亟须在提质增效上下大力气，加快形成以创新为引领和支撑的发展模式。

（二）技术创新、管理创新与设计创新已成为世界经济可持续发展的三大动力

2011年，"工业设计"升为一级学科，可授艺术学与工学学位，属典型交叉学科，以培养用创意、创新、创业和激情塑造未来的科技与创意设计领军人才为目标。这对于打破学科界限，探索设计推动创新创业具有重要意义。

国家对设计寄予很大期望："十三五"规划纲要明确了工业设计作为新兴战略产业的重要性，支持工业设计中心建设，设立国家工业设计研究院。以产业升级和提高效率为导向，发展工业设计和创意产业。

"设计驱动创新"是产业转型的"牛鼻子"：所有全球创新国家，如美国、英国、法国，无一例外都是设计之国。同样，中国要迈向"全球创新之国"，离不开强大的设计创新的支撑。

当前，全球创新设计正从单纯的艺术设计向设计、技术、商业、用户与文化整合趋势发展，中国可以赢得一次与世界同步的机会，这是我国创新设计行业达到国内顶尖、赶超国际一流所面临的机遇与任务。

未来30年，受新技术革命、消费需求升级和生产方式变革的影响，全球产业发展趋势将发生深刻转变。在新技术革命背景下传统业态加速更迭；产业界限日趋模糊，产业融合呈加速趋势；共享经济平台经济发展强劲；绿色环保可持续发展理念注入生产和消费各个环节。这些深刻变化都离不开设计的支持，同时也对设计提出了全新的要求，为此我国将需要整合多学科、多领域及国家行业协会等重要力量，培养一批用创意、创新、创业和激情塑造未来的科技与创意设计领军人才，为设计的持续发展注入活力。

（三）全球知识网络时代"设计驱动产业转型升级"，需要实现协同创新

全球知识网络时代，作为创新引擎的设计正在呈现出新的发展态势。在作用对象方面，设计正逐渐由处理和解决人与物的关系，延伸至处理人与人、物与物之间的关系，交互方式、组织方式、机制设计等均相应发生变化。在此过程中，工业设计作为产业链的前端环节，对整个生产过程的贡献也逐步增加。

在设计方法层面，新的时代背景下的工业设计将会广泛地与新一代信息技术相结合，对于云计算、物联网、大数据、互联网的利用和挖掘，使工业设计的思维模式从根本上开始发生变化，设计与其他领域的融合度也不断加深，反过来催化了用更多其他领域的思维方式和处理问题的方法来发展工业设计。工业设计的受众领域也得到极大的扩宽。

在设计角色层面，工业设计正由被动的服务提供商转变为引领社会进步和技术变革的重要参与者，无论是在实体经济还是在资本市场，工业设计乃

至创新设计的理念正在渗透其间，主动参与相关变革，使得技术进步和社会发展都越来越多地出现设计的身影。

工业设计作为一种创新方法，通过对产品的外观、结构、性能、系统的设计和创新，加之心理学的部分影响因素，形成全新的高端综合服务，延伸价值链，提升附加值。工业设计也是使产品研发顺利产业化走向市场的关键环节。通过产品和服务的创新，工业设计还在推进经济结构转型和社会健康、公平、可持续发展方面发挥着重要作用，引领工业制造业机制转型、升级和与信息化融合，实现"产业创新"和"社会创新"。

二、国内行业发展概况

在党中央、国务院的创新战略部署下，在工业和信息化部等部门的推动下，最近十年来，我国工业设计的产业属性、产业地位、产业政策、产业结构逐步确立，工业设计发展呈现出前所未有的全面加快、全面深化之势。目前我国工业设计产业发展情况主要表现在以下几个方面。

（一）工业设计行业已形成六大集聚区发展格局

长三角、珠三角和环渤海已成为工业设计发展的全国领先区域，东北如沈阳等地，中部如湖南、湖北、河南等地，以及西部如四川、重庆等地，与区域产业升级融合发展，正在逐步成为工业设计快速发展的区域。

（二）工业设计行业规模持续壮大

全国设有工业设计中心的制造企业超过5000家；规模以上工业设计专业公司超过6000家；全国设计创意类园区突破1000家，以工业设计为主题的园区超过50家；1000多所高等院校设有设计相关专业，其中近600所院校设立了工业设计专业；每年新毕业的工业设计相关毕业生近55万人，全国各地的工业设计行业组织约60家，其中省级以上工业设计协会16家；国家级工业设计中心共64家，22个省市认定了1300多家省级工业设计中心；全国设计类奖项赛事约110余项。

（三）工业设计的服务领域不断延伸、服务模式升级、创新能力持续提升

工业设计已从消费类产业领域延伸至汽车、飞机、船舶、轨道交通、机

械等装备制造业领域；从基础的结构、功能、体验设计向高端综合设计发展。另一方面，工业设计从形式与功能设计，发展到智能与体验设计，正在向公共服务领域拓展，在制造业服务化和系统模式方面助推制造业服务化的转变和升级。

（四）设计驱动型创新企业发展活跃

企业难以依靠过去的粗陋模式发展，同时，消费对生活品质和产品服务价值的追求和个性化程度也越来越高，企业纷纷从工业设计创新中寻求新的出路和用户黏性。尤其是随着数字化设计、数字快速成型以及互联网对生产要素的公共分配支持，使设计师能够在互联网上获取和企业家一样的资金、生产、物流、销售资源，自己出产品，自己做创新企业家，摆脱了单一为制造业提供智力服务的传统方式，成为双创重要生力军。

（五）工业设计国际化程度大大提高

伴随着中国成为制造业第一大国、全球第二大经济体，尤其是中国提出"一带一路"倡议以来，中国企业布局全球产业链，越来越多的制造业在国外设立研发和设计部门；工业设计机构开始在国外设立分公司并拓展国际市场；江苏、上海、北京、浙江、深圳等地工业设计园区以当地产业为依托，与德国、韩国、意大利、芬兰等开展设计交流和项目合作。

第三节　面临的问题与挑战

一、行业和区域发展不均衡

许多新兴行业国内发展并不均衡，地域之间差异也较为明显，工业设计就是一个突出的例子。工业设计在国际上最早的应用就是轻工产品，如机器批量制作的消费品、家具、灯具等，其次是汽车等交通工具和装备。在国内，工业设计的最初应用，就是在轻工领域。在改革开放以来，轻工领域中又是开放较早、竞争最激烈的家电行业发展得最好。可以说，当前中国工业设计的最高水平在家电和电子行业，这两个行业的国际影响力和自我创新力都是最强，可以完全与国际中高端水平接轨。相对而言，装备行业、家具行业，我国的整体工业设计水平偏低，仍然停留在浅层创新。

区域发展不平衡也是工业设计当前面临的问题之一。沿海地区，如广东地区，较早承接了国外的产业转移，有雄厚的制造业基础，并且有很好的优质产品意识。无论是企业还是消费者，都有意愿接受设计投入和良好回报，愿意投入更高价格投资和购买，形成良性循环。长三角上海、无锡、杭州三个城市和山东半岛局部因为个别企业或者产业的生态圈形成，也有较强的基础，形成了好的态势。但是从相关统计来看，中部、西部、东北部多数省份还没有建立省市级促进工业设计发展的行业机构或组织，当地政府和企业对近现代工业设计还没有概念，或者对工业设计的理解较浅，或者不愿意投资工业设计。马太效应在区域上表现较为明显。

二、人才培养应用与发展问题制约行业发展

工业设计是一门实践学科，由于历史条件限制和理解问题，中国的工业设计教育和国外的设计教育有较大不同。国外的工业设计教育，强调实践，鼓励学生动手，并且免费提供场地和设备，免费或者以非常低廉的价格提供耗材。在教师队伍上，欧洲和日本的工业设计高校，有80%的专业教师来自企业。以德国的汽车类设计高校 RCA 来看，每年招收 14—16 名学生，但是教师全部来自奔驰和宝马的在职或者离职设计师。实践工作中的问题、领悟、解决方案、思维都可以传授给学生。中国高校仍然以理论教学为主，缺乏足够的教材，场地和设备。部分高校已经投入巨资购置先进加工设备，可是在使用上，基于成本和安全考虑，使用效率较低，效果不明显。教职队伍上，中国的高校仍然存在近亲繁殖，过分强调学历，专业教师普遍源自毕业后留校任教的情况。缺乏有长期企业一线设计管理经历的教师，是中国所有工业设计类高校的通病。全国每年工业设计专业毕业的学生约为 10 万人，但是毕业时转行即不从事工业设计职业的大约为 40%，即只有 6 万人进入就业市场。

国内设计师的社会认可和待遇相对于国外行业较低，部分优秀的设计师选择了出国留学和工作。留在国内的设计师普遍未来愿景不明确，对于长期发展不自信。对于刚毕业的设计师，由于学校教育的技能和实际工作要求的

落差，会质疑自己对就业公司和行业的选择，会考虑转行从事其他行业。毕业数年的设计师，面临着职称和就业资格的认证，但由于全国没有统一的工业设计师职称体系，除了广东和浙江以外，还没有其他省份有设计师职称体系，现有的多是通过工程师系列或者工艺美术师系列获得职称，给正在成长期的设计师带来迷惘。对于工作 8 年以上的设计师，据相关统计，已经有50% 不再从事一线设计工作，转行做设计管理，或者转行去其他领域。而欧洲、美国、日本、韩国，工作在一线超过 20 年的设计师比比皆是。为了打造制造行业的工匠精神，实现中国制造强国梦，从国家层面就必须做到工艺，设计经验的薪火相传，跨行业分享，应当重视设计师队伍的长期培养和发展。

三、缺乏国际双向交流

在国内设计公司与国外设计公司的合作中，以及国内设计公司"走出去"的经历中，可以发现，现在在工业设计领域，存在着极大的贸易逆差和文化逆差。贸易逆差指的是每年中国设计公司对境外客户的服务屈指可数，而中国客户支付给国外设计公司的设计费用，据不完全统计，应当不少于 6 亿人民币。文化逆差指的是现在设计思维、设计文化、设计方法，基本上都是输入比输出的多，几乎还没有中国的工业设计公司可以对国外行业输出。虽然中国工业化起步较晚，并且文化逆差并不是什么坏事，但是长期国际单向交流，对于我国形成独立、强大的工业体系，还是存在不利因素。

展望篇

第十五章　2017年产业结构调整展望

2017年我国工业发展仍将面临"去"和"增"的双重挑战，调整存量、培育增量，进一步释放市场发展活力，实现新旧动力接续和转换。企业的兼并重组成为过剩产能行业去产能重要路径，同时海外并购增速将有所趋缓；随着国家制造业创新体系的初步建立，产业技术水平有望迈上新台阶；去产能作为供给侧结构性改革重点任务，去产能工作配套政策逐步完善，将推动过剩产能加速退出；自东向西产业转移路径仍将持续，区域协同发展成为产业转移的重要突破口。建议我国产业结构调整需要进一步提升自主创新能力，加强工业基础能力建设，强化"去产能"政策托底，消除跨区域企业兼并重组和产业协同的制度障碍，培植新业态形成新增动力，着力推进企业降本减负。

第一节　2017年企业兼并重组展望及政策建议

一、企业兼并重组的主要趋势

（一）兼并重组成为过剩产能行业去产能重要路径

在推进去产能过程中，兼并重组不仅是促进去除产能的重要方式，也是推进国企改革的重要手段。中央经济工作会议指出，2017年经济工作的重点之一就是推动企业兼并重组。2017年，钢铁、煤炭行业的去产能将继续推进，中央企业要化解钢铁过剩产能595万吨，化解煤炭过剩产能2473万吨。而且，去产能的领域还将进一步扩大到有色金属、船舶、炼化、建材、电力等领域。2017年，我国要处置"僵尸企业"300家。所以，未来一年，兼并重组将是这些行业发展的重要主题。

（二）央企、国企将引领我国企业的兼并重组

未来，我国将持续推进混合所有制改革，不但要推动强强联合，推进钢铁、煤炭、有色金属等领域的整合，还将推动专业化重组，成立资产管理公司等平台对企业资产进行整合。国有企业改革将和去产能结合起来推进供给侧结构性改革。到目前为止，我国绝大部分省区市明确将国有企业改革列为2017年的重点工作，并提出部分领域向社会资本开放。以混合所有制为导向的兼并重组将不断提速，通过兼并重组，加快国企改革速度，将不断提高资源配置效率。2016年，我国有10家央企进行了重组，企业内部资源整合力度将不断加大，重组的效果将在未来一年逐步显现出来。

（三）海外并购增速将趋缓

近来，我国对海外投资项目监管力度加强，加大了对境外投资真实性的审查，部分原因是许多企业在并购中频频遭遇风险，并购失败率较高，损失惨重。为稳定人民币的汇率，我国政府逐步收紧境外投资的外汇管制。此外，美国、德国、澳大利亚等国家基于安全方面的考虑加大了对并购项目的审查。如澳大利亚政府禁止我国收购澳大利亚电网的股份。受以上国内和国外因素的影响，2017年，我国企业海外并购无论是数量还是金额将会平稳发展，甚至都有可能出现下降。

二、政策措施建议

（一）积极推动各项政策的落实

应积极落实已经出台的促进企业兼并重组的各项政策措施。一方面，要加强兼并重组相关职能部门工作的协调配合，加大对地方落实政策的督查力度，保证各项政策措施落实到位。强化各不同部门之间的沟通，建立财税、金融、职工安置、审批、统计、土地等重点工作协同工作机制。另一方面，充分发挥行业协会、中介、专业化咨询机构及网络平台的作用，对企业加强政策的宣传和解读。可以考虑将现行政策汇编成册，并指出重点政策和政策的重点，对企业做好相应的培训工作。

（二）消除跨区域企业兼并重组的制度障碍

进一步清理地方保护性和限制性的政策，理顺利益分配关系，对于企业并购后的利益归属问题，地区间可进行协商，消除跨地区企业兼并重组中的区域壁垒，为企业兼并重组营造宽松的环境。放宽部门领域的民营资本市场准入。进一步放开民营资本的准入，开放非明确禁止进入的行业和领域；推动企业股份制改造，发展混合所有制经济，支持国有企业母公司通过出让股份、增资扩股、合资合作等方式引入民营资本。

（三）合理规避海外并购风险

加强对海外并购对象的合理评估。正确评估并购对象的资产，以及负债、员工安置等负担；充分了解当地的经营环境，如产品的市场前景，周围的基础设施情况，产业的配套情况等。充分熟悉当地的法律法规，合理规避相关风险。国外的法律体系与国内存在巨大的差别，应充分了解相关规定，企业在并购中一定要符合当地的规定，在发生矛盾时，也能用运用法律保护自身合法利权益。

（四）进一步完善政府服务体系

政府应做好对企业兼并重组的指导和服务，落实完善政策措施，指导企业制定方案、防范风险和重组整合。探索重大企业兼并重组政府购买专业服务的方式，加强对企业兼并重组的服务支持，帮助减轻企业负担。可以考虑采用政府购买服务等方式对重大兼并重组项目产生的中介服务费用进行补助。应完善对重大兼并重组项目的管理，健全协调机制。进一步健全行政审批制度，缩短审批时间，优化审批流程，同时加强对企业并购不合规行为的监管。

第二节　2017 年产业技术升级展望及政策建议

一、产业技术升级的主要趋势

（一）国家制造业创新体系将初步建立

伴随着《中国制造 2025》的加快落实，以创新中心为载体、以公共服务平台和工程数据中心为重要支撑的国家制造业创新体系将初步形成。一是国家制造业创新中心建设将加快。在国家有关部门政策推动下，企业、科研院所、高校将组成创新共同体，已经在重点领域启动创新中心试点，开展关键共性技术研究和产业化应用示范，2016 年建成 2 家—3 家国家制造业创新中心。二是制造业创新公共服务平台将不断完善。随着工业强基工程的加快实施，国家计划发布 2016 年版工业"四基"发展目录，并依托国家新型工业化产业示范基地，布局一批产业技术基础平台和服务支撑中心。三是制造业重点领域工程数据中心建设将启动。在国家促进大数据发展的大环境下，有关部门将启动工程数据中心建设工作，并不断推动创新知识和工程数据的开放共享力度。

（二）重大技术装备应用范围将得到更大拓展

随着政策支持体系的不断完善和智能制造的稳步推进，我国重大技术装备应用市场将得到积极扩展。一是首台（套）重大技术装备保险保费补偿政策已经落地，有关部门还将继续推动扩大政策覆盖面，推动组建若干重大装备租赁公司，这些都将对企业采用重大技术装备产生激励和促进作用，有力推动重大技术装备的产业化应用。二是智能制造是推动两化深度融合发展的主攻方向，有关部门正在组织实施智能制造工程，支持高档数控机床与工业机器人、增材制造、智能传感与控制、智能检测与装配、智能物流与仓储五大关键装备创新应用，并通过试点示范加大支持力度，这将对智能装备的推广应用起到积极促进作用。

（三）产业技术水平有望迈上新台阶

伴随着我国经济发展进入新常态，产能过剩和消费结构升级倒逼企业加大研发投入和技术创新力度。与此同时，在创新驱动发展战略以及制造强国和网络强国战略的驱动下，一批制造业创新中心、重大专项建设实施步伐加快，将推动产业整体技术水平得到较大提升。一是在示范项目带动下，工业基础领域将取得一定技术突破。有关部门将组织实施工业强基工程，发布工业"四基"发展目录（2016 年），聚焦重点领域实施突破行动和应用计划，组织示范项目，集中解决 30—50 项标志性产品和技术，进一步推动工业"四基"领域创新发展。二是在科技重大专项的带动下，高端装备领域有望取得技术突破。有关部门将组织实施航空发动机及燃气轮机、新能源汽车等重大专项，并改革科技计划管理制度，支持专业机构承担重大专项和重点研发计划管理任务，有利于推动重大专项取得更大进展。三是在技术改造新一轮政策激励下，传统产业技术升级力度将加大。支持企业技术改造的政策体系逐步完善，固定资产加速折旧扩围政策不断落实，有关部门启动设立"先进制造产业投资基金"，组织实施产业振兴和技术改造专项，探索以奖代补、贷款贴息、股权投资等多种方式支持企业技术改造，将对企业加大技术改造投资起到很好的促进作用。有关部门将启动一批智能化改造项目，在有色、稀土、纺织、家电、食品等行业分类推广智能矿山、智能工厂和数字化车间，这有利于推动传统产业向智能化方向转型。四是在绿色发展政策引导下，企业技术更新升级步伐将加快。为推动钢铁、水泥、平板玻璃等行业去产能，有关部门将制定更加严格的环保、能耗、技术等标准，这有利于倒逼企业实现产品和技术升级。在清洁生产、节能降耗、污染治理、循环利用等重要环节，有关部门将组织实施一批重大改造项目和示范工程，这将引导企业向绿色化方向发展。

二、政策措施建议

（一）完善产业创新体系，增强区域创新能力

一是按照《中国制造 2025》战略部署，围绕制造业创新发展的核心任务，有效发挥市场主导作用和政府引导作用，按照"一案一例一策"方式，统筹推进国家制造业创新中心和省级制造业创新中心建设，建立市场化的创新方向选择机制，鼓励创新的风险分担、利益共享机制。二是依托京津冀协同发展、长江经济带发展等国家重大战略，加强顶层设计，统筹现有创新资源，构建跨区域协同创新网络，加快创新资源互联互通和开放共享，促进区域技术转移与研发合作，鼓励各地根据《中国制造 2025 分省市指南》，结合自身产业发展状况、创新环境和创新资源特点，实现差异化发展。三是引导"中国制造 2025 试点示范城市"、国家新型工业化产业示范基地等创新资源聚集区，建设一批促进产业协同创新的技术推广应用平台和服务支撑中心，培育有全球影响力的先进制造业基地，提升区域创新能力。

（二）提高企业创新主体地位，加大关键共性技术研发

一是坚持创新驱动发展，全面实施"中国制造2025"。细化落实"1＋X"体系目标任务，重点组织实施30项基础条件好、关联程度大、长期制约产业发展、未来1—2年有望取得突破的重大标志性项目。二是实施国家制造业创新中心建设工程。启动动力电池、增材制造创新中心能力提升项目，再布局2—3家国家创新中心，重点产业集聚的省市可选择优势领域，创建省级制造业创新中心。三是大力推进工业强基工程，实施高端装备创新工程，加快新材料产业创新发展，大力拓展重大技术装备及工业"四基"应用，修订"中国制造2025"分省市指南，做好军民融合发展等。四是深化产学研协同创新机制，充分发挥行业骨干企业主导作用、中小企业协同配套作用、高校科研院所技术支撑基础作用、行业中介组织的保障服务作用，打造区域型创新平台，支撑当地创新发展。

（三）构建普惠性技术创新支持政策体系

一是健全企业技术改造政策支持体系。将固定资产加速折旧政策扩大到所有行业企业新购进的技术改造设备，引导企业加大技术改造投资力度。研究制定重点产业技术改造投资指南和重点项目导向计划，研究设立技术改造引导基金，加大政策支持力度，推动传统产业技术升级。落实好首台（套）进口税收优惠和保险补偿等政策，研究设立智能化改造设备企业所得税前加计扣除政策，鼓励企业智能化改造升级。二是建立有利于技术创新的金融支持体系。打通和拓宽直接融资渠道，支持专业化风险投资、天使投资、创业投资、股权投资机构发展，强化多层次资本市场对创新的支持，在互联网金融领域避免或谨慎出台禁止性或限制性政策以给予其弹性试错空间。创新间接融资服务方式，鼓励银行与创业投资和股权投资机构探索投贷联动模式，鼓励互联网与银行、证券、保险、基金的融合创新，更好满足实体经济不同层次企业技术创新的融资需求。推进技术和知识产权交易平台建设，建立从实验研究、中试到生产的全过程科技创新融资模式。

第三节　2017年化解产能过剩矛盾展望及政策建议

一、化解产能过剩矛盾的主要趋势

（一）去产能作为供给侧结构性改革重点任务将推动过剩产能加速退出

2015年12月，中央经济工作会议提出2016年经济工作将以推进供给侧结构性改革为主线，紧抓去产能、去库存、去杠杆、降成本、补短板五大任务。其中，积极稳妥化解产能过剩成为2016年经济工作的首要任务。[①] 2016年，全国经济工作以"三去一降一补"五大任务为抓手，推动供给侧结构性改革取得初步成效，部分行业供求关系、政府和企业理念行为发生积极变化。[②] 以钢铁和煤炭行业为例，2016年钢铁行业提前超额完成去产能目标4500万吨，完成煤炭去产能目标2.5亿吨，截至年底重新安置职工约70万人。钢铁与煤炭行业扭亏为盈，改变了2014—2015年两年间行业面临全面亏损的困局。

2017年是供给侧结构性改革的深化之年，也是实施"十三五"规划的重要一年，将继续深入推进"三去一降一补"。根据《2016年中央经济工作会议》要求，将按照企业主体、政府推动、市场引导、依法处置的办法，研究制定全面配套的政策体系，因地制宜、分类有序处置，妥善处理保持社会稳定和推进结构性改革的关系。具体来讲，要依法为实施市场化破产程序创造条件，加快破产清算案件审理。要提出和落实财税支持、不良资产处置、失业人员再就业和生活保障以及专项奖补等政策，资本市场要配合企业兼并重组。要尽可能多兼并重组、少破产清算，做好职工安置工作。要严格控制增量，防止新的产能过剩。

针对化解过剩产能矛盾，去产能方面将继续推进钢铁、煤炭等产能过剩

---

① 《2015年中央经济工作会议公报》。
② 《2016年中央经济工作会议公报》。

行业淘汰落后和过剩产能，一是以处置"僵尸企业"为主，严格执行环保、能耗、质量、安全等相关法律法规和标准；二是创造条件推动企业兼并重组；三是妥善处置企业债务，做好人员安置工作；四是要防止已经化解的过剩产能死灰复燃；五是用市场、法治的办法做好其他严重过剩行业去产能工作。[①]六是防止边去边建，严格控制新增产能。七是按照既定规划目标，落实和完善 2017 年的去产能目标和任务。[②] 针对钢铁行业，将严厉打击"地条钢"，2017 年全年将所有"地条钢"全部清除。

（二）去产能工作配套政策逐步完善，辅助退出机制雏形显现

2010 年国务院发布《关于进一步加强淘汰落后产能工作的通知》（国发〔2010〕7 号）后，2013 年再次发布《关于化解产能严重过剩矛盾的指导意见》（国发〔2013〕41 号）针对化解产能过剩的政策意见，化解产能过剩矛盾工作的顶层设计不断构建与完善。2016 年初，国务院发布《关于钢铁行业化解过剩产能实现脱困发展的意见》（国发〔2016〕6 号）》、《关于煤炭行业化解过剩产能实现脱困发展的意见》（国发〔2016〕7 号）文件，将钢铁、煤炭作为化解产能过剩重点行业大力开展去产能工作，国家发改委、工业和信息化部、国家能源局、国土资源部、环境保护部、人力资源和社会保障部、财政部、民政部、国资委、中国银监会等众多部门积极响应，协同合作形成合力，针对化解产能过剩过程中将面临的人员安置、债权债务、工业用地等等问题，提出了相应的对策建议。如，2016 年 3 月，国土资源部发布《关于支持钢铁煤炭行业化解过剩产能实现脱困发展的意见》（国土资规〔2016〕3 号）；4 月，人力资源和社会保障部、发改委、工业和信息化部、财政部、民政部、国资委、全国总工会联合发布《关于在化解钢铁煤炭行业过剩产能实现脱困发展过程中做好职工安置工作的意见》（人社部发〔2016〕32 号）；7 月，工业和信息化部印发《关于印发工业绿色发展规划（2016—2020 年）的通知》（工信部规〔2016〕225 号）；12 月，中国银监会、国家发改委、工业和信息化部联合发布《关于钢铁煤炭行业化解过剩产能金融债权债务问题的若干意见》（银监发〔2016〕51 号）等等政策。

---

① 《中央经济工作会议在京举行习近平李克强作重要讲话》，新华社，2016 年 12 月 16 日。
② 《苗圩在两会"部长通道"答记者问》，人民网，2017 年 3 月 7 日。

至此，化解产能过剩矛盾的政策体系基本完善，辅助产能退出机制雏形初现。2017 年，中央及地方政府将针对去产能过程中几个重要环节，如职工安置与分流、企业债务问题、不良资产处置、奖补资金、金融支持、土地资源盘活、技术改造支持等，依据已经出台的相关政策，严格贯彻落实政策要求，将具体工作落到实处。继续从安全、环保、专业能力等方面完善化解产能过剩矛盾的政策体系，建立化解产能严重过剩矛盾的长效机制，推动产业转型升级。

二、政策措施建议

（一）充分发挥市场协调机制在去产能进程中的作用

2017 年，中央及地方政府将针对去产能过程中几个重要环节，如职工安置与分流、企业债务问题、不良资产处置、奖补资金、金融支持、土地资源盘活、技术改造支持等，提出具有针对性、可操作性的对策意见，从安全、环保、专业能力等方面继续完善化解产能过剩矛盾的政策体系，建立化解产能严重过剩矛盾的长效机制，推动产业转型升级。诸多行业出现产能过剩的情况，归根结底还是市场协调机制的失灵。市场协调机制无法充分发挥其效用，特别是在市场资源配置方面的决定性作用，才导致落后企业和产能不能及时退出市场。近些年中央与地方层面纷纷出台政策规划开展化解产能过剩工作，在短期内确实起到了稳定行业发展的作用，但在一定程度上过分依赖政府行政手段，进一步影响了市场协调机制的作用。因此，在巩固现有去产能成果的同时，更多地发挥市场协调机制的作用，通过市场竞争来淘汰落后企业和产能，鼓励先进技术和产能，给予其更大的市场空间。此外，应着重降低"计划色彩"的政策退出时伴随的不良政策效应，如市场协调困难、市场波动加剧等。

（二）构建产能评定机制与体系，阶梯式淘汰落后产能

开展化解产能过剩工作，不应简单地只侧重产能的缩减和淘汰落后产能，应着重在产业结构的升级与转型，培养新的更具有市场竞争力的先进产能。只有将淘汰落后产能与培育先进产能，优化产业结构同期进行，才能从根本上实现行业转型、提质增效的目标。进一步完善产能评定机制，构建产能等

级评价体系。从环境、安全、专业能力、经营等方面综合评定，对企业产能进行评定，鼓励先进产能，进一步淘汰落后产能。引导政策性银行、商业银行、金融资产管理公司等金融机构严格落实《关于钢铁煤炭行业化解过剩产能金融债权债务问题的若干意见》（银监发〔2016〕51号）的要求，支持产能过剩行业企业合理的资金需求，加大对兼并重组企业的金融支持力度，严控违规新增产能的信贷投放，坚决停止对落后产能和"僵尸企业"的金融支持，通过金融手段支持淘汰落后和过剩产能。加强对过剩行业中前沿技术研发生产的支持力度，通过专项基金、信贷贴息、科研基金资助等方式，鼓励产能过剩行业内前沿技术研发，促进产业结构转型升级。

第四节　2017年淘汰落后产能展望及政策建议

一、淘汰落后产能的主要趋势

（一）淘汰落后产能工作协调配合机制将进一步完善

目前，我国建立了淘汰落后产能两级工作协调机制，即中央政府层面的部级协调机制和省级政府层面由主要主管分管领导负责的领导协调小组，在工业和信息化主管部门牵头和各个部门相互协作下，较快地推进了淘汰落后产能工作的开展，但是协调配合工作机制仍需进一步完善。目前，在环境保护、工商、监测等执法方面存在一定的不协调性，部分法律法规和政策规定的能耗、环境指标和市场准入限制无法有效地贯彻，企业高污染和高资源消耗的社会成本不能有效地内化到企业的生产成本，使得市场调节机制不能有效地工作。故此，2017年淘汰落后产能工作协调配合机制将进一步完善，更加高效地推进淘汰落后产能工作。

（二）淘汰落后产能将重点推动产业转型升级

现行淘汰落后产能政策体系中，主要通过两种方式安排企业落后产能退出。一是中央淘汰落后产能专项资金和地方财政配套资金对按时拆除落后产能主体设备和生产线的企业给予奖励，支持其转产、处理设备和安置职工。

二是通过安排技改资金，支持企业进行技术改造，使得设备和生产工艺达到能耗、环保等要求。随着淘汰落后产能工作的进一步深入开展，中央与地方层面将更加侧重产业转型升级，加速传统行业落后产能退出，培育先进产能与新兴产业，进而推动产业结构转型升级。

二、政策措施建议

（一）完善行业准入标准等市场化调节机制

对先进生产力的鼓励是解决"劣币驱逐良币"困境的主要方法，综合能耗、环保、质量、安全、技术等多方面因素设立淘汰落后产能标准，不断提高对生产技术、设备及生产工艺的要求，有利于在推进淘汰落后产能工作的同时，调整产业结构，促进生产能力的提升。通过税收优惠政策和补贴政策刺激企业通过投资改造升级现有的技术、设备和工艺，以提高生产能力。科技投入方面，可以通过对科研投入较高的企业，折算减免部分税务的方式，促进企业生产技术和设备的更新，提高创新生产能力。设备折旧方面，适当缩短机械设备使用的折旧年限，折旧设备按期淘汰，地方政府可尝试为部分行业企业购买新设备提供补贴，促进企业落后设备的更新。严格市场准入机制。强化安全、环保、能耗、物耗、质量、土地等指标的约束作用，通过相关行业准入条件、强制性能耗标准和落后产能界定标准，抬高准入门槛，鼓励发展低消耗、低污染的先进产能。

（二）科技创新政策与产业政策相结合促进产业转型升级

科技和产业政策相结合推动新技术、新工艺成果向产业界加快转化。很多国家通过税收优惠、政府补贴、金融政策、投资政策、贸易政策等多种形式的政策措施，有效地加快技术创新成果产业化，推动产业技术升级。鼓励战略性新兴产业发展，加快改造升级传统产业，激发活力，推动落后产能退出。一方面采取通过海外投资转移低技术、保留"精品"；另一方面通过补贴、投资、政府购买再转让、强制折旧等具有一定倾斜性、多样性和连续性的政策措施，加快用高新科技改造和提升传统产业。比如对煤炭和钢铁传统工业进行企业合并和技术改造，在钢铁、煤炭产业推广应用新技术、新设备，改变了原来污染严重、设备落后、产能低下的局面。建立科技人员制度，明确了技术创新中各级科技工作人员领取薪金的标准和依据，建立了灵活的人才流动机制，鼓励科技人员在高等院校、产业界和联邦实验室之间的交流，为技术创新提供了充足的人才支持。

（三）进一步完善职工安置等相关配套保障体系

落实财政经济补偿。各地政府要落实好"以奖代补"的资金支持政策，按《淘汰落后产能中央财政奖励资金管理办法》要求争取国家资金对本地企业给予奖励，并设立配套补助资金，明确补偿标准，提高政策执行的公正、公平度。增加对企业的经济补偿，要求各地政府在财政预算中安排专项资金或建立落后产能贷款担保基金，给予银行业贷款贴息或风险补偿，提高金融机构支持淘汰落后产能的积极性。妥善安置职工方面，中央和地方财政奖励资金应优先用于职工安置，严格执行《关于做好淘汰落后产能和兼并重组企业职工安置工作的意见》，切实将淘汰落后产能下岗失业人员纳入就业再就业扶持政策体系，落实鼓励企业吸纳就业、帮扶就业困难人员就业等各项政策，建立健全职工再就业培训基金与最低生活保障制度等。对淘汰落后产能企业自主创业的职工，落实税费减免、小额担保贷款、场地安排等优惠政策，支持职工自主创业带动就业。对优势企业兼并、收购、重组淘汰落后产能企业的，应尽可能留用淘汰落后产能企业职工。

第五节　2017年产业转移趋势展望及政策建议

一、产业转移的主要趋势

随着东部地区生产成本的逐步攀升，资源环境的约束趋势，加快经济发展方式转变和产业转型升级成为异常紧迫的任务，而东北、中西部地区面临着加快工业化进程和优化生产方式的双重任务，产业转移与转型升级需要同步进行，建立互动互促的发展机制是我国东中西部的共同选择。

（一）自东向西产业转移路径仍将持续

党的十八大以来，中国经济增长速度持续趋于"西高东低"空间格局，中西部地区与东部地区之间经济发展水平逐渐缩小，产生这种现象的主要原因之一就是我国自东向西的产业转移。目前我国中西部内陆地区经济发展水平仍然相对落后，调整优化区域空间格局和实现区域协调发展目标的压力仍然较大。未来我国应继续坚持自东向西产业转移为手段，依托不断完善的基础设施，在我国东北、东、中、西部区域之间实现以点带线、由线到面的网络化空间发展格局，促进区域协调发展。

（二）区域协同发展成为产业转移的重要突破口

我国未来的产业转移活动应是在遵循市场规律的基础上，围绕"一带一路"倡议、京津冀协同发展、长江经济带发展等国家战略，通过政府的作用破除产业发展障碍，实现要素有序自由流动的进程。在这一进程中，地方自由平等的投资环境、高效率的投资运行体制、公正透明的投资奖励政策，是吸引企业落户发展的重要条件。各地区政策协同是实现资源要素空间布局优化调整的基本条件，也是实现不同区域分工协作的必备条件。应将地方政府间的政策协同作为推动区域协同发展的首先要解决的问题。尽快消除影响要素跨区域流动的政策壁垒和地域歧视性政策，加强区域之间基本公共服务和社会保障政策的一致性；加快构建以要素流动、利益共享为核心的区域合作机制。

（三）地区产业发展主方向将进一步明确

目前我国地区相对差距开始缩小，地区绝对差距还在扩大，只有积极构建产业空间合理布局，完善区域分工合作体系，才能正确反映和指导未来我国区域经济发展差距调控的方向和力度。我国东中西地区生态环境和资源条件存在差异，区域经济发展的方向和水平也有所不同，实现区域经济与其生态环境可持续发展，必须因地制宜，按照各区域体系的自身发展需求，采取不同的发展模式，明确产业发展方向，才能不断推进产业实现可持续发展。

（四）城市群建设继续加快推进

加快推进和不断完善城市群建设，城市群是我国促进产业转移、优化布局和协调区域经济发展的强有力后盾。城市群是在特定的地域范围内具有相当数量的不同性质、类型和等级规模的城市，依托一定的条件，构成一个相对完整的"集合体"。城市间的紧密联系和协同互动，促进城市间要素自由流动、资源高效配置、产业关联配套，消除相互之间的行政壁垒，逐步实现区域内的协调发展和资源的优化配置。城市群的构建，可以减少产业转移过程中各地区之间的盲目竞争和重复建设问题，解决产能过剩和恶性竞争，充分发挥城市群的规模效应、集聚效应和协同效应。

二、政策措施建议

（一）建立完善的区域政策法律法规体系

为确保我国政府在区域协调发展中发挥应有作用，必须完善区域促进的法律法规体系，如制定《区域规划法》《西部开发法》《老工业基地再振兴法》，进一步明确我国区域协调发展的具体目标、主要手段、操作程序及各级职能部门的职责，为落实区域政策打下基础。应充分发挥地方政策在宏观调控政策体系中的积极作用，加强地方政策与财税、产业、投资等政策的协调配合，突出宏观调控政策的空间属性，提高区域政策的差异性、精准性和有效性，保持区域政策的持续性和连贯性。

（二）东北地区

通过传统资源型产业的转型升级，弱化东北区域空间演化的资源指向型特征。进一步提升沈阳、长春、哈尔滨、大连、吉林等中心城市的要素集聚能力，扩大对周边城市的辐射带动范围。以哈长地区为承接产业转移的重点区域，着重推动传统优势产业结构调整和优化升级，促进哈长地区成为东北经济发展的重要增长极。快速推进城区老工业区和独立工矿区的搬迁改造工作，优化产业发展环境，提升产业转移承接能力。

（三）东部地区

加快推进东部地区产业空间"多核心、网络化"发展，着力解决产业布局过密和过疏问题，促进产业空间优化和产业结构转型升级。以建设世界级城市群为目标，继续强化三大都市圈的核心带动作用，一方面加强高端产业功能的集聚，另一方面加快低端产业环节向周边地区疏解。加快济南、厦门、福州等区域性中心城市建设，做大做强城市经济规模和实力，并以这些城市为中心带动省内中小城镇发展，最终形成东部地区"多中心"发展格局。着力推动制造业在东部地区内部的就近扩散转移，做大做强本地产业集群。在京津冀地区，深入实施《京津冀协同发展纲要》，进一步加快产业升级步伐，推动区域产业转移承接，优化区域产业格局，强化创新驱动发展，建设以首都为核心的世界级城市群，在引领和支撑全国经济社会发展中发挥更大作用。

（四）中部地区

依托"长江经济带"战略，充分发挥中部地区承东启西和地形平坦的地域优势，加快承接东部发达地区产业转移。围绕皖江城市带承接产业转移示范区、湖南承接产业转移示范区、荆州承接产业转移示范区、赣南承接产业转移示范区等国家级承接产业转移示范区的发展与建设，打造承接东部发达地区产业转移的核心区域。缩小中部地区各城市群的发展差距，建立和完善武汉城市群、中原城市群、长株潭城市群、皖江城市带、大环鄱阳湖城市群及太原城市群之间的协调发展机制。继续加大中部地区交通基础设施的投资力度，巩固郑州、武汉等城市的全国交通枢纽地位。推进高铁、高速公路等交通基础设施建设，促进东中西地区之间生产要素的快速流动和资源要素的高效配置。

（五）西部地区

大力推进西部地区国家重点开发区建设，充分发挥"核心城市"带动效应。以主体功能区规划为指导，重点开发呼包鄂榆、广西北部湾、桂东、成渝、黔中、滇中、藏南、关中—天水、兰州—西宁、宁夏沿黄经济区及天山北坡等地区。这些经济基础好、资源环境承载力强的地区，应作为西部地区承接产业转移的重点区域。大力实施优势资源转化战略，加快沿边开发开放，将这些地区建设为国家重要的能源化工、资源精深加工、新材料和绿色食品加工基地，以及区域性的高技术产业和新建制造业基地。依托"一带一路"倡议，统筹利用国内外两个市场，注重沿线城市产业的布局与协作，形成横贯东西、连接南北的对外经济走廊。

第十六章　重点产业结构调整展望

2017 年，钢铁、有色、建材、船舶等重点行业仍将是结构调整的重点领域，这些领域的企业或将加快推动企业兼并重组，加速落后、过剩产能的退出。钢铁产业去产能将继续深入推进，价格机制等市场化手段将进一步完善；有色行业整体供应过剩局面仍将持续，高层次有色金属制品需求提升推动行业结构升级；产能过剩倒逼船舶产业加速整合，军民融合发展趋势更加明显；互联网、软件与制造业融合发展将成为战略布局新重心，新技术更迭将加快推动产品智能化发展；工业设计行业从产品向服务创新延伸，工业设计和科技的融合推动企业走向战略和创新管理；战略性新兴产业的融合发展将催生产业发展新动能。

第一节　2017 年钢铁产业结构调整展望及政策建议

未来一年，钢铁产业化解过剩产能处于攻坚期，将继续深入推进；在政府对政策不断完善和力推之下，钢铁产业结构调整和转型升级将进一步推进，强化环保制约、探索绿色发展将成为钢铁产业发展的新常态。

一、趋势展望

（一）去产能将继续深入推进

我国钢铁产业虽然已经完成落后产能的淘汰，但产能过剩仍较为严重。2017 年钢铁行业去产能将继续推进。中央经济工作会议明确提出，2017 年还要持续推动钢铁产业过剩产能的化解。未来一年，在巩固已经取得的成果的基础上，去产能将更加注重运用市场化和法治化手段，严格执行环保、能耗、安全等标准，更多去掉的将是在产产能，效果将更加显著，将极大改善供需关系；"地条钢"将成为重点治理对象，将被全面出清，竞争力弱的企业将会被淘汰。如河北省 2017 年将压减炼钢产能 1562 万吨、炼铁 1624 万吨，从规模上来看与上年近似，但拟关停的投产设备规模超过去年。吉林不但明确去产能具体目标，还明确具体的企业；山西、内蒙古、青海表示要更好运用市场化、法治化手段去产能，严格执行环保、能耗、质量、安全等相关法律法规和标准。

（二）以价格手段促进钢铁产业供给侧结构性改革

国家发改委、工业和信息化部联合出台了《关于运用价格手段促进钢铁行业供给侧结构性改革有关事项的通知》，决定自 2017 年 1 月 1 日起，对钢铁行业实行更加严格的差别电价政策和基于工序能耗的阶梯电价政策，对于限制类、淘汰类装置所属企业生产用电继续执行差别电价，在现行目录销售电价或市场交易电价基础上进行加价。这体现出我国将进一步利用差别电价、阶梯电价等市场化手段促进钢铁行业供给侧结构性改革，对进一步促进钢铁企业实施节能降耗技术改造，加快淘汰落后产能，提高钢铁企业的整体技术装备水平和竞争能力，化解钢铁行业过剩产能将起到重要带动作用。

（三）企业兼并重组进程将加快

中央经济工作会议明确指出，2017 年，对于钢铁产业来说，除化解过剩产能外，还要推动钢铁企业的兼并重组。国家提出，对不符合国家能耗、环保、质量、安全等标准和长期亏损的产能过剩行业企业实行关停并转或剥离重组，对持续亏损三年以上且不符合结构调整方向的企业采取资产重组。而且提出到 2025 年，10 家大企业的产量占比超过 60%，其中将产生 3 家到 4 家8000 万吨级的钢铁集团、6 家到 8 家 4000 万吨级的钢铁集团和一些专业化的钢铁集团。所以，我国将会更加注重政策的落地和实施，钢铁企业兼并重组的政策环境将更加有利，钢铁企业的重组将打破区域界限和所有制的限制，强强联合将不断上演。在坚持企业主体、市场化原则下，将成立一批钢铁投资、运营公司，为企业兼并重组提供平台。此外，宝钢和武钢的重组已经完成，未来一年将深入进行整合，促进协同效应发挥。

（四）成本将在高位运行

2016年，我国钢铁原材料上涨，煤炭、进口铁矿石等价格大幅上涨，如下半年的焦炭价格上涨了约3倍，进口炼焦煤价格短期内上涨4倍，进口铁矿石价格快速上涨。此外，运输成本上升提高了钢铁产品物流成本。交通运输部发布《超限运输车辆行驶公路管理规定》（交通运输部令2016年第62号）并于2016年9月21日实施，在全国范围内整治货车非法改装和违法超载专项行动。治超行动使得钢铁产业的物流成本较先前有所增加，增加了30%以上，铁路运输的运力也一度出现紧张。

（五）环保监管力度不断加大

近年来，随着大气污染形势日益严峻，雾霾天气的恶劣影响不断，我国钢铁产业面临的节能减排压力不断加大。为此，我国不断加强对钢铁产业的环境监管，进一步强化了对钢铁产业的专项执法检查，对钢铁企业污染物排放等情况进行排查，查处钢铁企业环境违法问题。对不合格的钢铁企业，依法采取相关整改或处罚措施。未来，我国对钢铁产业的环保监管力度将持续加大，促进钢铁企业污染物排放达标，推进钢铁产业走绿色可持续发展之路。

二、政策措施建议

（一）妥善安置分流职工

拓宽职工安置途径。以企业为主体，通过多种渠道、采取多种方式来安置失业人员。可通过内部安置、转岗就业、内部退养、服务输出、公益性岗位托底安置等渠道安置职工。鼓励大众创业，提供创业能力培训，鼓励分流人员自行创业。强化安置资金保障。地方可设立专项基金；拓展资金来源，如财政预算安排资金、失业保险金、社会捐赠资金等；合理确定并细化补偿标准。积极提供再就业培训。为失业人员提供就业指导，适应性职业技能培训、新知识新技能培训等，及时提供就业信息。

（二）强化金融等政策的支撑力度

加快不良资产的处置。充分发挥资本市场的作用，推动商业银行等金融机构采取多种手段，积极处置钢企的不良资产，优化核销程序。鼓励上市企业采取可转换债、优先股等多种支付手段；对于市场前景较好，生产经营暂时出现困难的企业，金融机构可通过收回再贷、延期续贷、债转股等措施，调整贷款结构，可将短期贷款转为长期，出台债务核销、破产清算、债权转让、债务重组等措施，积极帮助企业走出困境。

（三）加快兼并重组处置"僵尸企业"

推进钢铁企业兼并重组，提升产业集中度，减少企业之间的恶性竞争，以推进产业结构调整和企业技术进步。在推动企业重组中，建议政府发挥好统筹协调作用，减少行政干预，让企业有更多的自主权。鼓励商业银行积极开拓并购贷款业务，支持钢企的兼并重组，提升贷款服务水平。进一步发挥资本市场作用，鼓励符合条件的企业通过发行股票、企业债券、可转换债券、非金融企业债务融资工具等方式融资，融资资金主要用于支付兼并重组、人员安置、新产业投资等费用。完善企业所得税、土地增值税政策，减少重组成本。在企业重组过程中，注重运用市场化、法制化办法处理好企业资产、债务等问题，妥善安排富余职工。

（四）推动企业技术创新

加大研发投入，积极建设研发平台，积极构建和完善"产学研用"机制，形成研发协同合作机制，攻克核心关键技术，重点解决钢铁产业发展面临的材料工艺、制造工艺、生产设备技术等共性技术问题，推进产品、产业创新。加大高端产品的研发力度。加强企业自身知识产权保护力度。我国钢铁企业应重视知识产权提前布局和建立保护机制，完善知识产权开发、管理和保护体系，尽可能多地申请投资国专利，建立起自己的知识产权优势和贸易壁垒。

（五）推进绿色制造发展

促进钢铁企业清洁实施清洁生产，加大环保资金、设施、技术等方面的投入，鼓励企业使用先进的节能减排技术，在企业中，普及成熟的节能技术和装备。加强能源消耗过程控制，完善合同能源管理制度，降低能源消耗量、污染物排放量。积极发展循环经济，促进钢铁产业发展与区域经济发展相协调。进一步促进钢铁产业绿色制造水平不断提高。

第二节　2017年有色金属产业结构调整展望及政策建议

一、趋势展望

2017年国内外经济环境更加复杂严峻，经济下行压力仍然较大，我国经济发展新常态特征愈发明显。按照《国务院办公厅关于营造良好市场环境促进有色金属工业调结构促转型增效益的指导意见》（国办发〔2016〕42号）工作部署和《有色金属工业发展规划（2016—2020年）》有关工作安排，下一步，有色金属行业将着力转变发展方式，由规模扩张转向优化存量、控制增量；由低成本资源和要素投入转向创新驱动，加快发展高端材料和实施智能制造，提升中长期增长动力。

考虑到当前煤炭能源价格和运输成本上涨、投资乏力对行业效益持续回升的影响，预计2017年国内主要有色金属产品产量将保持4.8%左右增长，有色金属行业工业增加值同比增长5.5%左右。加快供给侧改革，去产能、去杠杆、补短板、加快行业转型升级和降本增效，仍将是2017年有色金属行业管理重点工作。

（一）整体供应过剩局面仍将持续

过去一个时期，中国需求的持续增长，曾拉动了全球大宗有色金属产能的持续扩张。全球金融危机以来，由于全球贸易增长趋于停滞，加之有机材料、碳纤维等新型结构材料的替代，有色金属市场需求放缓的格局将持续一二十年。这一整体趋势不会由于宏观经济周期的波动而发生变化。随着中国经济进入新常态，基础设施和房地产建设带来的需求增速放缓，世界主要有色金属供应过剩的矛盾凸显。虽然近年来印度有色金属生产和消费增长较快，印尼、越南等新兴工业国家经济扩张明显，工业化进程加快，但仍不足以成为拉动产业发展的新动能。因此，全球主要有色金属供应过剩的局面仍将保持一段时间。相对于有限的有色金属矿产资源、增速较低的市场需求，有色金属冶炼加工产能始终存在相对过剩的问题。

（二）主要有色金属价格继续低位震荡

由于目前国内外市场主要有色金属价格仅略高于平均生产成本线，受成本因素支撑，大部分金属价格继续下跌的空间不大。少部分稀缺品种由于市场容量小、供应相对紧张，投机投资资金介入，还出现了较大幅度的反弹。但由于世界有色金属"去产能"的结构调整进展缓慢，过去几年积累的大量库存需要消化，在供应过剩阴影笼罩下，大部分金属价格上涨的动力依然不足。对于有色金属企业而言，既要审慎考虑补库存，甚至通过海外并购的方式，保障矿石供给，又要注意保持合理的风险敞口，防范市场风险和财务风险。

（三）国际政治格局动荡，影响市场的不确定因素增加

当前，全球经济面临诸多不确定因素，发达国家经济复苏遭遇诸多曲折。中东地区持续动荡不安，英国脱欧的影响逐步释放，欧洲接收难民造成社会矛盾激化，右翼势力浮现，美国总统特朗普上台，排斥邻国非法移民，日本谋划介入南海问题，韩国启动"萨德"部署、朝鲜加快核武器和洲际导弹研发，缅甸地方武装挑起战斗，都将给全球政治、经济带来潜在风险。发达国家的贸易保护主义加剧，"反移民"的民粹主义和极端民族主义抬头，全球化发生倒退甚至逆转的趋势已经比较明显，我国进出口的外部环境将更加严峻。以美国为首的发达国家，可能对我国有色金属制品采取更加严厉的"反倾销"措施，对我国有色金属企业造成更为不利的外部环境。此外，由于不确定性增加，投机资金流入美国进行避险的趋势愈发明显。由于美元走势与主要有色金属价格变化存在反向关系，美国未来持续加息，又将对大宗金属价格形成压制，极大抑制有色金属期货市场的投资投机需求，将直接影响 2017 年国际市场有色金属价格走势。

（四）高层次有色金属制品需求尚不足以支撑整个行业的发展

当前，我国有色金属行业出现了一些新亮点，形成了一些新动能，但这些新亮点和新动能，与行业的整体规模相比，所占比重很小。譬如，航空铝材、动力电池材料等高端产品发展很快，锂等稀有金属供不应求，效益很好，但这些产品的市场规模很有限，对产业发展一时难以形成强大的支撑作用。

由于行业发展内生动力还不强，一旦有色金属价格持续回升，很有可能引发产能扩张回潮。加之国际贸易摩擦、能源价格回升、银行风险预期增强等因素，都会影响行业平稳发展的态势。加快产业升级，仍是摆在我国有色金属行业面前的最大挑战。

二、政策措施建议

（一）加快推进有色金属工业供给侧改革

执行以公平竞争为导向的产业政策，加快有色金属企业、产能的优胜劣汰。有效淘汰落后产能、化解过剩产能，坚决遏制新增低端产能，建立"僵尸企业"退出机制。一是严格控制控制新增产能，切实淘汰落后产能，有序退出过剩产能，探索保留产能与退出产能适度挂钩。在建项目应按一定比例与淘汰落后产能和化解过剩产能挂钩。二是加快推动有色金属产业向资源富集区转移。通过采取强有力措施，切实制止一些地方和企业不顾国家发展规划、产业发展政策，盲目大规模投资建设冶炼生产能力；引导冶炼生产能力向资源、能源相对丰富的中西部转移；提升长江三角洲、珠江三角洲、环渤海地区铜铝加工产业水平，打造高精铜铝产业基地，有色金属行业布局将逐步得到优化升级。三是优化财税政策，通过设立结构调整专项奖补资金引导地方综合运用兼并重组、债务重组和破产清算等方式，加快处置"僵尸企业"。四是降低不合理的融资成本。形成多层次、多元化、高效率的融资渠道，通过积极稳妥发展企业债券市场，大力发展投资基金市场，进一步规范企业产权交易市场来为企业创造良好融资环境和条件。同时，稳步发展期货市场，加快金融工具创新，为有色金属企业规避风险、降低财务费用、实现产品保值增值提供机遇。结合国企改革需要，积极推进市场化债转股，运用市场化手段妥善处置企业债务和银行不良资产。

（二）加强有色金属行业创新

强化有色金属行业企业在技术创新中的主体地位，引导和鼓励企业加大研发投入和技术改造力度，支持引导企业利用新一代信息技术，以产业公共服务平台、智能工厂示范、虚拟技术平台研发等为重点，推动有色金属企业的生产自动化、管理信息化、流程智能化，发展服务型制造。加快有色金属矿山机械、冶炼加工成套设备、工厂智能化管控系统的自主研发，提高生产效率，实现行业关键技术的自主可控。加大新技术、新产品财税政策支持力度，提高科技成果奖励标准，进一步完善科研创新激励机制。支持传统产业改造升级和大力发展精深加工产品，大力支持新技术、消纳过剩产能带动性强的新材料、新产品技术攻关，扩大铝材、铜材等有色金属在交通运输、航空航天、建筑、战略性新兴产业等领域的应用。加强有色金属生产加工企业与下游企业需求对接，引导企业按照"先期研发介入、后续跟踪改进"的模式，重点推进汽车、电子、航空航天、高速铁路、核电、船舶与海洋工程等领域重大技术装备所需高端产品和金属新材料的研发和推广应用。

（三）加强对有色金属行业的运行监测分析

统筹建立全国有色金属行业在线监测系统，加强对有色金属行业特别是电解铝行业运行监测分析，及时反映行业出现的新情况、新问题。特别要对有色金属行业的电能消耗、安全生产、"三废"排放等关键环节加以动态监管，统筹掌握第一手数据，为全国产业布局调整提供决策支持。加强对有色金属行业上市公司、"新三板"挂牌公司财务状况的分析，妥善预防和化解部分高杠杆率企业的财务风险，以及高库存率、大量参与期货交易企业的市场风险。积极探索淘汰落后产能长效补偿机制，在推动地方淘汰落后产能的同时培育新的产业增长点，化解淘汰落后产能过程中下岗工人安置问题。适时适当提高电解铝、铜冶炼、铅冶炼、锌冶炼的淘汰标准，并鼓励地方根据自身产业特点进一步提高淘汰标准，加快推进淘汰落后产能工作。增强环保约束在有色金属产业结构调整中的强制力，制定更加严格的排放标准，实现对落后产能退出的倒逼机制。加快推进资源性产品价格形成机制改革，形成有利于资源节约和环境保护的资源价格体系，建立以市场竞争为主、产业政策为辅的有色金属行业化解产能过剩矛盾的长效机制。

（四）积极推进国际交流与合作

优化有色金属产品进出口结构，鼓励进口有色金属资源和产品，严格限制高能耗、高排放、资源性产品及初级深加工产品出口。加大"走出去"支持力度，把一部分面向海外市场的产能转移到需求国，积极妥善应对"反倾销"以及其他形式的贸易壁垒。积极推动制定境外矿产资源勘查开发支持政策，鼓励有条件的企业积极开展国际合作，参与国际市场竞争，尽快建成一批境外资源基地，提高国内资源保障水平。

第三节　2017年建材产业结构调整展望及政策建议

建材工业既承担着为国民经济建设、人居条件改善提供建筑及工业材料的重任，自身也处在结构调整、转型升级的关键时期。"十三五"期间，靠投资拉动的建材增长将更加有限，资源能源环境约束将持续强化，倒逼行业加快转变发展方式。

一、趋势展望

（一）行业技术改造有望提速

为推进落实《中国制造2025》，指导各地工业创新发展，引导社会投资方向，加强企业技术改造，实现产业优化升级，中国国际工程咨询公司等12部门联合编制了《工业企业技术改造升级投资指南（2016年版）》（以下简称《投资指南》）。《投资指南》对《中国制造2025》及相关行业规划、行动指南提出的主要任务和发展重点进行了细化，共分创新平台建设、智能制造、工业强基、绿色制造、高端装备、产品质量提升、服务型制造和安全生产8个部分；每个部分以重点产品、技术和工艺的形式，针对建材等12个行业领域，提出了"十三五"时期投资的重点和方向。

从建材行业来看，一是加大各类创新平台及创新中心建设，比如新型低碳水泥技术研发平台、第二代新型干法水泥技术装备和第二代浮法玻璃技术装备创新研发平台、低排放烧成技术及高效节能粉磨技术水泥生产创新中心等。二是在建材行业推进智能制造。比如，矿山生产综合管理与决策平台、石材行业自动精密加工、重点开发智能化生产体系、建立生产执行MES系统和ERP资源管理系统等。三是推进工业强基建设。比如发展高能效低氮预热预分解及先进烧成技术、大吨位连续化陶瓷生产用球磨机等。四是推进建材行业绿色制造，践行绿色发展理念。比如推广应用水泥窑协同处置城市生活垃圾、污泥、垃圾焚烧灰及危险废弃物等，水泥窑氮氧化物减排技术、玻璃生产线纯氧燃烧技术、建筑垃圾综合回收处理等。五是进一步提升建材行业产品质量。比如，发展水泥基材料、绿色建材、新型建材材料，关键工艺技术改造以及关键技术与升级改造等。

（二）水泥、平板玻璃等行业产能严重过剩问题有望得到一定缓解

展望 2017 年水泥市场收益相对较为乐观，持平 2016 年问题不大，2017 年全国水泥价格大幅跳水可能性也较小。一是价格方面，2016 年再次翘尾，2017 年第一季度收益会有明显增长。虽然仍将有淡季下滑情况，但受生产成本大幅增长，错峰生产范围和力度加大以及雾霾治理限产共同促进供应减少的影响，加之大企业间协调力度和求效益意识的加强，水泥价格回落将相对比较平缓。经过 2016 年的强力拉升，水泥价格会有一定虚高水分会在淡季时期排挤，但企业的期望必定以巩固涨价成果为主，尽力围绕当前的价格水平有效控制价格合理的跌涨。二是需求方面，市场需求的增加将消化过剩产能。"一带一路"、京津冀一体化、东北老工业振兴、长江经济带等战略进入实施阶段，相关基础建设对建材产品需求增大。2016 年全国房地产一二线城市销售一片火热，库存下降明显。虽然年尾政策调控加严，但对新增项目需求有很大推进。房市会逐步降温但需求当不会差于 2016 年。三是基建投资方面，从已公布项目投资情况表明将保持小幅增长。因此整体需求至少持平 2016 年的概率较大。

（三）绿色建材技术与产品推广应用将提速

一是由工业和信息化部、住房和城乡建设部牵头，形成绿色建材生产和应用跨部门协调机制。统筹绿色建材生产、使用、标准、评价各个环节，强化多部门联动，保障相关行动计划的有效开展。二是继续完善行业规范与准入标准，延续 2015 年政策措施，公告符合规范条件的企业和生产线名单。强化环保、能耗、质量和安全标准约束，构建强制性标准和自愿采用性标准相结合的标准体系。三是完善绿色建材推广应用的配套措施。加大财税、价格等相关政策措施对水泥窑协同处置、节能玻璃门窗、节水洁具、陶瓷薄砖、新型墙材等绿色建材生产和消费扶持力度。四是强化重点产品的推广力度，大力发展高效节能保温材料、特种水泥、高端玻璃、新型陶瓷、生物质建材、轻质高强墙材、电子信息用屏显玻璃基板、防火玻璃、汽车和高铁等用风挡玻璃基板等产品。随着各项政策的落实，2016 年我国绿色建材推广及应用势必加速。

二、政策措施建议

（一）优化建材产业供给侧结构性改革实施路径

积极落实《关于促进建材工业稳增长调结构增效益的指导意见》（国办发〔2016〕34 号）、《建材工业发展规划（2016—2020 年）》。一是落实促进绿色建材生产和应用行动方案，开展绿色建材评价，发布绿色建材产品目录。研究修订水泥产品标准，制修订混凝土产品标准、混凝土掺和料产品标准和专用水泥标准；二是营造公平环境。构建行业诚信体系，建立企业产品和服务标准自我声明公开和监督制度，产品全生命周期可追溯体系，发布失信企业黑名单。公开企业环保、节能、质量、安全等信息，接受社会监督，严格执法监督，对违反相关法律法规、强制性标准的行为依法进行处理，并予以公开。

（二）推广应用绿色建材产品，鼓励绿色建材消费

一是推广绿色建材。构建贯通绿色建筑和绿色建材的全产业链，搭建产业融合协同创新平台，组织绿色建材新产品、新设计的首批次应用试点示范，宣传推介绿色建材生产应用成功范例；二是加强清洁生产。支持企业提升清洁生产水平，开发并利用适用技术实施节能减排技术改造，推广适用于建材的能源梯次利用技术装备，推进能源、环境、节水合同管理，研究完善重点行业清洁生产标准，降低能耗和排放水平；三是发展循环经济。支持利用现有新型干法水泥窑协同处置生活垃圾、城市污泥、污染土壤和危险废物等。基于建筑废弃物生产绿色建材，农作物秸秆等农林剩余物以及废旧木制品发展生物质建材。

（三）加大对建材企业技术创新的支持力度，营造市场牵引、需求带动的创新机制

根据建材产业技术特点和发展现状，支持建材产业技术创新关键要坚持

企业的主体地位，支持建材企业加大技术创新的投入力度，引导建材企业利用信息化技术对传统生产模式改造升级，特别要抓住智能制造的发展机遇，支持建材产业筹建智能制造产业联盟，打造促进建材产业智能化的技术和服务平台。营造宽松的创新氛围，鼓励企业开发石墨、玻璃纤维等复合材料，以及无机非金属材料和非金属矿物加工材料等先进材料，提高先进建材和绿色建材的供给能力。

第四节　2017 年船舶产业结构调整展望及政策建议

根据多个权威机构的预测，2017 年，世界经济增速将继续保持低迷状态，船运市场的经营状况短期无法好转，船舶工业结构性矛盾依然突出，融资难、企业接单难、盈利难等问题尚无有效应对措施，产业发展所面临的不确定性因素增多。同时，2017 年是"十三五"承上启下的重要一年，也是推进供给侧结构性改革的关键年。在相关部门等多方的共同努力下，我国船舶工业将加快结构调整步伐，预计主要经济指标有望止跌企稳。

一、趋势展望

（一）产能过剩倒逼产业加速整合

2016 年，航运市场的低迷情况没有得到有效缓解。英国克拉克森研究公司发布的 BDI 指数显示，全年的指数在 291 点至 1200 点之间震荡，船运市场仍然处于金融危机以来的低谷阶段。受一系列不利因素影响，全球新签船舶订单量和手持船舶订单量持续缩水。2016 年全年新承接船舶订单仅 3231 万载重吨，同比下降 67.2%（以载重吨计）；手持船舶订单量在 2016 年 12 月底为 22699 万载重吨，较年初下降 24%。可以说，未来两年造船业或将面临生死存亡的考验。从国内来看，船舶行业产能过剩问题短期内依然无法得到有效化解，这种背景下，加速去产能、推动企业兼并重组是大势所趋，预计 2017 年船舶工业整合有望实现破局。

（二）融合发展趋势更加明显

2016 年年末发布的《船舶工业深化结构调整加快转型升级行动计划（2016—2020 年)》中提出推动军民深度融合发展，要求"一方面促进军民协同创新，进一步加强船舶军转民、军民两用技术科研工作，支持军民技术双向转移转化；另一方面推进军民资源共享，进一步加强船舶领域研发设计、试验验证设施、生产及配套资源的共享共用，并建立军民品协作配套体系"。强化创新驱动，加快建立和完善军民结合的海军装备、海工装备科研生产体系，实现军民深度融合发展，是建设世界造船强国的现实要求。预计 2017 年会有相关配套政策陆续落地，将推进我国船舶工业军民融合迈上新台阶。

（三）经济运行仍将在低位徘徊

2017 年，世界经济复苏依然艰难，国际原油价格仍将保持低位徘徊，短期内航运运力过剩和造船产能过剩难以得到有效化解，全球造船市场及海洋工程装备市场形势好转的概率不会太大。据中国船舶工业协会预测，2017 年全球新船成交量大约保持在 3000 万至 4000 万载重吨的水平，海洋工程装备成交大约在 100 亿美元左右；国内新承接船舶订单或将有所下降，造船完工量与 2016 年大致持平，年末手持船舶订单量将低于 9000 万载重吨，主要经济指标有望止跌企稳。

二、政策建议

（一）研究建立和完善船舶过剩产能退出长效机制

当前船舶行业产能过剩的问题已蔓延到海工装备市场，必须抓紧开展船舶行业过剩产能退出模式、退出路径研究，因地制宜，推动支持过剩产能退出的政策落地。一是利用市场化手段，充分采取财政、金融、税收等各方面措施，引导技术水平低、产品竞争力差、长期处于停产状态的企业有序退出。二是严禁新增船舶建造产能，不得以任何名义核准、备案新增造船、修船、海洋工程装备项目。

（二）提升船舶产业智能化发展水平

积极贯彻落实《船舶工业深化结构调整加快转型升级行动计划（2016—

2020 年)》，大力推进智能制造。将智能制造作为传播工业强化管理、降本增效的主攻方向，大力推进数字化、网络化和智能化技术在船舶以及配套设备设计制造过程中的应用。夯实船舶精益制造基础，普及数字化、自动化制造。重点实施船舶中间产品智能制造，加快建设船体分段、智能涂装、智能管子加工等示范智能车间和智能生产线。大力推广船舶配套设备智能制造新模式，开展智能车间/工厂示范，全面推进船舶及配套设备设计、制造、管理、维护、检验等全流程的智能化[①]。

（三）充分发挥行业协会等中介组织作用

行业协会等中介组织是连接政府与企业的桥梁纽带，除了为企业提供信息咨询、业务培训、组织行业内部交流等服务外，还应在行业自律、行业规划、市场开拓等方面发挥积极作用。应充分发挥船舶行业协会等中介组织的作用，全力提高服务水平。一是积极搭建船舶行业各技术领域联盟平台，为船企共享科研、技术、标准、市场信息做好服务。二是整合行业资源，加强行业技术研讨与交流，加大对从业人员的风险防范培训。三是积极鼓励船舶企业"走出去"，在全行业开展对国际新公约、新标准、新规范的培训，帮助企业在开拓国际市场时更好应对国际新规则。

第五节　2017 年电子信息产业结构调整展望及政策建议

一、趋势展望

（一）互联网、软件与制造业融合发展将成为战略布局新重心

近年，国务院陆续出台了《关于深化制造业与互联网融合发展的指导意见》等重大政策，协同《中国制造 2025》和"互联网＋"行动计划，将推进工业互联网、工业软件与制造业的融合发展。2015 年以来，我国经济增速进

---

① 《船舶工业深化结构调整加快转型升级行动计划（2016—2020 年）》。

入"换挡期",结构调整进入"阵痛期",在双重影响下,我国庞大的制造业群体对工业软件和互联网产业的应用需求进一步得到释放。据初步统计,从事工业领域系统集成的企业已经超过千家,典型企业包括了中软国际、上海宝信、启明信息、航天云网等。这些工业软件厂商在自主创新的基础上,开发出了大量适合中国工业软件特点、满足行业需求的软件产品,覆盖 CAD/CAE/CAM/PLM 等产品生命周期的各个阶段,涌现出数码大方、中望、浩辰、神舟航天等优秀企业。伴随软件技术向制造业的不断渗透,越来越多的制造企业将各项业务系统集成,构建私有云平台或依托公有云开展服务。展望2017 年,随着工信部《工业技术软件化行动计划(2017—2019 年)》的研究制定及在工业 4.0 技术上的不断突破,工业软件企业将加快向制造业企业,尤其是高端制造业工业软件平台的渗透,我国工业技术软件化发展(即工业知识自动化)将迎来一个崭新的发展阶段[1]。

(二)大数据、人工智能、云计算、物联网等技术将加速融合创新

大数据、人工智能、云计算、物联网等代表着当前研发最活跃、应用最广泛的网络信息技术,也是全球技术创新的竞争高地。我国拥有庞大的数据来源和应用市场,这些市场优势推动着网络信息技术不断升级,如阿里巴巴电子商务交易系统实现了"双 11"每秒钟 17.5 万笔的订单交易和每秒钟 12 万笔的订单支付,主要归因于飞天技术平台的重要支撑,而该平台本身就是大数据和云计算融合创新的成果。工信部"工业云服务平台试点示范"工作的持续推进,将会有越来越多的制造企业构建私有云平台或依托公有云开展服务,进一步提升面向制造业的云计算服务水平,预计 2017 年云计算产业规模有望达到 6000 亿元。随着云计算、大数据及物联网技术和商业模式的进一步成熟,新兴领域相继进入应用落地和普及阶段,人工智能也将加速渗透到人们的生产、工作和生活中。展望 2017 年,大数据、物联网、云计算、人工智能等新技术领域的联系将更加紧密,融合创新将会不断地涌现和持续深入。

(三)新技术更迭将加快推动产品智能化发展

电子信息产品的智能化成为重要的发展方向,信息技术企业与电器、汽

---

① 潘文:《软件产业发展新兴动能加速汇聚》,《中国电子报》2017 年 2 月 17 日。

车、医疗卫生等行业的融合，打通了硬件产品开发上的关键节点和应用瓶颈。在全球范围内，智能穿戴设备、智能家居、智能汽车、智能机器人等硬件产品及应用开发将呈现快速增长；国内的百度、阿里、腾讯等国内互联网巨头的进入也为基于智能硬件应用平台的搭建和商业模式创新提供了必要支撑。随着智能技术不断推进、计算方法飞速演进和处理能力的大幅提升，智能化的新产品、新服务将不断涌现，全球企业都将智能化作为占领科技高峰的关键，我国拥有全球最庞大的电子信息产品市场，更将推动产品的不断智能化创新。

二、政策措施建议

（一）支持龙头企业构建双创平台

在电子信息行业我国集聚了一批具有国际竞争力的大型互联网企业，在制造业领域我国也拥有一批实力强大的制造企业，两者的双向渗透将推动互联网技术的不断升级和制造业的智能化发展。互联网双创平台是"互联网＋"产业新生态的重要载体。要加快推进行业龙头企业、大型制造企业，特别是国有企业建立基于互联网的双创平台，并推进大型企业双创平台面向社会开放，支持基础电信企业、互联网企业等建设面向制造业企业特别是中小微企业的双创服务平台，支持构建聚集全球产业资源、开放性的创新生态网络。

（二）推动产业绿色低碳发展

随着电子产品产量的迅速上涨，电子垃圾的问题逐渐凸显。如印刷电路板、铅酸蓄电池等部分电子信息产品生产制造过程中会产生重金属、氟化物、酸碱试剂有毒有害物质和二氧化硫等有害气体，多晶硅等电子信息产品生产以及数据中心运行中耗能量较大，少数电子信息产品中含有有毒有害物质，日益增多的废旧电子产品污染成为凸显的问题。我国在废旧电子产品垃圾的处理和资源循环利用方面的技术尚未完全成熟，大部分的电子产品制造企业对资源循环利用的意识非常淡薄，信息产业绿色发展的任务十分艰巨。我国要全面提升电子产品绿色低碳发展的意识，引进消化国外处理废旧电子产品的先进制度和技术，充分贯彻执行电子产品能效标准，降低云计算数据中心能耗，开发生产绿色电子产品，推进废旧电子产品回收与循环利用，推动产业绿色化发展。

（三）着力提升国家网络信息安全

一是完善国家网络安全顶层设计，加大网络安全领域重大问题研究，及时跟踪国内外网络安全战略和最新动态，深刻认识可能影响我国网络安全大局的战略性、前瞻性问题，进一步加强顶层设计。二是突破网络安全核心技术，研究各种网络攻防对抗技术，支持安全芯片、操作系统、应用软件、安全终端产品等核心技术和关键产品研发，实现关键技术和产品的技术突破，实现关键技术产品国产化替代。三是构建安全可靠的网络环境，做好网络身份体系的顶层设计，支持发展多种网络可信身份技术和服务，尽快推动相关法律法规、标准规范制定和应用示范等工作，加快完善相关标准。

第六节　2017 年战略性新兴产业发展展望与政策措施建议

一、发展趋势

总体来看，2016 年世界范围内新兴产业发展均处于加速上升期，技术更迭的频率加快，发达国家和地区的产业发展优势进一步巩固和增强，全球合作由制造链合作向制造链加互联网合作、现代物流供应链合作的方向上延展，新兴产业的产业政策创新及产业环境的优化成为产业发展的强劲驱动力。展望 2017 年，随着全球经济风险点不确定性因素的增加，战略性新兴产业涉及的各重点领域进入分化发展时期，各个领域均会有不同的发力的亮点和平台。

（一）发展环境更为宽松有利

第一，技术进步引致创新发展。随着互联网技术应用普及和迅速扩散，在世界范围内技术变革由线性走向非线性、网络化，新一代信息技术和互联网不仅触发资源配置方式的变革，打破行业准入的壁垒，加快了生产要素的流动性，对于创造经济价值、提高生产效率、降低交易成本、增强预判能力、改进决策有效性均起到积极作用，企业创新和发展频率加快，战略性新兴产业将进一步受益于技术进步带来的红利效应而加快发展。第二，政府政策的支撑优化产业发展环境。"十三五"规划纲要、《"十三五"国家战略性新兴产业发展规划》以及战略性新兴产业所包含的重点领域的"十三五"规划陆续出台，在技术、人才、用地、金融、财税等众多领域都提出了相关的保障措施。总体而言，无论是宏观政策环境还是产业政策环境，都更有利于我国战略性新兴产业的健康和持续发展。但也必须清醒地认识到，由于政策影响的时滞性，一系列针对战略性新兴产业的改革和政策从出台到落实并持续发挥功效，尚需一个过程。

（二）需求扩张拉动产业发展

第一，从投资角度来讲，随着预期投资回报率的下降、融资成本较高、商业银行贷款面临政策屏障及自身趋利积极性下降、部分领域准入门槛高等因素，加之部分国有企业在垄断性领域凭借优势地位的强势竞争，抑制了民间投资的主动性、积极性和实际投资需求。因此，投资需求对于战略性新兴产业的拉动作用在近一段时间内难以得到充分释放，随着经济的逐步企稳回升，对战略性新兴产业的投资需求也将逐渐回暖。第二，从消费需求方面来看，消费需求总体呈现扩张之势，国内需求所占比重逐步上升，需求的扩张和结构发生变化，有望对我国战略性新兴产业增长形成强劲拉动作用。第三，从进出口环境来看，面对全球经济下行风险不断加大、发达国家经济体失业率居高不下等困境，各国为扶持本土产业和缓解就业压力，世界经济贸易保护主义抬头并有所加剧，战略性新兴产业发展需要国际国内双向需求的驱动。

（三）产业融合发展催生新动能

第一，数字创意产业与其他相关产业的融合发展，改变了人们的生活和消费方式。3D 打印、大数据、物联网、云计算、5G、无人驾驶汽车、无线电力、意识控制等新兴信息领域不断衍生，产业生命力和扩张能力均很强，全球信息技术产业和经济增长相互起到拉动作用。第二，生物技术加速变革使其迅速向农业、工业、能源等应用领域渗透和扩散。随着生物技术的突破，蛋白质组、功能基因组、生物芯片、转基因生物育种、干细胞、动植物生物反应器等领域实现了大规模工业量产。第三，节能环保产业与新能源产业融合发展，两个产业间的技术不断突破并融合，反推两个产业的成长。节能环保材料和应用技术的升级，引致风力发电、太阳能光热利用、太阳能光伏发电、生物质能源等产业快速发展，新能源汽车也在节能环保材料产业化和成熟应用的情况下产业化稳步推进。

（四）产业发展路径将呈国别分化

不同的国家和地区由于资源禀赋和创新能力等不同，因此在国际产业分工中处于不同的区段，这直接导致其在全球新兴产业发展过程中发挥不同的作用，并且其所选择的新兴产业发展路径也不同。美国等第一梯队国家走的是原创培育发展路径。借助本国人才、科技、机制等既有优势，培育重视原创性的企业，自主研发重塑产业形态或模式的新产品，通过面向全球的强势产业推广渠道将新产品影响力迅速扩散，从而掌握新兴产业发展的主导权。日本、韩国等第二梯队的国家则选择产品创新发展路径。在新兴产业孕育阶段，国家通过倾斜性的产业政策，扶持企业集中优势资源较快开发出优质产品，从而在生产制造的前端环节主导产业设计，并掌控产业化的核心技术及主导权，充分实现新兴产业的市场效益。中国、印度、巴西等发展中国家选择的是引进消化吸收再创新的发展路径。当新兴产业进入成长阶段后，虽然产业主要技术和应用已经成型，但生产工艺技术还有广阔的拓展空间，虽然在发展过程中可能会出现技术或工艺上的行业壁垒，却能使国家在现有产业资源的基础上，顺利开展渐进性创新，逐步实现技术水平和创新能力的积累甚至突破。不过绝大部分发展中国家选择的是完全引进发展路径。发展中国家依靠廉价劳动力及资源禀赋优势，利用国际产业转移的机遇，引进国外先进生产线直接进行大规模生产，迅速打开新产品的国内市场，带动企业发展和就业，虽然技术创新能力低下，但能满足新产品相对短缺的国内市场，在短时间内对提振经济和提高国民生活水平起到一定作用。

二、政策措施建议

（一）加强分类指导，保障产业有序发展

面对全国各地发展战略性新兴产业的热情，必须要仔细思索如何利用政府的引导作用提高和改变产业技术、产品内涵、市场应用，以避免陷入产业发展的"低端过剩、高端不足"困局，最终要培育出具有国际竞争力的大型

企业，并实现由数量、速度型发展转变为真正的质量、内涵型发展。

首先，政府部门应根据技术梯度的差距采取不同策略措施，让有限财政资源发挥好"四两拨千斤"的作用。例如，针对技术差距相对较大的追赶型领域，应更多采取加强基础理论和共性技术研究的供给端支持策略，否则很容易出现"中国的扶持政策，助推国外企业发展"的窘境。其次，从产业生命周期的角度看，政府部门也应采取不同举措。在发展起步阶段，政府补助往往能通过补贴企业产能成本，带来产业高利润的吸引力、产业盈利优势，进而释放潜在产能。产业扩张后，传统鼓励供给侧、缺乏研发专用性的政策，很难引导需求和技术的同步成长，使得政策退化为刺激同质化产品产能的增加，由此常伴随产能过剩的出现，产业盈利优势可能逐步缩小甚至转为劣势；因此，激励原始创新和转向需求培育应该成为未来高技术产业和战略性新兴产业政策的调整方向。

（二）提升创新能力，确保产业发展竞争力

对高技术产业和战略性新兴产业而言，一方面，从发展转型的外部要求看，产业发展不仅面临着从制造向创造的转型，而且从外部获得转型发展所需要的知识和技术并成功将其内部化，也越来越难。另一方面，从创新的内生特质看，在技术层面，由于科学技术在广泛交叉和深度融合中不断创新，创新明显具有多元性特征，即原本是单一技术的产品，在工艺与生产上开始要求各种似乎相互独立的技术；某种程度上，并非单项新技术的发展而是多项新技术共同决定了产业发展的广度、深度和高度，而各项技术之间又是相互耦合依存的，产业的发展可能被其中某项技术的发展变化所引领，存在着各种可能性。因此，技术创新需要的不仅仅是某一技术领域很强的专业知识，而且更需要广阔的知识面和对各项专业技术可行性的把握。

（三）加大金融支持，保障产业发展活力

"十三五"期间必须要提升资本对高技术产业和战略性新兴产业的支持效率，充分发挥金融驱动产业发展的重要作用。一是创新财政资金的使用方式。二是增加股权投资的多样性。三是增强债权投资的服务能力。四是探索与国际金融机构和国内政策性金融机构合作。通过加入"赤道原则"的国内外金融机构进行贷款，获得相应政策优惠；同时，根据产业特点和市场需求，借

鉴德国等绿色金融发展成熟国家的经验，积极发展碳资产绿色融资、节能减排融资、合同能源管理未来收益权质押等绿色金融服务。

第七节　2017年工业设计产业发展展望及政策建议

一、趋势展望

伴随着生产与消费日趋形成前所未有的新模式、新业态，设计创新正与技术创新、商业创新并进，成为拉动经济社会发展的第三种创新力量。

（一）工业设计从产品向服务创新延伸

随着两化深度融合和制造业服务化进程，工业设计创新从以产品提升为主扩展到整体服务系统优化，也即我国政府部门提出的从传统外观设计向高端综合设计转变。工业设计的开展将更多地以客户需求为导向，由单纯的被动接受设计要求向主动提供服务设计的理念转变。

（二）工业设计走向企业战略和创新管理

任何天才般的灵感都不能成为企业永久持续的竞争力，只有从企业创新战略的高度，构建企业内部设计创新管理体系，才能成为创新型企业，在市场竞争中具有持续竞争力，简单外包的设计服务业态正在成为过去，企业内生的设计创新基因正在形成。

（三）工业设计从产品开发流程的末端优化上溯到产品研发的前端决策

越来越多的企业认识到，通过"为技术找设计"增值技术成果转化的做法，已经远远不能追赶国际领先企业。苹果、特斯拉、谷歌等世界级领先者，它们更重要的能力是对全球发展趋势的研究和洞察，继而提出引领性设计构想，这种"为设计整合技术"创新模式，本质上是战略创意和设计构想的领先。

美国顶级VC机构KPCB日前发布的信息表明，自2004年以来，全球范围内著名的工业设计公司被并购的案例有42例，其中50%的收购发生在近两年，而投资收购方包括谷歌、Facebook、小米等互联网企业，也包括麦肯锡、埃森哲等国际顶级咨询机构，IBM 等机构专门设立设计中心，其共同的需求是，一切业务和新的发展，始于设计而非终于设计，设计关注定义而非定型。

（四）工业设计和科技的融合前所未有地紧密

在信息智能和用户体验时代，工业设计在创新过程中不仅仅需要关注使用、体验、功能等，更需要具备智能设备的研发知识和设计能力，从开源代码到编程能力，从操作界面到交互架构，从终端服务到后台数据。在智能时代，工业设计与科技携手，与用户走得越来越近。

二、政策措施建议

（一）加强高端人才引进和培养

一是鼓励企业引入国际高端技术团队和行业领军人才。二是建立国家工业设计专业技术人员职业资格制度，培养选拔中国工业设计大师。三是通过展览、论坛和参加高水平的国际交流等活动，深度参与国际交往，拓宽从业人员的视野。

（二）建立国家综合性工业设计网络平台

整合供求信息、数据库、知识库和专业人才等设计资源，开展网络化协同设计，提高设计资源的利用率，弥补地区发展不平衡、人才分布不均衡等，促进工业设计精益化、特色化发展。推进工业设计为特色的公共服务平台，中试基地的建设和支持。引导行业协会、产业园区、检验检测企业等建设一批公共服务平台，为工业设计提供中试、模具加工等特色服务。

（三）全面提升中国优秀工业设计奖的影响力

一是建立工业设计评价与奖励制度，将中国优秀工业设计奖列入国家评比达标表彰目录，定期组织评选。二是扩大参评产品（作品）行业领域，力争全面覆盖。三是提升工业设计产品产业链层次，轻外观、重设计，提升作品实用性。

（四）加大力度保护工业设计知识产权

在工业设计企业中开展知识产权相关培训工作。以电脑工业设计企业及相关企业申请外观专利、实用新型专利、发明专利和进行版权登记。加大对侵犯知识产权行为的查处力度，规范工业设计企业的经营行为，维护公平有序的竞争秩序。

（五）设立工业设计发展专项资金

发挥财政资金的引导作用，重点支持工业设计企业开拓市场、提高自主创新能力和建设公共服务平台等，带动社会资金支持工业设计发展。

参考文献

［1］吴敬琏等．供给侧改革：经济转型重塑中国布局［M］．中国文史出版社．2016 年．

［2］吴敬琏，厉以宁，林毅夫等．国家命运：中国未来经济转型与改革发展［M］．中央编译出版社．2015 年．

［3］林毅夫．解读中国经济（增订版）［M］．北京大学出版社．2014 年．

［4］林毅夫．新结构经济学，反思经济发展与政策的理论框架［M］．北京大学出版社．2014 年．

［5］迟福林．转型抉择—2020：中国经济转型升级的趋势与挑战［M］．中国经济出版社．2015 年．

［6］沈开艳．结构调整与经济发展方式转变［M］．上海社会科学院出版社．2012 年．

［7］周凯歌、卢彦．工业 4.0：转型升级路线图［M］．人民邮电出版社．2016 年．

［8］王岳平．中国经济转型丛书：中国产业结构调整和转型升级研究［M］．安徽人民出版社．2013 年．

［9］苗圩．以创新支撑和引领制造强国建设［N］．学习时报．2016.08.22（001）．

［10］苗圩．深化改革创新　促进融合发展　为加快建设制造强国和网络强国不懈努力［N］．中国工业报．2016.12.27（A02）．

［11］刘春剑、郭永军．国内主要钢铁企业电商发展概况［N］．中国经济导报．2015.12.22

［12］孙艳梅、郭敏、韩金晓．法律外制度、高管过度自信与企业并购行为［J］．浙江社会科学．2016 年第 1 期．

［13］李欢莫、欣岳．"互联网＋"时代下智能制造技术在我国钢铁行业

的应用［J］．世界科技研究与发展．2016年第6期．

［14］莫开伟．钢铁"去产能"亟需处理好五大关系［N］．中国产经新闻．2016.11.26.

［15］莫开伟．钢铁、煤炭去产能：一道难做的"减法题"［N］．中国产经新闻．2017.1.20.

［16］尹训飞．新时期我国产业创新政策对标分析［N］．中国经济时报，2016.12.09（005）．

［17］工业和信息化部发2016年建材工业经济运行情况．工业和信息化部网站．2017.2.

［18］工业和信息化部发《工业企业技术改造升级投资指南（2016年版)》．工业和信息化部网站．2016.11.

［19］工业和信息化部．2016年钢铁行业运行情况和2017年展望［EB/OL］．http：//www.miit.gov.cn/newweb/n1146285/n1146352/n3054355/n3057569/n3057572/c5505058/content.html.2017.3.1.

［20］上海市经信委．上海创意与设计产业发展"十三五"规划［EB/OL].http：//www.shanghai.gov.cn/nw2/nw2314/nw2319/nw12344/u26aw51073.html，2017.1.9.

［21］江苏省经信委．江苏省"十三五"工业设计产业发展规划［EB/OL].http：//www.jseic.gov.cn/xxgkjxw/xxgkjxwlm/201610/t20161010_206297.html，2016.9.2.

［22］浙江省经信委．浙江省工业设计产业"十三五"发展规划［EB/OL].http：//www.zjjxw.gov.cn/art/2016/12/14/art_1086962_4404744.html，2016.6.15.

［23］重庆市经信委．重庆市发展服务型制造专项行动计划（2016—2018年）［EB/OL].http：//wjj.cq.gov.cn/xxgk/xzgw/81870.htm，2016.10.14.

［24］工业和信息化部 发展改革委 科技部 财政部关于印发制造业创新中心等5大工程实施指南的通知［EB/OL].http：//www.miit.gov.cn/n1146285/n1146352/n3054355/n3057267/n3057273/c5214972/content.html.

［25］山东省人民政府．山东省人民政府关于印发《〈中国制造2025〉山东省行动纲要》的通知［EB/OL].http：//news.sdchina.com/show/3752019.

html，2016. 3. 28.

［26］工业和信息化部．2016 年有色金属工业运行情况及 2017 年展望 http：//www. miit. gov. cn/n1146290/n1146402/n1146455/c5537456/content. html

［27］工业和信息化部．2016 年 1—12 月有色金属工业生产情况 http：//www. miit. gov. cn/n1146285/n1146352/n3054355/n3057569/n3057578/c5479586/content. html.

［28］中国有色金属工业协会．2016 年我国有色金属工业生产总体呈现稳定的运行态势 http：//www. chinania. org. cn/html/hangyetongji/tongji/2017/0214/27884. html.

［29］中国有色金属工业协会．今年有色工业运行将筑底企稳 http：//www. chinania. org. cn/html/yaowendongtai/guoneixinwen/2017/0223/27995. html.

［30］中国有色网．发力供给侧结构性改革中铝公司"加减乘除"见成效 http：//www. cnmn. com. cn/ShowNews1. aspx？id＝366911.

后 记

2016 年是中国全面建成小康社会决胜阶段的开局之年，也是推进供给侧结构性改革的攻坚之年，我国产业结构调整取得积极成果。《2016—2017 年中国产业结构调整蓝皮书》是工信部赛迪智库产业政策研究所编著的产业结构调整蓝皮书系列的第五本，对 2016 年我国产业结构调整相关政策和进展情况进行了分析总结，对 2017 年发展趋势进行了展望。

本书由王鹏担任主编，郑长征统筹组稿。全书具体撰写人员及分工如下：第一章由张建伦撰写；第二、十二章由韩娜撰写；第三、八章由郇彦辉撰写；第四、十章由尹训飞撰写；第五、六章由田帅撰写；第七章由张学俊撰写；第九章由李扬帆撰写；第十一章由杜雨潇撰写；第十三、十四章由何继伟撰写；第十五、十六章由上述研究人员合作撰写。在本书编写过程中，得到了工业和信息化部相关领导、行业协会以及企业专家的大力支持、指导和帮助，在此一并致以最诚挚的谢意！

2017 年是我国全面深化改革的关键之年。我们将把改革、创新、开放、融合的战略思维贯穿于产业经济研究之中，更加积极地关注和思考新形势、新情况、新问题，为我国的产业结构优化升级、提升我国产业竞争力提供有力的决策支撑！

思想，还是思想
才使我们与众不同

《赛迪专报》　　　　《两化融合研究》　　　　《财经研究》

《赛迪译丛》　　　　《互联网研究》　　　　　《装备工业研究》

《赛迪智库·软科学》　《网络空间研究》　　　　《消费品工业研究》

《赛迪智库·国际观察》《电子信息产业研究》　　《工业节能与环保研究》

《赛迪智库·前瞻》　　《软件与信息服务研究》　《安全产业研究》

《赛迪智库·视点》　　《工业和信息化研究》　　《产业政策研究》

《赛迪智库·动向》　　《工业经济研究》　　　　《中小企业研究》

《赛迪智库·案例》　　《工业科技研究》　　　　《无线电管理研究》

《赛迪智库·数据》　　《世界工业研究》　　　　《集成电路研究》

《智说新论》　　　　《原材料工业研究》　　　《政策法规研究》

《书说新语》　　　　　　　　　　　　　　　　《军民结合研究》

编 辑 部：赛迪工业和信息化研究院

通讯地址：北京市海淀区万寿路27号院8号楼12层

邮政编码：100846

联 系 人：刘颖　董凯

联系电话：010-68200552 13701304215
　　　　　010-68207922 18701325686

传　　真：0086-10-68209616

网　　址：www.ccidwise.com

电子邮件：liuying@ccidthinktank.com

赛迪智库
面向政府 服务决策

研究，还是研究
才使我们见微知著

信息化研究中心	工业化研究中心	规划研究所
电子信息产业研究所	工业经济研究所	产业政策研究所
软件产业研究所	工业科技研究所	军民结合研究所
网络空间研究所	装备工业研究所	中小企业研究所
无线电管理研究所	消费品工业研究所	政策法规研究所
互联网研究所	原材料工业研究所	世界工业研究所
集成电路研究所	工业节能与环保研究所	安全产业研究所

编 辑 部：赛迪工业和信息化研究院
通讯地址：北京市海淀区万寿路27号院8号楼12层
邮政编码：100846
联 系 人：刘颖 董凯
联系电话：010-68200552 13701304215
　　　　　010-68207922 18701325686
传　　真：0086-10-68209616
网　　址：www.ccidwise.com
电子邮件：liuying@ccidthinktank.com